U0007075

the inside story of VOGUE

GLOSSY

光鮮亮麗

傳奇時尚雜誌VOGUE
從書報攤小報到時尚雜誌巨頭的精彩旅程

尼娜-索菲亞・米拉勒斯 作
Nina-Sophia Miralles

陳珮榆 譯

To Rui with love,
For getting me to the finish line

感謝摯愛 瑞
陪我抵達終點

Contents

目錄

American Vogue Editors-in-chief
美國版《VOGUE》歷任總編輯

喬瑟芬・瑞汀：一八九二年至一九〇一年

瑪麗・哈里森：一九〇一年至一九一四年

埃德娜・伍爾曼・柴斯：一九一四年至一九五二年

潔西卡・戴維斯：一九五二年至一九六二年

黛安娜・佛里蘭：一九六三年至一九七一年

格蕾絲・米瑞貝拉：一九七一年至一九八八年

安娜・溫圖：一九八八年迄今

British Vogue Editors-in-chief
英國版《VOGUE》歷任總編輯

艾爾斯佩思・尚普康曼紐與暫任的朵洛西・托德：一九一六年至一九二二年

朵洛西・托德：一九二二年至一九二六年

米歇爾・德・布倫霍夫暫任：一九二六年至一九二八年

艾利森・賽特爾：一九二六年八月至一九三四年

伊莉莎白・彭羅斯：一九三五年至一九四〇或四一年

奧黛麗・懷瑟斯：一九四一年至一九六〇年

艾莎・加蘭：一九六〇年至一九六四年

碧雅翠絲・米勒：一九六四年至一九八四年

安娜・溫圖：一九八五年至一九八七年

伊莉莎白・蒂爾貝里斯：一九八八年至一九九二年

亞歷山德拉・舒爾曼：一九九二年至二〇一七年

愛德華・恩寧佛：二〇一七年迄今

French Vogue Editors-in-chief

法國版《VOGUE》歷任總編輯

珂賽特・沃格爾：一九二二年至一九二七年

麥恩・布歇（Main Bocher）：一九二七年至一九二九年

米歇爾・德・布倫霍夫：一九二九年至一九五四年

艾德蒙・查理魯斯：一九五四年至一九六六年

弗朗辛・克雷森：一九六八年至一九八七年

科隆比・普林格：一九八七年至一九九四年

瓊恩・茱麗葉・巴克：一九九四年至二〇〇〇年

卡琳・洛菲德：二〇〇一年至二〇一一年

伊曼紐爾・奧特：二〇一一年至二〇二一年

尤金妮・托吐：二〇二一年迄今

Proprietors of Vogue
《VOGUE》雜誌歷任老闆

亞瑟・鮑德溫・特努爾和其家族：一八九二年至一九〇九年
康泰・蒙特羅斯・納仕：一九〇九年至一九三四年
卡姆羅斯子爵：一九三四年至一九五八年
紐豪斯家族：一九五九年迄今

Introduction

前言

如同許多偉大的事物，《VOGUE》雜誌起源於某個人家裡的空房間。但與其它曇花一現後不見蹤影的刊物不同，《VOGUE》雜誌在我們文化意識中烙下自己的印記。

自十九世紀後期以來，它一直是流行雜誌的藍圖，美麗生活的先驅。超過一百二十五年後的今天，《VOGUE》雜誌版圖橫跨二十五個地區，聲稱每月有兩千四百九十萬的國際印刷版讀者人數，一億一千三百六十萬名線上用戶，以及各個頻道約一億一千八百七十萬的追蹤者。超過一世紀以來，它一直是無庸置疑的市場領導者，全球最受認可的品牌之一，亦是數百萬美元的賺錢機器。不單單只是時尚雜誌，它還是權威集團、時尚聖經。但，讓《VOGUE》的成功維持如此長久的原因是什麼？更重要的是，促成的背後人物是誰？

本書聚焦於《VOGUE》最重要的三個版本——美國版《VOGUE》，最早的版本，至今仍是權威核心；英國版《VOGUE》，第二個發行據點和第二大影響力；以及代表法國作為時裝發源地的精神遺產，巴黎版《VOGUE》（Vogue Paris，譯註：原文書付梓後已更名為「Vogue France」法國版《VOGUE》，以下將依照閱讀考量適時切換兩者名稱）——我們將追溯這家傳奇公司如何從最初紐約八卦小報發展到現在眾所皆知的時尚企業巨頭。作為全方位的《VOGUE》傳記，本書將帶領我們穿梭三個世紀和兩次世界大戰，見證慘痛的失敗和輝煌的成功，體驗一本雜誌和幕後創作者令人眼花撩亂的精彩旅程。《VOGUE》的故事如果沒有豐富多彩的角色陣容是不完整的，這群獨特的人物——從編輯到老闆——都在雜誌頁面留下他們個人的精神遺緒。從高傲自負的創始人亞瑟·特努爾（Arthur Turnure）到貪婪的商人康泰·蒙特羅斯·納仕（Condé Montrose Nast），再到漂亮的富豪嬌妻米茲·紐豪斯（Mitzi Newhouse），吃早餐時突然心血來潮勸丈夫買下《VOGUE》，每個人各自都有盤算。總編輯同樣令人印象深刻。其中有位曾投入法國反納粹地下組織（French Resistance）、榮獲勳章的戰爭英雄，也有位在粉紅色宮

殿長大的好萊塢皇室千金。編輯團隊是一群不按牌理、變化多端、富有遠見的人，值得重新呈現在世人眼前，《VOGUE》攝影師也是如此。從霍斯特（Horst P. Horst）到塞西爾·比頓（Cecil Beaton），再到漢姆特·紐頓（Helmut Newton），鏡頭下時而顯現邪惡，時而流露珍貴，唯獨不變的是他們的攝影才華。然而，董事會與編輯部門永遠存在的權力鬥爭透露出創意與商業利益間微妙難解的互動關係。

《VOGUE》宇宙比世人想像的更加豐富。關於《VOGUE》的傳說像是：《VOGUE》在一戰期間發明了伸展台；一九二〇年代，英國版知名女同志總編引誘她秘書離開丈夫的醜聞；法國版總編輯在巴黎遭佔領期間與魔鬼共舞，使出各種伎倆阻止《VOGUE》資產被納粹沒收；以及一九八〇年代一連串與毒品相關的謠言，導致清白的總編輯被迫在戒毒中心渡過一段時日。《VOGUE》可能是無情的女教主，冷酷解聘員工的故事迴盪在整個歷史當中。但反之亦然，對於愛將的獎勵也毫不手軟，闊氣贈送純金金幣和免費樓房。

現今，尤其在社群媒體的加持下，《VOGUE》總編輯本身就是名人。他們不再是潮流時尚評論員，而是十足的文化代表性人物。美國版《VOGUE》總編輯安娜·溫圖（Anna Wintour）已執掌三十二年之久，業界裡裡外外，每個人都感受得到她讓人聞風喪膽、無所不能的氣場。同樣聞名的還有她的同事，一頭紅髮造型的創意總監葛蕾絲·柯丁頓（Grace Coddington），魔頭總編安娜·溫圖的得力助手。

英國分公司的風波也不遑多讓。亞歷山德拉·舒爾曼（Alexandra Shulman）二〇一七年辭去總編輯一事所引發的激烈爭議，後來隨著前迦納男模兼造型師的愛德華·恩寧佛（Edward Enninful）接任總編輯位置，再度推向風口浪尖，掀起外界對於時尚是否能夠（或說應該）成為社會改革代理人的質疑。

二〇一七年，《VOGUE》老闆小塞謬爾·歐文·紐豪斯（Samuel

Irving Newhouse Jr.) 逝世，讓外界更加關注《VOGUE》的過去，也開始臆測《VOGUE》的未來走向。好萊塢有兩部電影巨作皆是根據紐豪斯的旗艦產品《VOGUE》雜誌所改編的：二〇〇六年《穿著 Prada 的惡魔》（*The Devil Wears Prada*）和二〇〇八年《如何眾叛親離》（*How to Lose Friends & Alienate People*）。這些諂媚、崇拜、謠言和八卦只是更加突顯過去百年來的事實：民眾想聽到更多關於《VOGUE》的故事。

　　《光鮮亮麗》講述了激情與權力，紙醉金迷與超凡脫俗的時尚、獨創性與投機主義、人與人之間相互競敵輕薄的故事。這就是《VOGUE》的故事。

CHAPTER 1

Once Upon a Time in Old New York . . .

Early Vogue as a Home-grown Gazette

很久很久以前在舊紐約⋯⋯

早期《VOGUE》雜誌是自製報刊

文質彬彬的創辦人

幸福美好的故事往往需要神仙教母揮動她的魔杖，但在現實生活中，有對社經地位良好的父母就能辦到。在美利堅合眾國尤其如此，這裡的人喜歡自己創造運氣。時值紐約冬天，興建中的鋼骨建築被降雪覆蓋著，這些是一八八○年代才開始拔地而起的摩天大樓。像梅西百貨（Macy's）這類全新的百貨公司正在設計精美的聖誕店面，以吸引前來購物的民眾。郊區工廠煙霧繚繞，美國出口貨物紛紛迅速運送出港。這個素有「不夜城」（The City That Never Sleep）之稱的地方已經開始馬不停蹄，蓄勢待發。亞瑟·特努爾也是。他正準備推出自己的文化產物，如同他為她起的名字，《VOGUE》體現了初次進入社交界的完美名媛特質。她賞心悅目，能言善道，見多識廣。

整個曼哈頓，上流社會的夫人、女士和先生們都熱烈歡迎她來到自己家中，把她介紹給鄰居，看看這位時髦小美人有什麼話要說。出身顯赫往往容易成功，《VOGUE》也不例外，因為她的優勢來自於具有貴族氣息的創辦人。特努爾是鎮上人脈廣闊的紳士，風度翩翩、體型圓潤、熱情洋溢且見聞廣泛 —— 這個城市對於《VOGUE》的大部分期待，實質上是出於他的知名度。連新聞媒體也注意到周圍興論的騷動，在報上預告她的到來。根據某則新聞快報：「本週最重要的處女作之一《VOGUE》雜誌，將於週六在亞瑟·特努爾陪同下推出。」[1] 紐約屏息以待。

一八九二年十二月十七日，《VOGUE》雜誌開始在全美各地書報攤上販售，創刊號定價十美分，封面恰好是初次踏足社交界的名媛，由溫澤爾（A. B. Wenzel）繪製，黑白印刷，至今看來依然時髦。名媛臉上露出羞澀帶點猶豫的微笑，一手拿著花，另一手抓著長裙下襬，半傾著肩，一隻腳踩在前面，就像她半路上被捕捉到的畫面。她的腰身纖細，低胸開襟，深色合身上衣襯托出皺褶感蕾絲花邊領，兩側蓬鬆的公主袖上面有蝴蝶結，穿戴晚禮服款的長版手套，蝴蝶在她周圍飛舞。而她的上方，在雜誌封面頂端，有一設計華麗的橫幅上面

拼寫出「VOGUE」。橫幅兩端是古典繆思女神，一邊象徵和諧與美麗，另一邊象徵文藝傳統，並妝點希臘圓柱和交錯纏繞的白花。

特努爾在致讀者的公開信中寫道：

（這項事業的）明確目標是創辦一本關於社會、時尚及生活禮儀，尊嚴高尚的真實期刊。2

這些可以說是《VOGUE》從創辦以來一直遵循的守則。對於美、華麗、風格的愛好一目瞭然，但特努爾的守則含義不止於此。嚴格來說，特努爾肯定知道，在記錄上流社會的生活、晚禮服和舞會時，一般民眾也嚮往獲悉紐約高層社會的動態。身為極少數屬於地位崇高的出版商，他非常適合收集內幕消息。《VOGUE》會被稱為「由新潮時髦人士寫給新潮時髦人士看」的雜誌，不是沒有道理的。3

亞瑟・鮑德溫・特努爾，生於一八五七年，土生土長的紐約人。特努爾是該城市早期荷蘭開拓者的後裔（又稱「尼克博客」〔knickerbocker〕，即最初移民至紐約的荷蘭人子孫），屬於精英階級，他們家族在曼哈頓和紐波特買下大片土地，坐享財富，看著土地代代增值。他是將《VOGUE》帶入時尚界的完美人選，身為豪門世家的獨生子，亞瑟・特努爾按照預期路線進入某所常春藤聯盟大學。他一八七六年從普林斯頓大學畢業後，擔任執業律師，但沒什麼熱忱可言，後來放棄法律工作，投入自己真正熱愛的行業：印刷排版、出版與發行。他在哈波兄弟出版公司（Harper & Brothers，現為哈波柯林斯〔HarperCollins〕）擔任了一段時間的藝術總監，後來自行開業，發行了兩本插圖豐富的藝術雜誌，並與八位友人共同成立紐約格羅利爾俱樂部（New York Grolier Club），至今仍為美國藏書愛好家提供服務。難怪特努爾因為「超級瘋狂的普林斯頓畢業生」這個恰如其分的綽號而出名。4 年紀到了三十五歲，他嘗試過許多出版工作，有些成就非凡，有些成就平平，然而，他的巔峰時期尚未來臨。沒人想像得到他的下一個計劃不僅成為國際時尚聖經，而且是史上最知名的雜誌之一。

特努爾具備現實紳士會有的全部缺點。照片顯示，他的體型粗壯，圓桶胸、寬下巴，但風度翩翩的舉止仍讓人覺得他英俊。善於交際應酬，喜歡熱鬧，敢於承擔財務風險——有些人可能認為這種個性很危險，過世後可能債留家人。

不過這並不表示特努爾只享受權利而什麼都不做。雖然是狂熱的菁英，但他鄙視惡言相向，且其餘報導強調出他的勇敢。他是熱心且直言不諱的女權主義者，認為女性應有選舉權，支持女權運動，並堅持在他的雜誌裡給予婦女公平的就業機會。事實上，《藝術交流》（*Art Interchange*）和《VOGUE》開創了女性擔任總編輯的先例，女性甚至罕見獲准管理男性員工。出乎意料的是，特努爾旗下的女性員工們收入豐厚，不須靠丈夫也養得起自己。他的員工與配偶離異時，不僅能夠維持自己和年幼孩子的生計，還能靠特努爾給付的薪資聘請幫傭，在二十世紀來說，這是相當奢侈的事。

特努爾也是有人情味的老闆。某一次，年輕職員伍爾曼・柴斯生了場重病，他打破所有的常規慣例，冒險來到她當時居住的破舊供膳宿舍（boarding houses）。當房東太太告訴伍爾曼・柴斯，她老闆就在樓下時，她幾乎嚇暈過去，以為自己即將被解雇，結果事實正好相反，她走下客廳看到特努爾，臉露驚慌，膝蓋上擺著罐裝的自家湯品。「我和內人覺得這湯可能比妳在供膳宿舍吃的伙食更有營養。」[5] 他害羞的解釋道。雖然看似小小舉動，但已是藐視紐約社會極其嚴格界線的行為。

豪門世家與暴發戶新貴

到了鍍金年代（Gilded Age），錯綜複雜的家族關係已經將許多紐約老財主綑綁在一塊兒。他們通通聚集在嶄新的第五大道（Fifth Avenue）生活，在那裡建立他們的城鎮城堡，入住作家艾迪絲・華頓（Edith Wharton）形容像冷掉的巧克力醬塗抹於紐約市表層的褐砂岩建築。[6] 然而，他們周圍的世界正在變化。《VOGUE》問世的十八年前，有一場後來以不祥之兆留名青

史的派對。這場派對（後來被稱為吹牛仔舞會〔Bouncer's Ball〕）是在城裡最熱門的戴蒙莫尼科餐廳（Delmonico's）舉辦的化妝舞會。邀請名單有豪門世家，也有暴發戶，這是個瘋狂之舉，因為迄今為止，混合這兩個族群一直是悖理逆天的行為。戴蒙莫尼科餐廳並不曉得，他們大膽地將紐約高貴的豪門貴冑和粗俗的暴發戶新富豪聚集起來，會引發社會戰爭。

老紐約人突然覺得與「吹牛仔」（他們給新富豪的暱稱）並肩跳方塊舞令人反感，在他們看來，吹牛仔只是一群沒有紐約市根基或權利的暴發戶。一位傑出女性甚至悲觀預言，當個人的社會地位不再是與生俱有的權利，未來很快將以誰擁有更多財富來判斷其社會地位。[7] 事實證明，這是個敏銳的預測，因為暴發戶——來自中西部的大亨們，范德比家族（Vanderbilts）、卡內基家族（Carnegies）、佛里克家族（Fricks）和美隆家族（Mellons）——往往比豪門更富裕且更活躍，他們管理的房地產之大，跨越州界，深入美國各地，超乎人們的想像。如今，他們透過鐵路和鋼鐵礦山挖到金礦，湧入紐約，征服美國最後的疆土——不只是曼哈頓，還有時尚生活本身。既然美利堅共和國沒有貴族頭銜，那麼一個家族的財富總額將決定其社會地位也是合情合理。沒有僵化的歐洲階級制度將有望晉級之人拒於門外，上流社會自然容易被任何短時間獲得暴利的新起之秀滲透。在「吹牛仔舞會」之後的幾年內，老紐約人對於新富豪的焦慮開始急遽上升。總得有人出面做點什麼，於是阿斯特夫人（Mrs Astor）自封老紐約客的守護者，守護他們的慣例和變化無常。

阿斯特夫人原名為卡洛琳‧韋伯斯特‧舒默霍恩（Caroline Webster Schermerhorn），本身是百萬遺產繼承人。養育五個孩子長大後，她開始四處尋找新的事情，最後認定自己真正的使命是保護既有的階級制度，避免一窩蜂吵著加入上流圈的暴發戶所侵擾。阿斯特夫人已經四十多歲，是個膚色黝黑、個性堅強、樂觀的女性，依然秉持維多利亞時代一本正經的嚴肅作風。橫跨紐約兩大家族，她的社會地位自然得到保障，並承諾成為強

大的守門員。一八九二年，也就是
《VOGUE》創刊的那一年，媒體報導
稱，阿斯特家族位於第五大道上的褐
石豪宅，其宴會廳只容納得下四百名
賓客。有限的容納人數代表那些能夠
得到權勢顯赫女主人邀請的賓客，將
是紐約菁英中的菁英。有什麼比直接
將暴發戶拒之門外，更能遠離他們好
辦法呢！很快，這個數字變成一個暱
稱，「四百人」也象徵傳統現狀願意認
可具有社會意義人士的極限。

阿斯特夫人的盟友之一就是亞
瑟‧特努爾。本身也在四百人行列中
的他，正在尋找強化階級界線的方
法。他在《VOGUE》雜誌第一期的開
頭「聲明」隱含的意義濃厚，一會兒奉
承老紐約客，一會兒又暗示有錢吹牛
仔和過時歐洲貴族的劣根性：

> 美國享負世界上最進步社會的盛
> 名，是最有益且最仁慈的社會。美國
> 社會能夠迅速辨別是非、迅速接納異
> 己、迅速譴責不公，不受到降低身分
> 或永恆貴族的束縛。頂多擁有建立在
> 理性基礎上、自然而然發展起來的貴
> 族精神。[8]

他還特別強調這點：「雜誌的影響
力是社會理念。」[9] 接著，他開始用
他來自四百人行列朋友的故事、人物
介紹和插圖填滿書頁，完全沒有提到
吹牛仔。從某種意義來說，他把自己
身為出版商的技能用於階級鬥爭，在
吹牛仔試圖攀爬社會階梯進入上流圈
子時，踩住他們的手，強化公眾眼中
真正掌控城鎮之人的形象。

特努爾聯繫他在曼哈頓的百
萬富翁朋友來資助《VOGUE》。
一八九二年，最初股東名單上面有
兩百五十個名字，包含所有最古老
城市的巨頭，例如阿斯特（Astor）、
史岱文森（Stuyvesant）、赫克希爾
（Heckscher）、惠特尼（Whitney）、
范倫塞勒（Van Rensselaer）、凱勒
（Cuyler）以及隆納（Ronalds），他們
集結起來，確保《VOGUE》含著銀
湯匙誕生。他們也制定獨家訂閱戶名
單，幫助《VOGUE》度過動盪艱難的
財政年度。

有人可能會說，《VOGUE》雜
誌起初只是富人們間爭吵的媒介。
或者說，刊物內容都是八卦流言，

而業主是勢利小人。但這樣說不公平，《VOGUE》的創始概念是敵對派系的結果，也是正向推動的結果。《VOGUE》是特努爾的熱情所在，他幾乎傾家蕩產來維持營運。在那個女性不該工作的年代，《VOGUE》也是一本由女性創作的雜誌。當《VOGUE》出現在報攤上，不只是對現狀的自我打擊，也是一本帶給中產階級樂趣、讓人渴望閱讀的刊物。《VOGUE》從成立初期就因為理想太大而難以滿足。但無論如何，特努爾和早期編輯們的遠見、洞察力、活力以及堅定的勇氣，已經成為今日《VOGUE》員工的標誌。

階級引起的騷亂讓《VOGUE》雜誌成立初期動盪不休，恰恰說明了光鮮亮麗刊物背後潛藏多少故事。幕後總是有個錯綜複雜的人際關係網，政治與信仰系統有無形的線牽扯著。《VOGUE》的陰謀詭計具備經典阿斯特舞會的所有要素：政商名流穿著極其昂貴的服飾、菁英、有聲望、受歡迎、神秘。現在多了一個關鍵的區別：我們都獲得邀請。是時候深入挖掘此刊物的內容了。

早期內部問題

《VOGUE》在讀者群方面的早期成功還有其它一些因素。十九世紀末，美國發生了巨大變化。那是一個大擴張、愛國主義不斷成長和大規模工業化的時期，儘管沒有什麼比創造新的財富更重要了。在十九世紀的最後三十年裡，以前無人居住的地區終於被填滿，統治階級出現，「新移民」的洪流幾乎吞沒這片大陸。

在這塊肥沃的土地，《VOGUE》與同時期的刊物一樣，有個良好機會發展壯大，但一開始的幾個明智決定讓她脫穎而出。舉例來說，雖然一般民眾越來越多人購買報章雜誌，但像《哈潑時尚》（Harper's）和《史克利布納》（Scribner's）這類高品質月刊的價格超出他們的負擔能力，編輯的內容也超出他們的理解範圍。[10] 而市場天平的另一端是廉價週刊和低俗小說，這類刊物的製作粗糙，且以聳動的標題內容譁眾取寵。[11] 特努爾透過將《VOGUE》辦成高品質的週報，找到自己的讀者受眾。用一份刊物吸引了兩個族群：中產階級讀者會購買它，

這樣他們終於可以看到政商名流、達官顯貴在做些什麼;上流階級讀者會買來滿足他們的自負。

這個優雅的法國名稱也有利於這本雜誌的發展。「Vogue」這個外來語不僅暗指成熟有品味的歐洲,也影射巴黎這個令人無法抗拒的高級訂製服之都。有一項針對十九世紀五十本女性雜誌的研究指出,二十七本雜誌的標題使用「女士」(lady)一詞,剩下二十三本雜誌都使用「家庭」(house)或「家」(home)(例如《女士之家》雜誌〔Ladies' Home Journal〕)或者「女性」(the fair sex)(例如《女性娛樂》)。[12] 讓《VOGUE》在書架上與眾不同、迷人且新穎。

儘管如此,《VOGUE》不是完全商業化的嘗試。這份雜誌可能是特努爾的代表作,但也是一場嚴肅的權力遊戲;即使概略瀏覽一下《VOGUE》雜誌第一期,也能看出這位創辦人的社會關係。在「即將舉行的活動」欄目底下有滿滿幾頁即將到來的派對聚會,看起來像私人邀請函。有些人沒有提供關於活動性質的任何線索,只寫:「約翰・勞倫斯夫人,西十七街三十三號」[13] 或「貝茲夫人,歐文廣場七十八號,星期四直到四旬期。」[14] 符合條件的讀者一看就會明白。還有一些人願意提供更多的活動資訊:「查爾斯・富蘭克林夫人,華盛頓廣場。年輕人舞會。」[15] 或「安森・費爾普斯・史托克斯夫人,晚餐,接著方塊舞(cotillon)。」[16]

「VOGUE 社交副刊」(Vogue Society Supplement)提供更多過去活動的細節,鉅細靡遺描述晚宴活動,其中不乏提到許多名人以抬高身價。一篇關於威爾斯王子(譯註:指的是英國女王維多利亞的孫子艾伯特・維克特王子〔Prince Albert Victor〕)的報導是如此寫道:「(他)氣色看起來極差。前幾天我看到他,那雙眼睛奇怪的樣子讓我印象特別深刻。眼白一角蒙上一層暗紅色薄膜;而且他的雙手通常『保養得很好』,這天看起來膚質黯淡且粗糙。」[17] 事實上,威爾斯王子早在一八九二年十二月《VOGUE》雜誌創刊之前已經逝世,死於當年一月。雖然《VOGUE》雜誌最初被視為社會報刊,時尚雜誌的雛型尚未形

成，但還是有些風格建議。有一篇題為「花飾」（Floral Garniture）的跨頁報導寫出像這樣的荒謬評論，比如：「配戴幾十朵玫瑰的款式已經過氣，將來會不會重新流行也值得懷疑。」[18] 同時另一篇關於室內鞋的文章則建議：「如果穿上全套晚禮服，（室內鞋）只能搭配最小的帶扣。」[19] 最精彩的是一篇關於紅色傘的時尚報導：「十九世紀末的女孩立即接受這個想法，在沉悶的日子裡撐著一把能把天空變成玫瑰色的時尚點子真是太聰明了。」[20]

就像還沒成為時尚雜誌一樣，《VOGUE》也還沒成為女性雜誌。該本雜誌的早期版本為男性讀者提供許多內容，包含「在他眼中」和「美國的好叔叔」，這部小說系列文講述一位住在巴黎的男子，靠著他美國叔叔的錢放縱過活，與法國女孩做各種蠢事。

其它專題包含文學漫談和名為「倫敦」的特別專欄，據說是他們在倫敦的特派記者撰寫的。該專欄開頭寫道：「狗是目前的時尚潮流。每個人都被四足世界的變幻莫測所征服，無論是誰，身邊都有犬類『隨從』走來走去，甚至星期天在公園舉行『聖堂巡遊』（church parade）。」[21] 這種內容大雜燴持續多年。一位早期員工表示《VOGUE》雜誌「對此表現出有點漠不關心的態度……我們曾經在描繪一位軍隊駐地的女孩愛情故事時，配上肥美鱒魚上鉤的圖片。」[22]

民眾可能會從一本十九世紀的期刊中看到，文章乏味、混亂且過於複雜。對於時尚的描述從來不會出現在正確的插圖旁邊，有時甚至完全消失。排版隨意：「總編的話」旁邊可能是未完的小說、一則笑話或極其隨興的押韻對句：「Hearts may sometimes rule the land, But diamonds often win a hand」（得民心可能治天下，但得鑽石往往贏天下）[23]

即使這份《VOGUE》現在看來難以理解，但品牌的某些特質依然光芒耀眼。對於財富與奢華懷有敬畏之心，對於時尚與否也有其判斷力，無論是衣服、餐具或髮夾。甚至有些廣告商也是如此：蒂芙尼（Tiffany & Co.）、凱歌香檳（Veuve Clicquot）

以及皮耶爵香檳之花（Perrier Jouët）都在創刊號買下版面，偶爾出現在爭議公司 Marsh Mallow 養髮液或 Allcock's 酸痛貼布旁邊。某程度來說，超級富豪的習慣沒有發生太大變化令人欣慰。倫敦特派記者報導一隻養尊處優的貴賓犬時寫道：「另外，牠有個專屬的行李箱，上面有自己名字的縮寫字，裡面收納各種顏色款式的絲帶，每隻腳有不同的腳鐲以及搭配各種場合的各式項圈。」24 聽起來和芭黎絲‧希爾頓（Paris Hilton）那隻嬌生慣養的吉娃娃十分相似！

如果《VOGUE》許多內容看起來像是好友會聊的，需要瞭解「誰性感誰不性感」的內情，那是因為主要是由特努爾出身名門的友人整理出來的。埃德娜‧伍爾曼‧柴斯（Edna Woolman Chase）從臨時員工一路走到總編輯的位置，她在回憶錄《Always In Vogue》中描述過這種非正式、非專業性的安排，撰稿人更可能是編輯的朋友，並非依他們的文學聲譽來挑選。

對於已經習慣現今精緻時尚藝術風格刊物的人來說，《VOGUE》創刊號相形之下可能顯得有些灰暗與混亂。然而，《VOGUE》之所以獲得如此高的聲譽，很大程度是因為它的資深員工而非內容本身。各地讀者都想聽聽知名的「四百人」富豪圈的消息，卻很少人在乎他們到底說了什麼。儘管特努爾挑選一些看似零經驗的撰稿人，但他知道要替《VOGUE》創造一定的地位，必須建立充滿貴族血統的辦公室，也知道必須為這個辦公室找個有遠見且擅長管理的主管。因此相對於其他裝飾性的工作人員，他的創刊總編輯是個令人高興的例外。

喬瑟芬‧瑞汀（Josephine Redding）是名出色的記者，她與特努爾一樣熱愛印刷媒體，並以眾多出版刊物的專欄作家與編輯身分聞名。她擔任過《藝術交流》的編輯，與特努爾共事，後來成為該刊物的擁有人。儘管這樣說低估了她的專業知識，但她是特努爾社交圈的人。瑞汀是特努爾的重要資產，《VOGUE》將永遠傳承她的精神遺產。當時特努爾和他的團隊遲遲無法決定刊物名稱，窮途末路之下求助這位令人敬佩的記者。直到他們參

加引人注目的聚會,準備宣布刊物名稱時,喬瑟芬‧瑞汀現身,揮舞著字典,在「VOGUE」這個單字下方畫了線。25 這正是特努爾一直在尋找的書名。

這對瑞汀是好的開始。當上總編輯後,特努爾在她眼裡被降級為基層員工,並得到相對的待遇(瑞汀不喜歡男性)。她的怪癖不只這樣,連臥病在床都要戴寬沿帽(因而引起辦公室沒完沒了的流言蜚語和情緒化的臆測26),學會在夜裡摸黑騎車。她撰寫許多挑釁意味濃厚的編者評論,顯然超出《VOGUE》的範疇,其中包含婦女選舉權、種族主義和動物權。動物權是她特別喜歡的主題,習慣用各種野獸和牛的生活報導填滿篇幅。某次晚宴賓客講述自己與寵物鵝一起長大的故事,她深受吸引,於是她委託畫家幫這個故事繪製插圖,並正式發表在《VOGUE》上,沒有任何上下文說明。27 她的「關注動物」專欄在美版《VOGUE》一直到一九四〇年才停更。

瑞汀的貢獻顯示出最早期的《VOGUE》版本具有多重面向,不僅是評論舞會和醜聞。她喜歡的許多主題淡化了其它專題文章呈現的菁英主義,使得早期的《VOGUE》令更廣泛的大眾所接受。雖然她對於動物的喜愛和崇尚女性主義的理想已讓雜誌更加平易近人,但她也採取了其它措施來滿足上流社會以外的讀者群。「小資族的聰明時尚」(Smart Fashions for Limited Incomes)專欄默認了不是所有訂閱戶都非富即貴。瑞汀也推出「VOGUE 時裝設計版型」(Vogue patterns)的構想,進而承認他們一部分讀者不得不在家自製衣服。

儘管瑞汀的文章從未疏遠《VOGUE》聲稱主要迎合的紐約社交名流,但她的平等主義觀點抵銷了特努爾的仕紳氣息。而且正是瑞汀創造了理想刊物的藍圖,並確保吸引不同層級讀者的內容達到微妙的平衡,進而擴大《VOGUE》的影響力。從現代女權主義者到廠房縫紉女工,再到嬌貴的新嫁娘,只要她們聽到阿斯特夫人正在讀這本雜誌,人人都可能拿起這本刊物。雖然《VOGUE》能夠在報攤上樹立品牌地位,必須歸功於特努爾與「四百名流」的友好關係,但多

虧了瑞汀，它成為「九〇年代時尚與社會」的忠實鏡子，28 當瑞汀選擇於一九〇一年退休後，《VOGUE》頓時失去方向。

瑞汀離開後，除了廣告和業務職責之外，特努爾還把雜誌的全部會議和編輯工作都攬到自己身上，他底下的基層員工則隨意發表他們喜歡的文章。他急需一位新的女主角。他在自己核心圈子找尋這份工作的角逐者時，偶然發現並挑中一位非常可愛的人物，即使她是高爾夫球手，先前沒有任何出版經驗。瑪麗・哈里森（Marie Harrison）是特努爾的小姨子，雖然沒有瑞汀的專業知識，但她與特努爾合力完成《VOGUE》每一期的印刷。她與特努爾手下經驗不足的員工建立了良好的關係，彌補了技能上的不足，並展現出絕佳的領導力。如果團隊中還有其他嚴肅認真的記者，或許仍足以支撐雜誌的發展，但問題還是在於缺乏稱職能幹的作家和財力雄厚的廣告主。

這種鬆散的職場氣氛不只出現在挑選時髦奢華的員工陣容上，特努爾根本不知道怎麼賺錢是一大問題。印刷服裝插圖往往省略裁縫師的名字，所以他們既無法鎖定目標企業商家，亦無法向廠商銷售廣告。雖然特努爾有辦法靠他的關係取得獨家新聞——例如在康斯洛・范德比爾特（Consuelo Vanderbilt）與第九代馬爾博羅公爵（9th Duke of Marlborough）的世紀婚禮之前看到她的嫁妝——但他也不知道如何利用這點來增加收益。

就在特努爾開始感到絕望之際，一位共同的熟人推薦了缺乏經驗的湯姆・麥克瑞德（Tom McCready）。麥克瑞德大搖大擺走進來，成功為自己爭取到一份在幾乎沒有廣告的雜誌公司擔任廣告經理的工作。他要求週薪九美元，特努爾大方承諾給他二十美元。當他收到第一張支票時，上面是二十五美元——特努爾喜歡送員工這種令人愉悅的驚喜。麥克瑞德雖然不到二十歲，但並非光說不練。他和特努爾開始替《VOGUE》設計一套開創性策略，計畫取消原本的慣例，也就是按排版格線出售廣告，改以更便宜的價格提供整塊廣告版面。此作法將鼓勵廣告主自由運用空間，以自己的插圖設

計自己的版面。如果這些廣告好看美觀，還能為《VOGUE》省下製作圖片的費用。遺憾的是，他們從未親眼見證這種作法的長期效益，因為這種「勉強過得去」的經營狀態即將結束。

一九〇六年，特努爾突然逝世，《VOGUE》繼續延續生命。特努爾死後，雜誌顯然出現重大的虧損，但總編輯瑪麗・哈里森和年輕的埃德娜・伍爾曼・柴斯堅持不懈，決心不讓《VOGUE》倒閉，因為這是特努爾遺孀與小兒子的生計。29 雖然哈里森從未成功重現《VOGUE》最早的輝煌，甚至沒有因應時代的變遷，但她確實守住富豪讀者群對於《VOGUE》的興趣。這群背景顯赫的訂閱戶，反而引來了一位耐心等候時機的出版企業家。

CHAPTER 2

The Second Act

Arrival of Condé Nast: Building a Publishing Empire

第二幕

康泰・納仕（Condé Nast）駕到：打造出版帝國

隱形人出現

在康泰・蒙特羅斯・納仕成為一家企業實體，每月以他的名義發行上百本雜誌之前，他只是個墜入情網的男人。愛慕的對象，是他某天在書報攤遇到的一位賞心悅目的小女孩，沒有得手是不會善罷干休的。他們的偶然相遇燃起愛戀的火花，他將付出一生，至死方休。你可能已經猜到，她的名字就叫「VOGUE」。

納仕已經注意這本雜誌一段時間了；他正在尋找主打上流社會市場的期刊，雖然《VOGUE》光芒略褪，仍與社交界維持寶貴的關係。納仕在特努爾逝世前一年已經找過他，表態有意收購他的雜誌[30]，在痛苦得知特努爾債務堆積如山的真相之後，又找上他的遺孀。[31] 這次，特努爾的遺孀答應了，他們家確實沒有能力獨自經營這本雜誌。納仕花了四年時間才將期待已久的整體規畫付諸行動。

康泰・蒙特羅斯・納仕一九〇九年終於收購《VOGUE》的時候，它還是一家擠在幾個小房間裡快要倒閉的小公司，員工們坐在從辦公用品店批發買來的廉價傢俱上安靜塗鴉。[32] 他彷彿憑空出現般溜進了他們的生活。為了在當時位於第二十四街的辦公室保持匿名，他選擇一個有獨立入口的辦公場所，這樣就不會有人看到他進出。[33] 儘管他的名字出現在目錄頁，就印在「VOGUE 公司」的正下方、總編輯瑪麗・哈里森的前面，但雜誌裡面沒有任何跡象顯示雜誌所有權已易主。新聞媒體沒有任何消息報導，也沒有新主人的介紹信。《VOGUE》員工馬上幫他取了「隱形人」的綽號，日子過得膽戰心驚，等著哪天可能被他突然解雇，只能祈禱自己不是下一個。

謠言一傳十、十傳百，緊張的員工們將納仕描繪成令人畏懼的馬基維利，一直不安地猜想他們會不會淪落街頭。[34] 然而，納仕不但沒有計畫大規模裁員，反而埋頭研究收入來源和利潤，制定未來策略。對數字的熱愛一直是他從事生意的核心，這點讓他在《VOGUE》雜誌如魚得水，就如同他之前在《科利爾週刊》（Collier's Weekly）工作時一舉大獲成功一般。

納仕肯定不是富裕家庭出身，因為他是靠姑媽的遺產在喬治城大學（Georgetown University）攻讀法律，並在那裡認識了羅伯特・科利爾（Robert Collier），結果這份情誼比世界上所有學位都重要。一八九五年以法學學士畢業，回到位於密蘇里州聖路易斯的家時，他並沒有努力進入法律界，而是對家族企業更感興趣。幾位親戚在一家瀕臨破產的印刷廠擁有少數股份，畢業新鮮人納仕想要扭轉這家工廠的頹勢。

他絞盡腦汁設法解決這家工廠的財務困境，仍舊徒勞無功，直到發現周圍密蘇里州民眾都在準備年度盛事聖路易斯世界博覽會（St. Louis Exposition）。納仕眼明手快，迅速列出一份可能需要印刷的參展企業名單，與他們接洽，如果向他的印刷廠下訂可享特別優惠。35 該策略大獲全勝，資金源源不絕湧入。同一時間，羅伯特・科利爾聽說了朋友的作為和印刷廠不可思議地突然回春，便去拜訪納仕。科利爾的父親經營一家生意興隆的圖書公司，但旗下有本雜誌《科利爾週刊》陷入困境。在一八九〇年代，這本枯燥乏味的刊物盡是戰爭照片、大學校際體育新聞和瑣碎不起眼的小說。科利爾花了很長時間仔細研究這位大學老友和他替印刷廠所做的宣傳行銷……並提供納仕到他紐約公司擔任廣告經理的職務。這是納仕做過最精明的商業決策，因為他的行銷技巧正是在《科利爾週刊》日益純熟。

身無分文的納仕剛到紐約市，週薪十二美元，工作是運用他認為適合的方式來增加雜誌收益。36 他無意間想出一招，大膽寫信給潛在客戶，介紹自己並向他們保證他不想要他們的錢。他告訴他們，《科利爾週刊》不受歡迎，沒人在意、沒人重視、沒人看好。這封神秘的信寫到最後，他要求企業老闆們提供居住地址，以便申請免費訂閱，並於最後一行暗示《科利爾週刊》即將發生大事，他們可能需要密切關注。37 這種天才的逆向操作心理成功激起他聯繫的企業和商人們的興趣。而他們開始閱讀時，《科利爾週刊》就在眼前發生變化。

納仕聘請頂尖作家，借重他們的

資歷來提振讀者數量。採用彩色照片、調整設計、擴充內容，所有改變都是想讓刊物有一種更完整、更豪華的感覺。他另一項創舉是發明限量版的概念，以此推動大規模銷售。一八八七年，《科利爾週刊》的發行量為一萬九千一百五十九本，廣告總收入只有五千六百美元。[38] 經過納仕一番操作，十年下來，發行量暴增至五十六萬八千零七十三本，營收也達到一百萬美元。[39] 他會拿出詳細的帳目，花幾個小時仔細研究數據，確認哪些策略奏效或無效，甚至找出編輯調整與收益增減之間的相關性。規劃這些換來不斷增加的薪水，他的年薪到一九〇七年已超過四萬美元。[40] 薪水高到聖路易斯一家地方報紙稱之為三十五歲男性的最高工資，幾乎相當於美國總統的薪資。[41] 業績達到巔峰之際，他向羅伯特・科利爾提出辭呈。納仕決定自己出來創業。

他的下一步是收購家庭服裝版型公司（Home Pattern Company），並開始提供《淑女家庭雜誌》（Ladies' Home Journal）版型的特許經營權。勾起納仕興趣的服裝版型，基本上仍是未開發的市場。雖然這並未達成他期望的重大突破，但確實讓他意識到女性消費者的需求。當時美國雜誌普遍忽略女性，發現女性買家是納仕一次靈光乍現的瞬間，讓他開始思考市場上其它尚未開發的領域。

一九〇〇年代早期出版業的另一項共同特點，就是側重於大量流通。旨在盈利的出版刊物靠增加訂閱戶賺錢，讓讀者多到地方商人不得不刊登廣告的程度。但納仕認為，小眾市場雜誌還有很大的發展空間，廣告廠商可以直接接觸目標受眾，而且願意支付更高的費用。例如，以狩獵為主的週刊是步槍製造商刊登廣告的合理管道。不過，女性主題依然過於廣泛，所以他決定按照族群進行細分。那麼只鎖定超級有錢的貴婦怎麼樣？比起香皂品牌，女帽訂製商、專業鞋匠和高級珠寶商在尋找受眾時更加困難。他認為，讓這些廠商直接接觸到令其嚮往的那百分之一美國富豪，可能是值得開採的金礦。於是他得出自己成功的方程式：以女性為中心、以階級為基礎的精品雜誌。他這樣解釋自己的銷售哲學：

假設有個托盤上面放了兩百萬根針，其中只有十五萬根是你想要的金製針頭，想一根根挑出來的話既耗時又費力……，但如果你能找塊只會吸出金針頭的磁石，那就省事多了！42

他的絕妙構想已經成形：凡是高單價商品，如三角鋼琴、綠寶石胸針、豪華汽車，最好刊登在有錢人家會閱讀的雜誌上。現在他只要找到一本高級刊物來扮演這個構想的白老鼠……就在那時，他銳利的目光落到了《VOGUE》雜誌，雖然「她」還要幾年時間才能得手，但納仕已經找到自己的理想之選。

《VOGUE》2.0

納仕花了將近一年的時間來評估和改變《VOGUE》。梳理特努爾治理公司所留下來的凌亂狀態需要多費點心力。他面臨的挑戰是如何從構成《VOGUE》的大雜燴中設計出一套標準模式，還有如何鞏固他們的最大資產：美國有錢人為主的豪華讀者群。直到一九一〇年，他才準備對外宣布

自己的意圖；二月中旬的那期雜誌刊登了以下公告：

《VOGUE》從二月十五日「春季流行時尚趨勢」開始實行全新計畫，將打造出更大、更好、更具看點的《VOGUE》。

往後《VOGUE》將以精彩雙週刊介紹時尚、社會、音樂、藝術、書籍和戲劇的最新動態，每期篇幅都是目前普通週刊的兩倍以上。43

從那以後，所有封面都是彩色印刷，雜誌也從每週一期改成兩週一期。44 下一期的廣告頁面也比上一年同期增加十四頁，價格也從十美分漲到十五美分（但訂閱費用維持不變）。納仕把熟悉每個部門內部運作視為自己的分內工作，45 但無論他怎麼勤奮地研究各個領域，廣告部職員才是他的知音，過去的經歷讓他更能理解他們的工作。由於納仕打算使廣告成為主要收益來源，取代訂閱收入，廣告也變得更加重要。在納仕的商業模式裡，發行量最終會變成只是扔給廣告業主看的數據，吸引他們砸錢買廣告。雖然現在這種商業策略非常普

遍，但納仕是先驅。雜誌銷售額在收入的占比會越來越小。

廣告部因為地位提高，偶爾會與編輯部起衝突。據說，廣告人員會走進編輯辦公室，試圖要求編輯團隊替不合格的商品捏造不實報導，讓廠商願意掏錢購買大的廣告版面。怎麼不說多點關於大客戶的好話呢？編輯們覺得這麼做將嚴重損害他們提供讀者建議的可信度。雖然廣告人對編輯大吼，付她薪水的是他們廣告部，但她冷冷地回應，如果雜誌內容都是垃圾商品，《VOGUE》將失去信譽，到時候他們都會丟掉飯碗。[46] 如果《VOGUE》都是業配產品，會喪失顧客的信任，但如果廣告版面賣得不夠多，他們也會損失去寶貴的收益。

納仕治理《VOGUE》前五年，一直由瑪麗・哈里森擔任總編輯，但納仕心知肚明，《VOGUE》發展仍然載浮載沉，自己挑選的下一任總編輯將扭轉局面。埃德娜・伍爾曼・柴斯是土生土長的紐澤西人，在嚴格的祖父母扶養下成為貴格會教友（Quaker，譯註：基督教教派之一）。她十八歲

搬到紐約，急著找份工作。競爭很殘酷，許多年輕有為的人餓死在供膳宿舍裡。後來有位在《VOGUE》擔任小職位的朋友出手相救，帶她進公司，接下一份書寫信封地址的低階工作。[47] 她從一開始就替尊貴的同事們做牛做馬，他們也樂於把工作交給這位動作俐落、積極勤奮的年輕人。「我喜歡《VOGUE》，《VOGUE》也喜歡我，」她寫道。[48] 到目前為止，她已經在《VOGUE》工作將近二十年，可能比其他人更瞭解這本雜誌。雖然嚴格來說，她還是後輩，但接下來發生的事情很快推她上前。

納仕收購《VOGUE》的時候，特努爾遺孀基於保險起見，一直持有她的優先股（特別股），認為這樣家庭收入比較穩定。[49] 然而，隨著雜誌利潤在納仕的管理下迅速攀升，這位寡婦開始覺得自己受騙上當了。她起訴納仕，由此引發的爭端也從法庭延伸至公司走廊。由於現任總編輯瑪麗・哈里森是特努爾遺孀的姊妹，哈里森與納仕的關係也變得冷淡。現在是時候讓精明能幹又上進的人嶄露頭角了。伍爾曼・柴斯成了中間人，在兩個針

鋒相對的老闆之間來回傳遞消息，她就這樣出現在納仕眼前。50

於是哈里森離開後，伍爾曼・柴斯順理成章接下她的位置。她很喜歡《VOGUE》，但特努爾逝世，加上後來的混亂局面，讓她的升遷等待期太漫長。結果才剛興起離職的念頭，51納仕就來拍拍她的肩膀，要她接替哈里森，納仕也因而為自己贏得出版商有史以來最強大的盟友。

納仕與伍爾曼・柴斯在個人道德和經商方面有默契的相互理解，完全信任對方，擁有共同的價值觀。他們一起打造我們熟悉的《VOGUE》。雖然經營者和總編輯以相對平等的條件工作很罕見，但多年來巨大的成功和驚人的擴張是兩人共同策劃的結果。從平凡無奇的事情就可以看出他們舒服的相處模式，例如在最喜歡的便宜小餐館隨便吃點東西果腹；52還有隱約的算計手腕，例如他們心照不宣忽略彼此在人事安排上的缺點。

納仕經常在派對場合搭訕年輕女孩，隨便邀請對方來《VOGUE》工作。納仕喜歡漂亮的女孩子，有些人自然會從編輯部跳到情感部。53即使這些新人的唯一貢獻就是惹惱大家，伍爾曼・柴斯仍願意通融，所以納仕也尊重她招聘的員工。

伍爾曼・柴斯對於《VOGUE》懷抱狂熱的忠誠，強烈到那些背叛《VOGUE》的人往往得付出代價。叛逃《哈潑時尚》的藝術家將永遠得不到原諒，還會公然冷落對方。德・邁耶（De Meyer）曾是她最好的攝影師，但他試圖重返《VOGUE》時慘遭拒絕，54結果他窮困潦倒地死去。辭職的員工可能會收到措辭嚴厲的信，讓人害怕在街上撞見她。55

埃德娜・伍爾曼・柴斯身材嬌小，動作敏捷，留著一頭提早變白的捲髮，已經踏上一段令人聞風喪膽的傳奇之路。「苛刻」56與「強硬」57是她的形容詞，康泰・納仕的傳記作家甚至指控她是虐待狂。58伍爾曼・柴斯在《VOGUE》的職業生涯如日中天之際是四大版本（美國版、英國版、法國版及德國版）的總編輯，負責管理約一百五十名正式員工，外加自由

撰稿人、攝影師、藝術家及繪圖師。59 別指望她行事不拘小節、健談或寬容，她正是需要成為一板一眼、講求能力與效率的人。

確實，她的嚴酷有跡可循。強制規定《VOGUE》員工必須穿黑色絲襪，搭配白手套和帽子上班，這對窮女孩而言是棘手問題，只領微薄薪水很難負擔得起這些物品。60 當旗下有編輯試圖跳地鐵自殺時，伍爾曼·柴斯嚴肅告訴她：「親愛的，我們《VOGUE》的人是不會選擇臥軌自殺的，如果萬不得已，我們會吃安眠藥。」61 話雖如此，她還是會用不勝枚舉的溫暖和慷慨來彌補偶爾出現的冷淡。許多她帶起來的後輩一直心存感激。後來擔任時尚編輯的貝蒂娜·巴拉德（Bettina Ballard），回憶起她們的初次見面：

經過多年的信任和情感，現在我太瞭解她的一切了，想不起我對她的第一印象是什麼。我只記得她人並不可怕，她說過：「孩子，妳的文筆很好，在雜誌上永遠會有發揮的空間。」62

這部分與其它報導吻合：伍爾曼·柴斯和康泰·納仕一樣，喜歡給人機會。她把機會給了聰明的腦袋，而納仕則把機會給了身形纖柔的女孩（甚至有傳聞指稱，他偶爾會去紐約中央車站尋找剛搬過來的漂亮女孩，並提供她們工作。63）

除了扮演提攜上進作家的絮叨媽媽和康泰·納仕的心腹，伍爾曼·柴斯也具有創造力，許多明智的編輯和商業決策可以佐證。她不斷開創《VOGUE》的新局，並為雜誌在一九一〇年代後期和一九二〇年代早期的名聲付出不少貢獻。伍爾曼·柴斯認為她天生具有編校的本領。她覺得自己這輩子都在暗中評論所有事物，包含自己的朋友和房子，甚至在獨生子臨盆時，她仍盯著醫院窗外的建築工程，幻想著如何改善。64 她在回憶錄中坦承，這種特質並不討人喜歡，也導致她經常對周圍環境感到不滿。65 不過，如果說這種性格怪癖傷害了她的私生活，那麼正是這種完美主義的傾向讓她不斷將《VOGUE》推向新的勝利。

無論伍爾曼‧柴斯的個人表現如何，整體而言，這本刊物的經營政策相當另類。納仕與伍爾曼‧柴斯都喜歡採取鼓勵員工相互競爭的策略，以防止他們工作懈怠。[66] 他們只會下達含糊的指令，看看菜鳥能想出什麼點子，[67] 雖然有些人會因此成長茁壯，但這種策略也可能適得其反。納仕觀察到這一點，主張世界上的人分成「採集者」和「揮霍者」。[68] 採集者總是能找到有益的事情做，而揮霍者永遠找不到自己的功能，很快就會遭到淘汰。

納仕的另一招是出名的門戶開放政策。他鼓勵別人隨時來訪、有問題就打給他、徵求他的建議。[69] 他自己也這樣做，他會在走廊上攔住毫無戒心的路人，和他們閒聊幾句，就算不知道對方是誰，或者是不是在他旗下工作的員工。[70] 這種方式讓他自己更加平易近人，同時透過增加外部觀點來刺激自己的思考過程，後來即使公司成為百萬美元級的成功企業，納仕仍秉持這種作法。

到了一九一〇年代末期和整個一九二〇年代，《VOGUE》開始呈現出明確的新型態。這家公司如今賺取了難以估計的利潤，現金如熱帶暴雨般源源不絕湧入，並且也是時候將之反映在周圍環境中了。收購《VOGUE》雜誌初期，納仕那位平淡無奇但具社會地位的妻子克拉麗絲‧考德特‧納仕 (Clarisse Coudert Nast) 曾嘗試參與該雜誌在第四大道四四三號新總部的室內設計。她的辦公室改造以柔和色彩為特點，其它提高規格的嘗試包含雇用伶俐的小女傭每天下午四點半在公司裡推著一車茶水餅乾走來走去。[71] 但埃德娜‧伍爾曼‧柴斯立即廢除這個古怪的規矩，指稱這樣會害員工的注意力分散。她的最後一句話是：「只有英國人才能在上班時間提供茶水而不會影響士氣。」[72]

幾年後，具代表性的室內裝潢師艾爾西‧德‧沃爾夫 (Elsie de Wolfe) 重新裝修了辦公室，這是《VOGUE》正走向世界的明確跡象。德‧沃爾夫設計下的《VOGUE》辦公室變得更大更明亮，掛著生絲窗簾，室內到處是原創藝品和玻璃製品。接待區是一面假書裝飾的特色牆，但伍爾曼‧柴

斯自一九一四年起任職總編輯所使用的辦公室仍保留納仕夫人挑選的淡綠色。一九一五年進入《VOGUE》的諷刺作家朵樂希・帕克（Dorothy Parker，原名為朵樂希・羅斯柴爾德〔Dorothy Rothschild〕）曾惡毒地驚呼，這種裝潢風格讓她想到妓院。73

《VOGUE》正在改變，其中許多變化，例如內部的裝潢升級，都是資金大量湧進的結果。隨著公司發展擴大，轉變成勤奮工作者的華麗洞窟，核心編輯群將自己分成幾個小組，日程表也正式確立。儘管納仕喜歡故意把新員工安排到困難的職位，但人力資源部門已漸漸成形，規則也訂定下來。由於新來一位德籍副總，每個人突然都必須在早上九點準時現身，規定遲到者必須填寫小卡解釋為何遲到……後來造成了反效果，有位厚臉皮的繪圖師中午左右才走進公司，然後捏造他遲到的理由是因為在第六大道上被一群大象追趕。結果繪圖師沒有受到懲罰，但取消了填寫遲到小卡的規定。74 公司氣氛依舊團結，這段時期的員工回想起他們的「VOGUE 大家庭」仍懷有深厚的感情。75 一位前助理這樣解釋當時的情況：「在這個家裡面，納仕先生是父親，柴斯女士是母親……《VOGUE》作風民主，即使是最基層的員工，每個人都有發言權，當然我也是。」76

對許多人來說，這個 VOGUE「大家庭」已經超出經營組織的範圍，成為真正的家庭。《VOGUE》員工當中結婚、離婚以及再婚的數量驚人得多，通常是與海外辦事處的員工配對。77 結果進一步促成許多 VOGUE 寶寶在這個圈子誕生，使得兒童模特兒的來源十分充足，十幾歲的女孩經常被拉去拍攝依依不捨的新娘，一九二〇年，康泰・納仕自己的十五歲女兒娜蒂卡（Natica）就曾擔任婚紗模特兒。78

在《VOGUE》工作還有其它令人垂涎的獎勵。公司鼓勵員工多旅遊，經常提供旅遊基金，並允許員工休長假去冒險和探索。公司的看法是旅行可以開拓視野，接觸不同的文化、新趨勢以及八卦，交換條件是：任何具有價值的發現都必須立即回報《VOGUE》，搞不好是值得刊登在

雜誌上的消息。在那個年代，可以接觸到遙遠國度的人非常稀少，所以《VOGUE》員工就像眼睛和耳朵，遍及時尚界的人類數據庫，負責搜集情報資訊，然後傳送給中央辦公室，讓《VOGUE》雜誌的內容新鮮且走在時代尖端。

努力工作的員工備受重視，沒有人比伍爾曼‧柴斯更加敬業，納仕發自內心感激並給她送上豐厚大禮。一九一○年代初，納仕會在聖誕節期間送她一盒巧克力，每顆巧克力糖下方都有枚純金硬幣，然後附上一封信，通知她即將大幅加薪的消息。79 經過幾個聖誕節，伍爾曼‧柴斯在布魯克赫文（Brookhaven）買下一棟房子後，納仕留了紙條給她，說全部貸款已經結清……還附上一張支票償還她先前支付的款項。80 在那之後又過了幾個聖誕，納仕寄了一張股票憑證給她，備註寫著：「感謝妳為我和《VOGUE》所做的一切。」81 二代《VOGUE》是一個歡樂、熱鬧、真正充滿機會的地方，員工們幸福、聰明、有創意、歡樂、享受生活、人脈廣闊、打扮乾淨整齊、擁有強烈的團隊精神。

真人版《大亨小傳》

康泰‧納仕在一九二○年代為自己公司創造的聲譽與營收來源一直持續到二○二○年，然而，他的資產卻讓個人的生平事蹟黯然失色：他在出版界開拓出一條熱門的道路，連自己的印記也一併抹去。不過納仕還是有一度名聲響亮到走在街上都被人認出來。基本上，納仕個性謹慎小心，但他的成功卻建立在積極主動的銷售策略上。身穿西裝內搭馬甲背心，戴著帽子和橢圓無框式夾鼻眼鏡，完全一副銀行家的架勢，讓人以為他出身金融世家並非全無道理。但在這個嚴肅的外表之下，隱藏著納仕的另一面，享樂主義者和情場騙子。舉止雖然拘謹矜持，但他貪戀美色，十年來在紐約辦過了許多場極致奢華的派對。賓客幾乎不認識他，沒關係，他完全樂於當個在場邊觀望的主人。

納仕仔細認真地記載誰受邀到他位於公園大道一○四○號（1040 Park Avenue）擁有三十個房間的頂層豪宅狂歡、有誰參加、賓客的評論、缺席的原因以及花費的每一分錢。納仕將

可能邀請的名單分成 A、B、C 三組，分別是社交圈、藝文界以及其他名人。這些名單的人物必須密切關注，並隨時更新以確保準確性，他的秘書們則忙著記下每一丁點風聲謠言，並確認可能令用餐座位安排出現尷尬情形的已婚和離婚傳聞。[82] 這是他幾位秘書的全職工作。納仕堅持自己家裡要提供五星級的服務，因為他家也是一個舞台，是《VOGUE》雜誌中另一個扣人心弦、引人入勝、緊張刺激的場景。這個良性循環讓他的性格和雜誌增添神秘色彩。史考特·費茲羅傑（F. Scott Fitzgerald）曾出席狂歡派對幾次；也許納仕才是真人版《大亨小傳》主人翁蓋茲比。

派對活動的幕後規劃細緻程度近似強迫症。納仕家裡的員工會接獲如何佈置盛大舞會的嚴格指示，包含來回搬運沉重的家具也是每週任務。這些辛苦的工作都只是為了舉辦熱鬧滾滾的宴會，但納仕這個不引人注目的角色，懷抱著一顆炙熱的野心。發行《科利爾週刊》期間口袋賺得飽滿，他卻把所有錢押注在自己的經營理論上。現在他那些關於廣告宣傳和找出消費者的政策，已是業內經營準則之一，但在時尚榮景和金礦出現之前，他只是個緊張不安的中年男子，即將豁出所有籌碼，憑直覺賭下去。一九〇九年六月二十四日，他的名字首次刊登在《VOGUE》雜誌上，一切才終於得償所願。

如今，這家以他命名的跨國公司指出，數位版讀者超過四億兩千七百萬人，紙本版讀者逾八千八百萬人，線上影音每月觀看次數更達十億多。[83]《VOGUE》所傳達的宗旨──宣揚美好的世界──一直維持不變。然而，雖然納仕希望讓讀者看到如何把生活過好，但他自己每天工作十八個小時，即使賺大錢後依然如此。為了避免自己在晚宴疲憊昏倒，納仕會淋浴兩次，一次用滾燙的熱水，一次用冰涼的冷水。[84] 出席社交場合之前，他會用冷熱水交替讓自己清醒，甚至有人認為這就是導致他最後死於心臟病的原因。[85] 無論如何，他在《VOGUE》雜誌上的成功，就是他最大的回報。

CHAPTER 3

Consolidating Condé Nast

Expansion, the British Edition, WWI

鞏固康泰納仕集團

時尚版圖擴張,英國版《VOGUE》誕生,

遭逢第一次世界大戰

英國版《VOGUE》誕生

康泰・納仕對於擴張的渴望，早在持有《VOGUE》的初期就變得非常明顯，《VOGUE》不再是唯一的戰利品。他於一九一一年買下《居家與園藝》（*House & Garden*）雜誌的股權，[86] 接著一九一三年收購男性時尚雜誌《Dress》和苦撐的百老匯刊物《浮華世界》（*Vanity Fair*），並加以合併成《Dress & Vanity Fair》雜誌。但這本雜誌隨即慘敗收場，後來他放棄《Dress》，一九一四年以《浮華世界》重新推出，[87] 在傳奇總編輯法蘭克・克勞寧希爾德（Frank Crowninshield，也是納仕的長期室友）的領導下成為文學與時事引擎。

在美國輕輕鬆鬆建立起自己的產權後，納仕開始渴望海外市場。他的競爭對手威廉・藍道夫・赫斯特（William Randolph Hearst）已經開始將投資拓展至大西洋的彼岸。赫斯特一九一〇年底成立了國家雜誌公司（National Magazine Company），這是赫斯特出版集團（Hearst Corporation）旗下的全外資子公司，

作為他在英國的出版基地。意識到這點後，納仕想搶先他一步，成為美國首位發行雜誌海外版的人。雖然觀點完全不同，但赫斯特與納仕一樣，都是經驗豐富的資深出版商。與納仕不同的是，赫斯特出身富貴，繼承了父親的報業股權。他積攢的財富都拿去買了藝術收藏品、加州一座城堡以及多次嘗試參政。

儘管打造出媒體帝國，但民眾會記住赫斯特主要是因為其控股規模，而不是他的雜誌品質。然而，他仍於一九一三年買下《哈潑時尚》（*Harper's Bazar*，後來才加入另一個「a」），決心把這個沉靜、家庭取向的刊物變成《VOGUE》的競爭對手。起初，《哈潑時尚》的發行量高達六萬五千份，《VOGUE》為三萬份，[88] 不過到了一九一六年，納仕的雜誌開始提升：兩份雜誌的發行量都達到了十萬份。[89] 兩位老闆的夙怨將在一九三〇年代達到了最激烈、最黑暗的時刻，但在一九一〇年代，這種競爭才剛升溫，納仕眼見美國和英國雜誌之間的出口貿易發展，覺得是時候採取行動了。一九一二年，納仕聘請精力充沛的倫

敦人威廉‧伍德（William Wood）作為他在當地的代理人，開始將美國《VOGUE》雜誌配送至英國發行。90 上市前唯一明顯的差異，就是從美式英語改成英式英語。91

納仕希望伍德能夠招攬當地的廣告客戶，但守口如瓶、吝嗇的英國製造業者仍把美國當成他們沒教養的小老弟，不願意花大筆預算在美國出版品上刊登廣告。儘管如此，熱情積極的伍德和他的團隊每個月還是拚命推銷《VOGUE》，一九一四年，每期的進口版雜誌銷量為三千到四千份之間，92 短短兩年後，到了一九一六年，銷量數字成長了一倍。93 現在輪到伍德展開行動：說服康泰‧納仕成立完全獨立的版本，在英國編修校訂與印刷。「布洛克」（Brogue），英國版《VOGUE》的暱稱（譯註：Brogue 取自 British VOGUE 的諧音），便於同年正式出版。

迫使納仕採取行動的不只是伍德的說服功力。一九一四年第一次世界大戰爆發，德國潛艦發動一連串的攻擊後，導致出口遭禁，這表示

《VOGUE》再也無法從紐約送到倫敦來供應。94 機靈的伍德沒有因此澆熄熱情，發行以英國為中心的在地版本可以降低成本，而且可以在戰爭期間繼續銷售《VOGUE》。他也認為，如果能名正言順向英國品牌公司展示雜誌內添加了英國原創內容，他就更有機會刺激商業廣告的發展。第一間倫敦總部由身兼發行人、經理和執行編輯的伍德掌管，95 行事刻意謹慎低調，在狹窄、陰暗骯髒的建築物裡的四間辦公室，只有幾名員工。96 然而，即使剛開始渺小不起眼，仍承受著巨大的考驗。

徵兵、空襲、資源配給、防毒面具，協約國、轟炸平民、保家衛國。把一份時尚雜誌放在大規模毀滅性背景之下似乎有點不協調，但世界大戰爆發期間，英國版《VOGUE》的人氣卻迅速暴漲。據說它在戰壕裡的名氣僅次於《週六晚間郵報》（*Saturday Evening Post*），且英國國內女性瘋狂翻閱，造成發行量大幅上升。97 地緣政治的動盪和經濟的不確定性對時尚產生難以理解的影響：研究普遍顯示，在戰爭期間，那些無關緊要的非必需

品（美容產品、服飾、化妝品）的需求量很大，目前共識是這些產品可以鼓舞士氣。[98] 第一次世界大戰爆發時，既有老牌的維也納和巴黎時尚雜誌已經在報攤上消失，所以那些找尋通俗讀物的人也不得不改買《VOGUE》。

一戰爆發對女性來說是關鍵時刻。婦女參政運動正處巔峰，但因戰爭被迫擱置，男性紛紛加入軍隊，意味著女性必須動員起來，身為家庭主婦和母親的女性不得不放下針線，走入工廠和農田，繫上她的安全帶，維護頑固的英國價值觀。雖然在傳統屬於男性的環境中迫切需要女性承擔勞力密集的角色，例如軍火工廠，但保守團體往往對她們抱持懷疑態度。與此同時，在媒體和宣傳海報上，女性身體代表勝利、純潔和美麗的理想象徵；士兵的激勵來源、仁慈的天使、西方道德的守護者。正是這個矛盾衝突的年代，《VOGUE》不得不嘗試為女性發聲。

《VOGUE》雜誌有些明顯引人深思的封面，反映出當時戰爭期間的恐怖，但也有些封面繼續強調時尚最無關緊要的一面。一九一八年的戰爭題材格外豐富，該年一月份封面是穿著華麗粉白相間禮服的女士，手持一根燭光搖曳的細長蠟燭，映襯著令人不安的全黑背景。[99] 五月份封面人物是神情悲傷的年輕護士，灰濛濛背景畫著紅十字，身後還有一行字「Les Blesses」（罹難者）。有三幅封面皆顯現女子舉起雙臂的榮耀姿態，一幅畫出英、美和法三國國旗，象徵團結；[100] 另一幅法國國旗雖破損，但圖中人物手持花束，以示慶祝戰勝。[101] 在停戰協定宣布前的最後一幅封面帶有奇怪的悲傷感，圖中身穿樸素奶油色連身裙的小人高捧一顆金色大愛心，愛心的左下方位置是三色徽章。她的頭頂上方寫著「Le Coeur de la France」（法國之心），周圍背景完全空白。[102] 毫無疑問，白色是投降的顏色。

綜合一戰時期的封面來看，從實用主義到浪漫主義，封面繪圖似乎涵蓋了戰爭下所有女性可能的角色。將女性作為國家勝利象徵的題材，相當普遍，於是一九一八年十月份的總編輯專欄如此寫道：「隨著本期《VOGUE》雜誌出刊，戰爭消息繼續

令人振奮不已，連最冷漠的悲觀主義也受到鼓舞——看來，事實證明最初新時尚的大膽之舉幾乎是邁向勝利的誘惑。為什麼？因為勝利本來就是以女性之姿呈現的女神。」103

不過，《VOGUE》仍保留趣味和夢幻的空間，其中也包含一幅女人騎在頭戴皇冠的白色大孔雀上的封面。104

有些時候，《VOGUE》會透過編者評論內容處理矛盾衝突。有個時尚欄目的副標題是：「巴黎人說：『如果不能當同性戀，那就當時髦的人。』」；105 另一則宣傳毛皮大衣的廣告採用軍事詞彙，標題為：「這些是巴黎人對抗冬天的防禦工事」。106 有篇關於急救護士隊（First Aid Nursing Yeomanry）的文章，在開頭寫道：「一個英國婦女組成的團體正以『娘子軍』（Fannies）這個輕薄的名稱從事屬於男人的急救站管理工作。」雖然固定專欄「小資族的聰明時尚」改成「戰爭期間的穿搭術」（Dressing on a War Income），但在現代讀者看來，這種漫不經心的寫法卻令人難為情。一九一八年仲夏，該專欄開場白是：「隨著七月漫長炎熱的日子來臨，一想到輕薄、非常輕薄的洋裝和大大的遮陽帽，就會感到涼爽，像是一大杯加了碎冰叮噹作響的檸檬水，令人沁心透涼。」107「VOGUE 之聲」（Vogue voice）這種輕率的口吻或許讓我們心裡感覺不舒服，但無疑能使當時的讀者轉移注意力，忘卻殘酷可怕的新聞影片。

根據康泰・納仕的商業模式，廣告是無可避免的固定資產，他們早期做過很多家品牌的廣告。從進口的東方香菸到適合日光浴的多用途短衫，有透氣的雅格獅丹（Aquascutum）外套，也有福南梅森（Fortnum & Mason）款式多元的蜥蜴皮鞋。廣告宣稱塑身衣（一種彈性緊身衣）「讓體態完美」；克拉克的纖體沐浴鹽（Clark's Thinning Bath Salts）則強調：「不必再忍受太胖帶來的痛苦。採取令所有巴黎女郎成功擁有曼妙身材的方法，你也可以擺脫難看、多餘贅肉的困擾。」108 廣告聲稱多餘的贅肉脂肪都會在洗澡時無痛分解，透過毛孔排出。Omo 漂白劑顯然也會釋放氧氣。雜誌封底是廣告刊登的黃金位置，不過編輯們顯然還沒有像現在這麼有眼光，因為

英國食物品牌保衛爾（Bovril）經常佔據這個版面。

伸展台時裝秀的發展

美國版《VOGUE》在戰爭期間發展得更引人注目，畢竟他們的領土上沒有戰役，他們面對的是不同的挑戰。一九一四年八月，就在伍爾曼‧柴斯平安返回紐約家中的時候，德國向法國宣戰。她去歐洲拜訪設計師幾個月後回來，卻空手而歸。戰爭讓巴黎時裝陷入蕭條，適逢秋裝系列發表前夕，時裝發表會一直以來都是整個城市的生產活動，涉及數百萬法郎、幾千名工作人員和精心策畫的時裝表演。一位美國百貨公司的採購家後來描述他在戰爭動員期間受困首都的經驗，清楚記得自己在工作室四處奔波，試圖弄到幾個服裝模型拖回家。109

許多時裝設計師的設計還沒完成，這位美國採購家目睹了諸多微妙的告別場面——包含穿上藍紅色步兵制服的知名設計師保羅‧波耶特（Paul Poiret），身旁圍繞著愛慕他的女職員——卻發現幾乎沒有衣服可買。部分問題在於大多數時裝設計師是男性，這段時期他們正準備參軍，不是完成禮服設計。雖然女時裝設計師基本上都有繼續推出自己的新品系列，但數量並不多。這個消息困擾著伍爾曼‧柴斯，她無法知道幾個月後法國的精品時裝產業會不會恢復正常營運，她從駐巴黎海外特派員那裡聽到的，只有一種哀痛和絕望的感覺正如疾病般滲入這個國家。110 如果沒有法國時尚，她究竟該如何填滿她的雜誌版面呢？巴黎是時尚的中心，也是唯一的服裝權威。

她在上班途中的公車上反覆思考這個問題，突然間想到特努爾時代曾拿來當作宣傳噱頭的 VOGUE 娃娃。111 這些陶瓷人偶穿著紐約設計師設計的迷你版洋裝，展示給好奇的大眾看。靈感豐沛的伍爾曼‧柴斯突然靈機一動，等她抵達辦公室的時候，腦海裡已經有了清楚的想法，便直接走去納仕的辦公室，向他提出這個點子。如果沒有服裝可以刊登在《VOGUE》，雜誌會變得空洞乏味。既然沒有來自巴黎的時裝，何不讓一

群紐約設計師來設計原創作品，然後在公開活動上展示給社交名媛看呢？這些服裝可以穿在經過特別挑選的女性身上，接著一個一個在觀眾面前走秀，這場「走秀」甚至可以定調為慈善義賣活動，將利潤用於資助法國的戰爭。如此一來伍爾曼‧柴斯將有足夠的時裝設計作品可刊登在《VOGUE》雜誌，解決她的編輯空窗問題；過去法國一直壟斷著高級時裝領域，藉此機會可以讓世界認識美國設計；他們也可以籌募資金來支持在歐洲遭受戰爭之苦的朋友。然而，康泰‧納仕仍心存懷疑，他不懂看別人穿著衣服走路有什麼吸引力。伍爾曼‧柴斯後來解釋：「現在時裝秀已經變成一種生活方式，難以想像過去那種沒有時裝秀的黑暗時代。」112

最重要的是，她必須說服某個有資格擔任女性贊助者的人，否則納仕不會讓她去做的。113 紐約社會一如既往的封閉，關緊大門，拒絕任何新點子，掌管這座城市的貴婦隨時準備用冰冷的目光將任何暴發戶拒之門外。她們也拒絕參與任何營利性事務，因此，伍爾曼‧柴斯決心從推動慈善的

角度出發，但《VOGUE》的參與可能會疏遠她們，畢竟出版是一門生意，而參與商業活動有失身分。114 伍爾曼‧柴斯為了讓計畫順利推展，決心直搗黃龍，接近貴婦當中最顯赫威嚴的女士。這號人物過去是阿斯特夫人，現在則是史岱文森‧費雪夫人（Mrs Stuyvesant Fish）。

人稱「快樂製造者」115 的她，看起來並不快樂。在照片中，費雪夫人胸前披覆著華麗外衣，寬大的骨架被塞進可怕的緊身束腹裡，她的表情必定會讓人稱撲克臉的維多利亞女王顯得非常開心。為了準時到達指定會議地點，伍爾曼‧柴斯必須在日出前趕上火車，戰戰兢兢地前往費雪夫人的豪宅。一到那裡，費雪夫人的秘書就下來告訴伍爾曼‧柴斯，費雪夫人根本不會見她。因為不知道下一步該做什麼好，伍爾曼‧柴斯便與這位秘書禮貌性地聊了幾句，後來才知道，原來這位秘書的兒子喜歡畫畫。身為《VOGUE》總編輯的伍爾曼‧柴斯夫人，能看看他的作品好不好嗎？伍爾曼‧柴斯很有風度地答應，然後說，沒辦法說服費雪夫人聽她的想法，真

是太可惜了。秘書聽懂了這個暗示，於是回到樓上，懇求那位難對付的女人給這位總編輯一個機會。[116]

一到了費雪太太面前，伍爾曼・柴斯就哄得她團團轉，最後得到一份被貼上「驚豔」標籤的女性贊助者名單。[117] 在費雪夫人的幫助下，一些紐約重量級人物都站出來，像是文森・亞斯陀夫人 (Mrs. Vincent Astor)、威廉・K・范德比二世夫人 (Mrs. William K. Vanderbilt Jr.)、亨利・沛恩・惠尼夫人 (Mrs. Harry Payne Whitney) 以及奧格登・L・米爾夫人 (Mrs. Ogden L. Mills)。[118] 看到這份讓人印象深刻的名單，康泰・納仕完全心服口服。有了納仕的批准，伍爾曼・柴斯開始忙著處理其它細項，她將這次活動命名為「時尚節」(Fashion Fête)，並選擇專門幫助盟國孤兒寡母的仁慈委員會 (Committee of Mercy) 作為慈善義賣利潤的接收方，預定了麗思卡爾頓飯店 (Ritz-Carlton) 的宴會廳，然後精挑細選出七位女性贊助者擔任評委，但這部分只是做做樣子，因為伍爾曼・柴斯明白，花錢在《VOGUE》刊登廣告卻未被挑中參展的裁縫師、精品店老闆或百貨公司代表可能會心生不悅，然後撤掉他們的廣告，但她又不想因此讓參展服飾的品質打折扣，所以技巧性地告訴每一位客戶，她非常樂意展出他們的服裝，可是很遺憾，設計作品由「評委」挑選，她沒有決定權。[119]

她還培訓模特兒，教導精選出來的美人們如何趾高氣揚地走路、專業地轉動身軀，為時尚界做出了另一項貢獻。她的目標是讓她們的走路方式可以說服觀眾相信這真的是一門藝術，而不是一個野心勃勃的總編輯隨意策畫的陰謀詭計。伸展台走秀很可能是在這裡流行起來，時尚節對模特兒行業產生了重大影響，提高全美對於這項職業的認識。[120]

這場時裝晚會辦得非常成功，一開始是晚宴，接著所有時髦漂亮的名媛走上弧形樓梯，各自入座看秀。在那個時候，紐約豪門世家與平民百姓廝混打成一片非常罕見，所以當天出席的社交名流認為自己很有勇氣，與模特兒和裁縫師共度一晚。[121] 有些我們至今仍知道的高級品牌，比如波道

夫‧古德曼（Bergdorf Goodman），都是在那晚進入時尚圈。這場時裝秀在一九一四年十二月一日那期《VOGUE》雜誌上佔據整整十一頁的版面，免除了伍爾曼‧柴斯害怕雜誌開天窗的擔憂。

這不會是《VOGUE》在戰爭問題上最後一次的利他行為。一九一五年，納仕寫信呼籲讀者們，號召大家捐款給巴黎縫紉女工基金會（Sewing Girls of Paris Fund），雖然他真正關切的是支持因持續衝突遭受影響的業界勞工們，但此舉也助長他欲安撫巴黎時尚界重量級人物的念頭。時裝設計師一聽到時尚節的風聲就很不高興，認為這是美國人想在法國設計因戰爭被迫中斷之際推廣本土服裝設計的舉措。（《哈潑時尚》試圖從這次醜聞中撈一筆，藉機搧風點火，呼籲時裝店將《VOGUE》編輯列入黑名單，不讓他們參加未來的時裝秀。）122 納仕為了賠罪，主動提出在紐約辦一場巴黎時尚節（Paris Fashion Fête），同樣在麗思卡爾頓飯店，同樣是以慈善為目的，同樣在雜誌刊登大篇幅的報導。這次設計師的名氣更廣為人知——賈克‧沃斯（Jacques Worth）、波耶特、浪凡（Lanvin）——但義賣收入卻少很多。納仕很樂意承擔財務負荷，因為這個活動修復了與法國的關係，也讓時裝設計師心滿意足。

無論伍爾曼‧柴斯是否有意為之，她都已經證明了時尚並非法國專屬，紐約的服裝設計師不必模仿巴黎時裝樣式也能銷售自己的商品，美國人可以走出自己的路，發展自己的風格。她也證明了觀看女性穿著設計新品走秀的吸引力——穿上去真的讓衣服活起來。正如她女兒多年後對她說的：「妳和第一次世界大戰，兩者真是天生一對啊！」123

品牌越來越大

世界大戰或許推動了納仕進軍歐洲，但他知道，想要鎖定公司的未來，《VOGUE》必須確立自己在時尚界的決定性權威，而康泰納仕出版集團（Condé Nast Publications）必須壟斷雜誌市場。保羅‧波耶特與巴黎時裝的傳奇故事，即是他如何利用事件為

己謀利的一個例子。

當時最熱門的設計師波耶特於一九一四年訪問紐約，發現他的名字在美國未經許可被使用。面對這些無恥的竊取行為，波耶特發出了憤怒的咆嘯，那聲音一路迴盪到巴黎。關於剽竊抄襲的法律時至今日依舊協商不易，更何況在一九一四年那個時候，更是混亂無序的局面。納仕明白，《VOGUE》需要在雜誌版面上刊登最好的服裝，想要獲取最偉大設計師的最新設計，他們需要與巴黎時裝設計師保持友好關係。因此，力圖爭取波耶特的支持下，納仕與伍爾曼·柴斯展開行動，把原本可能是古希臘悲劇的局面扭轉成另一個賺錢的方法。

波耶特回到法國時，正打算將他工作室裡所有的美國編輯與買家都列入黑名單，並準備說服他所有的巴黎同行也跟進。禁止所有美國人參加他們的時裝秀，意味著他們的設計不會在美國遭到竊取和抄襲，但對《VOGUE》和其它外國時尚雜誌來說是個大災難。於是納仕、伍爾曼·柴斯和他們新聘的歐洲代表菲利浦·歐提茲（Philippe Ortiz）反過來說服波耶特坐下來協商，試圖找到解決方案。正因如此，「捍衛法國高級時裝職業工會」（Le Syndicat de Défense de la Grande Couture Française）應運而生，對於一家旨在保障法國裁縫師權益的協會來說是個浮誇的稱號。[124] 該協會於一九一四年六月成立，波耶特出任會長，由傑出設計師賈克·沃斯擔任副會長，許多其它受人景仰的時尚界資深人士也成為忠實會員。

透過巡視店家，在新聞稿中詆毀那些銷售冒牌仿冒品的商家，以及透過眾多產業關係施加壓力，《VOGUE》打擊盜版的活動確保工廠直營門市不再隨意使用設計師的個人名字。波耶特和其它時裝設計師會給予《VOGUE》特別待遇以表感激之情，例如讓他們搶先看新品系列，安排時裝秀的最佳座位等。

除了保持對時尚領域的掌控，納仕也想保持所有出版刊物的品質，於是在副總裁的建議下，他在一九二一年的拍賣會上買下了自家的印刷工廠。[125] 這家位於康乃狄克州格林威治

的工廠，過去是道格拉斯・麥克莫特里印刷廠（Douglas McMurtrie Arbor Press），由於地理位置高且乾燥，大幅減少了潮濕嚴重影響印刷的可能性，是印刷生產的理想場所。簽約給納仕的時候，這裡不過是一個骯髒、荒廢的遺跡，所以光是景觀美化，他就花了大約三十五萬美元。[126] 這裡的建築物由時髦的設計師精心打造，巨大的方尖石碑聳立在高速公路旁的通道，每輛經過的汽車都看得到。深深印刻在開車路過的車主腦海中的是，納仕旗下永遠輝煌的資產名稱：

《VOGUE》、《GLAMOUR》、《居家與園藝》、《浮華世界》、康泰納仕出版集團

康泰納仕集團約有一千六百名員工在印刷廠工作，並愉快地享用更多的額外福利，包含自助餐廳、休閒空間以及附帶醫護服務的藥房。[127] 這裡春季有時裝秀，每年有聖誕晚會，夏季還有招待全體員工和眷屬到享譽盛名的鄉村俱樂部郊遊的活動。[128] 等到康乃狄克州通過准許女性從事夜間工作的法規後，納仕氣派宏偉的印刷廠很快就擠滿了女性校對員。[129] 在其全盛時期，這棟雄偉建築物的庭園內還放置義大利進口雕像，入口處有噴水池，種植價值約兩萬五千美元的榆樹，給這家工廠帶來一種僻靜城堡的氛圍。重量級雜誌或報紙經常會發展自己的印刷廠，因為這樣才能監督品質管控。更具吸引力的一點在於，他們還可以承接其它刊物的印刷發包來賺取額外收入。很快地，包含《紐約客》（The New Yorker）在內的其它雜誌都在康泰納仕旗下的工廠印刷，因此創造了另一個利潤豐厚的收入來源。第一年，該印刷廠的營業額為三十八萬九百三十五美元；短短八年後，營業額飆升至三百四十五萬兩百五十五美元。[130]

納仕是最早一批瞭解品牌建立的基本原理的美國商人。他知道除了自己以外，不准任何人格外出眾，因為這樣可能會淡化《VOGUE》品牌的影響力，這點促成了使用「VOGUE 之聲」的情況增加。[131] 除非是委託某知名作家撰寫的文章，否則所有員工的文章都以「VOGUE 表示」這樣的標題發表，維持《VOGUE》中立且一致

的語調，但這也意味著撰稿者無法經營個人的追隨者，如果他們離開公司到競爭對手那裡，也帶不走這群粉絲。

納仕的使命是將《VOGUE》打造成奢華生活的官方代言人，而這個使命繼續透過他的「Vogue 學校」（Vogue School）和「Vogue 指南」（Vogue Directory）來實現。每期雜誌都會刊登廣告，鼓勵讀者致電《VOGUE》以尋求建議與推薦。與國會議員發生激烈的婚外情，需要一家低調的餐廳？交給《VOGUE》；想買頂新帽子，但前往印度途中只在巴黎停留一晚？《VOGUE》可以幫你預約最好的帽子店；一次賭博中輸掉所有財產，不顧一切想把女兒嫁給有錢人？《VOGUE》替你搞定名媛社交季的邀請函；可愛的金髮寶寶已經到了上托兒所的年齡？讓《VOGUE》來推薦合適的托兒所。

毫無懸念的發展「VOGUE」這個名字也有不利之處。市場上因此出現大量假冒「VOGUE」的產品，包含 VOGUE 冰淇淋、VOGUE 束腹帶以及 VOGUE 鞋子，康泰納仕出版集團

不得不在雜誌上盡量抨擊這類產品，因為它們沒有這個名稱的版權。132 盜版是件麻煩事，納仕得不斷寫信給讀者，同時附上免責聲明：「感謝你們的持續支持，女士，沒有，我們現在沒有販售糖果。」

赫斯特肯定對納仕的成功懷恨在心。大概在這個時候，他發展了一個至今仍是《哈潑時尚》討伐《VOGUE》的主要工具：挖走《VOGUE》培訓過的最佳員工。多年來，許多寶貴的攝影師、編輯、廣告經理等都受到赫斯特的引誘，被這位百萬富翁開出的高薪所催眠。有些藝術家更趁機善用這點，讓兩家公司相互競爭，以便獲得更好的合約，令《VOGUE》怒火中燒。

納仕的成功把赫斯特惹毛，於是後者開始利用自家的其它刊物來試圖詆毀這位狡猾的競爭對手。一九二三年，赫斯特旗下的報紙刊登了這樣一段話：

《VOGUE》放棄倫敦版的想法
康泰・納仕，《VOGUE》的總編

輯兼老闆，已經放棄嘗試在倫敦開辦
《VOGUE》，並將《VOGUE》英國
版出售給哈欽森出版公司（House of
Hutchinson & Company）。[133]

這個消息純屬虛構，納仕用厭倦
和三言兩語來回應，就像這個如此齷
齪之舉所應得的。接下來一個星期，
納仕在產業雜誌《印墨》（*Printers'
Ink*）買了全版廣告：

這個消息只出現在赫斯特旗下的
全國報紙版面上，絕非事實。我沒有
出售，也不打算把《VOGUE》英國
版賣給任何人。康泰・納仕。[134]

別忘了，如果他知道在倫敦辦公
室等待他的是戲劇性事件，也許他會
希望用核武把英國版炸毀，省得自己
頭疼。

CHAPTER 4

The 'Filthy' Editor

Sexual Subcultures

「低級」總編輯

性別次文化

新時代女性迎來新時代女總編輯

到了戰爭落幕後，女性已經開始明白自己擁有的不只是生育能力，時尚也開始反映心態的變化。更寬鬆的剪裁版型悄然溜進市場，女性被釋放出來，裝扮時髦而輕便休閒，準備好迎接世界並創造出飛來波女郎（flapper）。英國最後於一九一八年和一九二八年分兩階段授予女性選舉權。戰爭寡婦數量多到不可思議，現在她們不得不在沒有男人的情況下養活自己。這麼大規模的死亡和破壞景象，意味著不能再依靠性別來決定社會規範了。

女性一直是《VOGUE》勞動力的核心，但由於戰爭期間有部分紀錄遺失或毀損，想確定英國版《VOGUE》的首位正式總編輯是誰變得相當棘手。大多數資料來源都顯示是兩位主要人物的其中一位：朵洛西·托德（Dorothy Todd）或艾爾斯佩思·尚普康曼紐（Elspeth Champcommunal）。今日《VOGUE》雜誌將史上第一位英國版總編輯的榮譽頭銜頒給尚普康曼紐[135]（朋友間稱她尚普），朵洛西·托德則位列第二位。[136] 然而，美國辦公室的埃德娜·伍爾曼·柴斯在她的自傳中並沒有提到尚普，而是把朵洛西視為最早的總編輯。[137] 這些出入已難以釐清，許多個人敘述的真實性也因為幾十年的職業衝突和競爭而有瑕疵。《VOGUE》當時仍未有完整的出版資訊欄，所以也無濟於事。

值得先談談艾爾斯佩思·尚普康曼紐，因為《VOGUE》已經正式認可她。尚普是結合藝術家與波希米亞風格的英倫文青派（Bloomsbury Set）成員之一，納仕與公司看中她的社交人脈。而美國人不瞭解的是，英倫文青派雖然時髦高尚，但絕非他們想要吸引那種消費階層的貴族。此外，尚普是精力充沛的女人，非常瞭解時尚，卻不願接受紐約來的訂單。後來她成為沃斯倫敦（Worth London）的首席設計師，也是倫敦時尚設計師協會（Incorporated Society of London Fashion Designers）的創始成員，該協會是現今英國時裝協會（British Fashion Council）的前身。

尚普生活中一些更狂野的細節與

當代對於雙性戀的質疑密切相關。她變成寡婦後從未再婚，而是加入一個在兩次大戰期間蓬勃發展的開放、性實驗團體。傳聞主要是她與一位女編輯的長久關係，兩人經常出雙入對和旅行。

關於英國版《VOGUE》首位總編輯可能是女同志的消息已經夠辛辣了，直到第二位總編輯的事跡曝光。一九二二年獲任為總編輯、塞西爾·比頓曾以「低級」（filthy）來形容的朵洛西·托德，是《VOGUE》最具挑釁意味的人物之一。她是公開的同性戀者，與長期交往的女友同居，而當時女同性戀甚至不被法律承認。大約二十年前，奧斯卡·王爾德（Oscar Wilde）那場不光彩的審判使男同性戀概念受到強烈關注，但女性依然被認為生理上無法進行真正「倒轉」（inverted）的行為。

朵迪的性取向直接影響到《VOGUE》。她的藝術圈朋友（其中很多是同性戀族群）成為定期撰稿人，所以有段時間似乎《VOGUE》裡的每個人都是性別亞文化的一分子。

王爾德的姪女多莉（Dolly）是早期員工，也是女同志長期伴侶關係裡的海洛因成癮者。138 因撰寫《美麗新世界》（Brave New World）而廣為人知的阿道斯·赫胥黎（Aldous Huxley），曾在《VOGUE》工作數年，與妻子保持開放式婚姻。受人尊敬的文學評論家、同性戀者雷蒙德·莫提默（Raymond Mortimer CBE）定期撰寫專欄；美食作家、史上第一位名廚馬塞爾·布蘭斯亭（Marcel Boulestin）曾在職涯初期寫過辛辣的同性戀小說；而曾任《VOGUE》撰稿人的薇塔·薩克維爾·威斯特（Vita Sackville-West），也透過定期和男人女人約會，來測試自己對於開放式婚姻的極限。

顯然，關於在《VOGUE》工作必須是什麼類型的人已經有些想法傳出去，但打破異性戀模式並非唯一的關鍵。它畢竟還是一份時尚雜誌，但即使在時尚這個話題上，朵迪也有自己的主見。康泰納仕出版集團注意到朵迪的時候，她已經四十多歲，公司非常重視她，直接把她召到紐約接受埃德娜·伍爾曼·柴斯的訓練，為領導

倫敦辦公室做準備。儘管如此，朵迪版的《VOGUE》將公然挑戰她的美國教練。

那是一九二〇年代，第一次世界大戰的塵埃漸漸落定，渴望重新開始的西方世界正在成為知識活動的熱點。新世代湧現，伴隨而來的是對一切事物的新思維方式，從建築到室內設計，從科學到哲學，現代主義運動只有一條規則：打破所有規則。139 雖然伍爾曼‧柴斯領導的《VOGUE》維持著保守立場，但克勞寧希爾德的《浮華世界》在社會上扮演著更放任、更大膽的角色，關注新崛起的文化現象，並在報導內運用犀利的智慧。然而更大膽的是編輯政策，一九一四年三月的創刊號上，克勞寧希爾德承諾：「我們打算以高尚的傳教士精神為女性做點事，據我們觀察，這是美國雜誌從未替她們做過的事情，我們打算經常求助她們的智慧。」140

這種革命性作法令朵迪著迷。當她抓住了布洛克的掌控權，便開始向他們的雜誌取經。雖然許多流行時尚評論是由美國辦公室撰寫並發送過來，但朵迪率領下的布洛克，其漫畫、插圖和詼諧語調無疑都帶有《浮華世界》的活潑感。無論是否承認向《浮華世界》借鏡，她的雜誌絕對不是衍生物。她在自己的總編輯專欄中寫道：

《VOGUE》無意將版面侷限在衣帽服飾方面，在文學、戲劇、藝術與建築領域，我們可以看到同樣的變革精神也在起作用，對於聰明的觀察者來說，所有事物之間相互啟發與影響，是研究當代世界的魅力之一。141

檢視一九二〇年代初的布洛克，就像是透過一個堅定有力、遊刃有餘和富有見的編輯的目光來看，一位無懼越界和勇於突破的編輯。

朵洛西‧托德在倫敦出生，是高級區切爾西（Chelsea）一位生意興隆的房地產開發商之女。她父親的個人生活與事業一樣結實累累：與第一任妻子生了八名孩子。朵洛西的母親路瑟拉（Ruthella）是第二任妻子，屬於更年輕但道德敗壞的類型。142 當朵洛西的父親突然因心臟病發作離世，她母親立刻揮霍原本大部分該留給他第

十個孩子的巨額財產。朵迪與弟弟開始過著混亂和不安穩的生活，因為母親酗酒，經常被拖去賭博場所。朵迪好奇心旺盛、思考縝密、性格堅強；有次她離家出走，回家的唯一條件是她要學拉丁文和希臘文。[143] 可惜的是，除了在渡假期間學會一口流利的法語，她也染上母親的一些壞習慣，這些將在朵迪自己的人生中重演，最重要的是，無論是打牌還是生活，她都已習慣面對巨大的風險。[144]

從複雜的童年步入複雜的成年，朵迪的少女時期和二十來歲的青春年華，都因私生女的出生而蒙上了陰影。那時候維多利亞時代的觀念依然主導著社會，在一股羞恥、壓抑和不成熟的氛圍下壓迫著女性。不出所料，朵迪扮演了自己女兒的「姑媽」和法定監護人，在所有人面前，包含她女兒在內，假裝自己不是孩子的母親。關於這個孩子的父親是誰的謎團一直沒有解開，後來有人認為是她遭到性侵。[145]

儘管如此，朵迪的女兒還是得到良好的照顧，給她充足的零用錢，也

鼓勵她上大學（一九二四年獲牛津大學錄取）。[146] 雖然她們關係緊張，但朵迪真的相當關心女兒的教育。她對於許多自己的後進晚輩也表現出同樣的關心，因為朵迪提倡所有年輕人的學習，特別是女性的職業生涯。塞西爾‧比頓日記裡令人透不過氣的敘述，顯示出這位年輕的攝影師是多麼渴望引起她的注意，知道那可是彌足珍貴。[147] 連不喜歡她的伍爾曼‧柴斯也不得不承認，朵迪帶出來的後進總是出類拔萃，許多朵迪資助過的年輕人後來都聲名大噪。[148] 由於熟識英倫文青派，朵迪出版過維吉尼亞‧吳爾芙（Virginia Woolf）的作品，介紹了吳爾芙姊姊凡妮莎‧貝爾（Vanessa Bell）的室內設計，並讓她的姊夫克萊夫‧貝爾（Clive Bell）擔任藝術評論家。更重要的是，她為自己亮眼的陣容名單支付了足夠的生活費，很少藝術家或作家可以享受這種特權。

資助工作並未就此打住。朵迪試圖讓她小圈子裡形形色色的人物成為社會名流，透過插入署名建立他們的名聲，運用巧妙手法鞏固他們的聲譽。例如，在英國貴族和外交官妻子

必須有的肖像旁邊，朵迪插入了她初露頭角的天才學生，與他們的住宅與庭園照片，這種編排方式提高了他們在讀者心目中的地位。她照亮發展中的文化舞台，將有創造力的人們聚集在一起，直接推動藝術團體的發展。從某種意義來說，朵迪屬於像葛楚·史坦（Gertrude Stein）這類二十世紀早期的贊助人，然而，她的平台是《VOGUE》，而這時候的《VOGUE》總是受到冷落——一份不起眼的時尚畫刊，並非自視甚高的知識分子所嚮往——某程度上也解釋了為什麼後世幾乎不記得朵迪這樣的人。

《VOGUE》飄起同性戀旗幟

朵迪的眾多助理當中有位叫瑪奇·麥克哈格（Madge McHarg）的人。從倖存的照片來看，這位骨瘦如柴的澳大利亞移民看起來像是神情慵懶的金髮幽靈。麥克哈格是布洛克的第七名員工，她曾經連續三天坐在樓梯上埋伏人事經理，靠拜託得到她的工作，據稱她懇求說：「如果每週有四英鎊，你就再也不必見到我了——因為我靠三英鎊活不下去。」149 儘管麥克哈格的生活拮据，但其實她是墨爾本某位富商之女，怨恨自己身為女孩，小時候沒有接受足夠的教育。父母說她無可救藥，認為她是任性、被寵壞的女孩，她渴望接受大學教育，而非淑女禮儀學校（finishing school）；討厭自己的祖國，想要一份工作而非追求美滿的婚姻。「那很正常，」她後來解釋：「我逃跑了，而且完全沒有任何文憑。」150

可是，儘管無法忍受與傳統的中產階級有任何瓜葛，麥克哈格還是竭盡所能成為布洛克有價值的一分子。從星期一到星期六，她忙著跑腿、拿咖啡、寄信以及擔任信差。151 由於布洛克的聲勢發展越來越好，她開始在辦公室待到半夜，一天只吃一份水煮蛋吐司和蛋白霜，152 工作之餘就讀夜校，努力增進自己的知識。這種繁重疲憊的日常生活持續兩年後，最後因黃疸病倒時，她很害怕，這是她第一次無法工作來養活自己。陷入極度恐慌後，她的解決辦法是向老世交尤爾特·加蘭（Ewart Garland）求救，發了一封電報給他：「馬上過來和我結婚。」153

儘管最終還是結婚了──這是她一直害怕的情況──但她不會讓婚姻成為她的絆腳石。她像對待自己父母那樣對待尤爾特：一直刁難他。她不願戴婚戒、不肯冠夫姓，並且威脅他，敢讓她懷孕的話就立刻離婚，[154] 而且不到一年，她已經和朵迪墜入愛河。她們的婚外情結束後，她總是強調自己對朵迪的感激，她說：「我虧欠她一切。」[155] 她不是唯一這樣想的人。一位作家指出，朵迪是「瑪奇的絕對創造者」。[156] 朵迪把瑪奇從低階的接待員和跑腿者，一路提拔到時尚編輯的職位。顯然有偏祖，但朵迪向來不太在意道德問題。最後瑪奇和朵迪攜手在短暫而輝煌的四年內，成功地將布洛克打造成一部前衛的傑作。

編輯身分逐漸演變成一種夥伴關係，既是性伴侶，也是專業夥伴。她們共同提出一個新想法，覺得這份雜誌必須讓女性瞭解最新的思維潮流和服裝流行趨勢。對朵迪來說，時尚就是融入文化，她的《VOGUE》是女性獲得更廣泛知識的早期例子之一。小說家麗貝卡・韋斯特（Rebecca West）稱讚她們是一流的編輯，熱情地寫道，她們把《VOGUE》從只是另一本時尚刊物變成最棒的時尚刊物，亦是現代主義和藝術的重要指南。[157]

除了平常來自巴黎的時裝圖樣（fashion plates），朵迪和瑪奇還率先刊載曼・雷（Man Ray）的攝影作品、伊迪絲・西特維爾（Edith Sitwell）的詩作，並報導從畢卡索到邱吉爾之類的名人故事。心思細膩的讀者會注意到，朵迪與瑪奇執掌期間的雜誌透露出性別流動的新元素。從芭蕾舞者到畫家，同性戀名人絡繹不絕出現在版面上，讓這些議題增色不少。同時，漫畫溫和地嘲諷那些具陰柔特質的男子在異性戀霸權的求愛階段經常受挫。[158] 一幅漫畫描繪有位上了年紀的百萬富翁，因為厭惡自己的親戚年輕有朝氣，而故意送去不合適的禮物作為小小報復。結果他的孫姪女穿上整套男士晚禮服風格的睡衣，以明顯男性化的坐姿抽著雪茄。

《VOGUE》本身的元素依然存在。在照片、特寫和激勵人心的文案，任何可能的地方都強調了貴族血統。雖然某些研究人員聲稱朵迪與馬

奇‧麥克哈格是積極的反帝國主義者和反種族主義者，[159] 但對現代讀者而言，這點似乎還是個疑問。在「舞台見聞」（Seen on the Stage）專欄中，有段文字令人不安地搭配一張照片，上面寫著：「法蘭克‧寇克蘭（Frank Cochrane）扮演精神充沛的猶太人。在十八世紀，人們認為猶太人滑稽搞笑。」[160] 推崇年輕和苗條身材的定期文稿和廣告雖然減少，但沒有完全消失。

雖然不斷突破界線，但這份雜誌從未向過於現代化屈服。朵迪總是小心翼翼為光彩世代（Bright Young Things）和維多利亞女王那一代人撰寫文章。兩者之間的鴻溝不容易彌補，有時專欄會輪流嘗試涵蓋兩者立場。然而，朵迪努力解決所有年齡層的女性問題，顯示出她包容異己的感人承諾，不過有時候布洛克也會處理煽動性的女權話題，像是非婚生子。

在這個全盛時期，即使是備受爭議的朵迪也獲得媒體好評。她仍是麗貝卡‧韋斯特筆下「充滿能量、天份的女人」，[161] 統治英倫文青的

《VOGUE》女王。[162] 瑪奇也經歷了一番轉變，她很快就成為高級時裝界的代言人，永遠穿戴絲綢和珍珠。葛楚‧史坦評論她的婚前姓氏麥克哈格很糟糕時，她忍不住冠上被她拋棄的丈夫帶有花意味的姓氏。[163] 她們的家經常舉辦即興的狂歡派對，《VOGUE》雜誌的費用開銷也經常花在豪華餐廳上。朵迪和瑪奇用她們自己的生活方式和布洛克的版面，抓住了當時的時代精神（zeitgeist），但那並不表示前方的天空一片晴朗。

即使在最開明的同儕面前，他們可能也顯得有點不光彩。維吉尼亞‧吳爾芙在她們的一次聚會上，主動提議出版朵迪的回憶錄。[164] 她後來又說，自己一定是被沖昏了頭，因為朵迪私生活的「邋遢」雖然讓這項企劃看起來有趣，但也會讓它無法出版。[165] 身為處於一個新的情慾與情感理想中心的先驅，[166] 朵迪和瑪奇走得太遠，看不到在同性戀情一事上所聚集的厭惡與批評。從他們的同仁夥伴感到不適、誘惑和排斥的情況可以得出某些線索，解釋為什麼她們走鋼索的行徑戛然而止時，所有朋友都消失了。

回歸「常態」

無論倫敦發生什麼，在紐約都不受歡迎。康泰・納仕與埃德娜・伍爾曼・柴斯一直抱持著懷疑的態度觀察布洛克，然後突然間迅速採取行動。伍爾曼・柴斯聲稱，朵迪將《VOGUE》扭曲成另一種東西，導致廣告頁數大量減少。167 英國出版商哈利・尤索（Harry Yoxall）援引一九二三年損失高達兩萬五千英鎊的資料，證實了伍爾曼・柴斯的說法。168 不過，這也可能是因為朵迪編輯工作之外的諸多因素所造成。尤索指出，一九二六年，英國集體大罷工破壞發行量的增加。169 朵迪也不只是讓布洛克陷入困境。一九二三年，她把封面價格減半，試圖挽救局面，並推出時尚大片宣傳，口號是「《VOGUE》的每一頁都告訴你如何利用花錢來存錢。」170 讀者人數確實開始再次攀升，在她被解雇前不久，一項調查發現，布洛克登上了中產階級女性閱讀雜誌的前三名。

不管怎樣，一九二六年九月，人事利斧砍了下來。哈利・尤索，現任布洛克的業務經理，在康泰・納仕的指示下解雇朵迪。171 第二天解雇瑪奇，他幫瑪奇取了個綽號「maîtresse en titre」172（法語中的「首席宮廷情婦」）。朵迪臉色鐵青，遭受侮辱和打擊的她，揚言要起訴公司違約，結果納仕並沒有受到勒索的影響。他對她和瑪奇的關係瞭若指掌，反過來威脅要公布她私生活中具有殺傷力的細節。173 這個時期對於同性戀權利來說並不是幸福的年代。雖然一九二一年英國大法官反對一項判定女同志為非法行為的法案，174 但到一九二〇年代後期，瑞克里芙・霍爾（Radclyffe Hall）的小說《寂寞之井》（*The Well of Loneliness*，小說主角是一名女同志）卻成為一場惡意運動的攻擊目標，導致該書因觸犯《猥褻出版品法》（*Obscene Publications Act*）遭禁。175 朵迪和瑪奇周圍思想開明的環境雖接受了她們的關係，但整體平等的前景依然黯淡。朵迪不願意因為對抗納仕而將瑪奇或她女兒的未來置於危險之中，所以允許自己保持沉默，對她來說並不容易。伍爾曼・柴斯後來回顧這些事件，評論說：「這位女士（朵迪）性格堅強，離別時痛苦的聲音從倫敦

傳到紐約，又迴盪回來。」176

此後，藝術與時尚界表現出來的偽善最令人不悅。正如業務經理尤索在他自傳中所寫的那樣：「除了這些迷人的傢伙，沒有什麼比這個更惡毒了。」177 維吉尼亞‧吳爾芙在日記裡狠狠辱罵朵迪，儘管朵迪的慷慨直接惠她良多，仍以惡毒的話形容朵迪「像嘴角流著血的蛞蝓」。178 其他朋友、泛泛之交以及局外人都開始疏遠她們，日子一天天過去，幾個月後，朵迪已經無法保持體面形象。瑪奇越來越常看到她倒在空的威士忌酒瓶旁邊，神智不清，不禁讓人想起她母親的過往。隨著朵迪逐漸酗酒成癮，瑪奇發現她一直用自己名字賒帳，金額多得嚇人。被債主逼得走投無路之下，瑪奇倉皇逃到法國，花幾年時間努力償還這筆債務。「我再次無家可歸、身無分文……只剩下幾件漂亮但不太適合的衣服。」179

雖然瑪奇最終重返《VOGUE》雜誌，但朵迪從未康復。在一九五〇年代末期徹底離棄倫敦之前，她住在一些無比雜亂且滿是貓咪的房間。

180 晚年搬到劍橋後，她繼續嗜酒如命，身體非常虛弱，靠著政府微薄的養老金和救濟度日。181 儘管如此，朵迪的精神並沒有完全被打敗，她孫子講了一些關於她追求性征服（sexual conquests）方面極具爭議的故事。182 甚至到了生命的最後時刻，朵迪還試圖慫恿一名年輕的義大利女子離開自己丈夫。183 朵迪享年八十三歲，活得比任何人預期還久。她對英國藝術界的貢獻無價，即使有個人缺陷，也不應該「因為是原本完美無瑕的《VOGUE》史上的一個污點而被抹去」。184

雖然在解雇事件之後，伍爾曼‧柴斯獲得短暫的喘息機會，但這個曲折離奇的故事只是倫敦辦公室為她帶來不幸的開端。一九二〇年，《VOGUE》在法國設立辦公室，說服巴黎總編輯的精明親戚米歇爾‧德‧布倫霍夫（Michel de Brunhoff）到倫敦掌管大局。185 他的任務是讓英國版回歸到符合伍爾曼‧柴斯的「VOGUE 公式」，186 主要刊出與美國發過來完全一模一樣的內容，但還是有幾次令伍爾曼‧柴斯震驚

的反抗情況。儘管被指派為美國版《VOGUE》總監，她仍不得不與根深蒂固的父權觀點抗爭，而這些最艱難的職涯挑戰似乎都發生在英國。

一九〇〇年代訪問英國辦公室時，她發現出版商和廣告經理站在同邊，一起反抗她，並公開討論他們眼中這位多管閒事的女人（她被視為「惡魔管家」187）。他們經常不讓她參加會議，或以她不瞭解英國讀者為由拒絕她的建議。然而，身為美國版《VOGUE》的總編輯兼總監，嚴格來講，她算是他們的老闆。經過數週的小內訌後，她發電報給納仕，堅持要他指派自己擔任英國版《VOGUE》的總監，因為這樣她才可以有更多權力處理這些不服從的反抗問題。188 在那之後，英國團隊依法有義務讓她參加董事會會議。

他們居高臨下的態度需要花點時間才會瓦解。這位英國出版商起初對伍爾曼・柴斯不屑一顧，後來開始敬佩她，由此證明了她的領導才能。在她去世後十年，他仍抱持敬畏的心情追憶她，並聲稱：「她是傑出的總編輯，但我始終無法解讀她的卓越才華，那似乎是出自於本能而非知識。」189 遺憾的是，正當暫任總編輯米歇爾・德・布倫霍夫、埃德娜・伍爾曼・柴斯和英國版經理們開始讓辦公室恢復一些秩序時，新的問題像瘟疫般向他們襲來。

CHAPTER 5

Obstacles Everywhere

The General Strike and the Great Depression

處處碰壁

集體罷工與經濟大蕭條

倫敦的艱難時期

從今天的角度來看,一九二○年代具有一種令人振奮的吸引力。從東倫敦和布魯克林出現類似地下酒吧主題的酒吧,到二○一三年好萊塢翻拍費茲羅傑劃時代的小說《大亨小傳》(*The Great Gatsby*),這個年代已經成為身穿亮片禮服搖擺行走、蓄留俏麗鮑伯短髮的飛來波女郎;腳套鞋罩販賣私酒的黑幫分子;在快節奏爵士樂聲中輕搖馬丁尼酒杯;充滿情調的夜店裡流光閃爍,這種種特色的代名詞。盡是迷人的事物……然而,英國版《VOGUE》在一九二○年代的真實情況比平淡無奇更糟,真的是一片黑暗。

事實證明,布洛克的倫敦辦公室是個緊張的工作環境。由於朵迪和瑪奇‧加蘭已持續一段時間的麻煩越來越大,加上沒有明確的層級制度,這表示總編輯、業務經理和廣告經理在雜誌的問題上都有平等的發言權。[190]讓事情更加複雜的是,埃德娜‧伍爾曼‧柴斯和康泰‧納仕經常到海外分公司整頓、批評、下指導棋,廚師太

多燒壞湯的典型例子。因此,當紐約下令解雇朵迪,哈利‧尤索對這項任務深感不安。他寫道:「解聘同事向來不是愉快的事;解聘總編輯更是討厭,尤其當你害怕那位女士的時候。」[191]

儘管如此,更倒楣的是,一九二六年英國集體大罷工從五月四日持續到十二日,他才剛喘口氣,就接獲這個人事命令。在一九二○年代面臨到的所有困難當中,尤索認為這次罷工還「不算太糟」,[192]考量到整個國家從交通運輸到食品生產都處於癱瘓狀態,很大程度說明了尤索早期的職業生涯經歷過多少考驗。無論如何,機智的尤索沒有錯過任何機會來宣傳他精美的時尚刊物,政治動盪也不例外。他提前將《VOGUE》五月中旬發行的大部分雜誌透過鐵路貨運寄出,但仍然不確定火車是否正常運作,能不能確實配送。考慮到這點,他採取了預防措施,將七千份雜誌送到辦公室,這樣有車的員工都可以直接將雜誌賣給書報攤。[193]他每天早上第一件事,就是開車去接住在從他家到《VOGUE》總部之間沿路的員工,然後分配包裹(每輛車能載多少就載多

少），再派每個人到倫敦或周圍各郡的某個區域。[194] 下午與他們的同業公會召開緊急會議，然後回到辦公室統計當日的銷售額。[195] 他利用晚上時間設法聯繫老朋友，可能有機會搭上公車，或者如果他迫切的祈禱有得到回應的話，還有坐上火車的人，這樣他們就能幫助《VOGUE》雜誌深入地方鄉間。[196]

集體大罷工實際上是英國政府與工會之間的爭端，但它影響到出版業，原因是《每日郵報》（Daily Mail）的印刷廠拒絕刊登批評工會會員的文章。[197] 由於報紙無法印刷，而且沒有交通工具也無法將報紙送到全國各地，媒體因此陷入沉默。在網路還沒出現的年代，這個狀況讓人與人完全失去聯繫。尤索在彭奇車站（Penge station）兜售他的刊物時，意外收到一筆二十六本雜誌的訂單，通常一筆訂單是四本。他問報攤主管確定賣得完嗎？報攤主管回他：「上帝保佑，現在買不到報紙，他們什麼都會看。」[198] 政府為了填補新聞圈的空白期，在短短幾天內構思並推出《英國公報》（British Gazette）。[199] 希望利用新聞

報導這個拙劣的藉口來控制向公眾傳遞的訊息。尤索以其一貫的沉著態度應對這個最新發展：「我妥善利用這個宣傳品達到敲詐目的。我在印刷《早報》（Morning Post）的舊大樓裡拿了這些報紙，用我的車載著，除非報攤跟我進同樣數量的《VOGUE》，否則拒絕賣報紙給他們。」[200]

雖然罷工只持續九天，但將一切恢復原狀卻花了幾個月。精心編排的《VOGUE》雜誌至少有一期因為印刷商和錯過最後期限而不得不作廢。[201] 正如他們預期的那樣，廣告和發行量都下降了。朵迪離開後，尤索實際上還負責英國版《VOGUE》的編輯工作以及其它不可能完成的職責，甚至在為數不多的記者離職後，不得不接手撰寫評論。[202]

這種校長兼撞鐘的狀態至少持續了六個月，之後來了一位臨時編輯（法國人米歇爾‧德‧布倫霍夫），尤索便可以回到令他和他美國老闆們苦惱的主要問題上：增加發行量。他對工作的敬業精神讓人驚嘆，他會整個春秋兩季在全國各地進行為期五天

的巡訪行程，從約克郡（Yorkshire）工業城鎮到夏伍德森林（Sherwood Forest）；從伯明罕（Birmingham）到曼徹斯特（Manchester）的陰森荒涼地區，向他找得到的每一個書報攤兜攬推銷。《VOGUE》沒有錢聘雇差旅推銷員完成這項繁重費力的任務，尤索也不放心讓其他人從事這個不穩定的業務。每天工時很長，從早上五點左右開始到晚上八點後才結束。[203] 他的日記顯示，他在一星期內行駛了大約四百英里，停了一百二十九站，[204] 然後星期六會努力趕做辦公室的行政庶務。[205] 他這種做法一直持續到一九三〇年代。

尤索在這個人口老化、壓抑的島國遊走，與工人階級店主討價還價，這種經歷和外界想像中《VOGUE》員工的生活截然不同。如果他是女性編輯而非業務經理，結果可能會有天壤之別。《VOGUE》英國版依然是伍爾曼‧柴斯的焦慮來源，朵迪的潰敗讓她更加擅權跋扈，她需要一個品行端正的英國代表。一九二六年，她聘請的那位女士雖然被選進《VOGUE》，但直到一九二九年，她的名字才出現在雜誌刊頭，這表示她可能是比照外國編輯的慣例，跟隨伍爾曼‧柴斯在紐約學習。伍爾曼‧柴斯也花很長時間在英國辦公室，試著協助渡過這場風暴。[206]

艾利森‧薇爾莉特‧德‧弗魯瓦德維爾（Alison Violet de Froideville）這個氣派的名字似乎正好符合《VOGUE》編輯氣質，但並不適合私底下講求務實的女性。艾利森從父親那裡承襲了法式氣息和貴族腔調，然而，她是在拮据環境中成長的女孩，即使拿到牛津大學獎學金也負擔不起學費，最後她沒有接受完整教育，而是選擇秘書課程。她的真實來歷與埃德娜‧伍爾曼‧柴斯、康泰‧納仕一樣，都是普通的中產階級，因此，她婚後的姓氏改成「賽特爾」（Settle，編按：安家落戶之意）似乎更合適。可是她一安頓下來，不久又開始坐立難安，因為她的律師丈夫感染結核病，一九二五年逝世，留下賽特爾和兩名需要扶養的年幼孩子。丈夫生病期間，她已經成為家中的主要經濟支柱，並樹立起身為新聞記者的良好聲譽。

從事紙媒工作需要眼光敏銳與十足衝勁，尤其是在這個女記者仍屬罕見的情況下。[207] 當艾利森・賽特爾正式成為英國版《VOGUE》總編輯時，人們期待她會有一系列不同的舉措，希望她能以和在紐約的伍爾曼・柴斯相同的熱忱與承諾來實現。英國版《VOGUE》大部分內容都是撿現成的。封面由美國辦公室送來，大部分的文字內容都是與美國版相同的故事：英國貴族和美國電影明星的融合。最好的時裝插圖和攝影（這在當時還是新現象）正從他們的巴黎工作室興起，並提供給康泰納仕出版公司旗下的所有雜誌。英國版幾乎沒有什麼是本土原創的，《VOGUE》需要賽特爾做的，就是代理這個品牌。

她到任期後半階段所寫的日記裡，塞滿了各種名字、會議、出差計畫和時裝秀，幾乎或根本沒有提到自己的感受。看起來就是一連串沒完沒了、令人麻木的類似活動，她的總編輯角色主要是宴請當天在城裡的時尚藝術家或作家。從賽特爾的日誌摘錄可以看出許多關於《VOGUE》如何以微觀管理其生活的訊息。例如，

一九三〇年十二月，公司無視她剛做完手術正在復原，仍要求她到法國出差。她的筆記透露出接二連三永無止盡的社交活動，在勞斯萊斯和頭等車廂內進進出出，邊喝著香檳雞尾酒，邊試著用藥物麻痺自己。疼痛越來越劇烈，任何藥物都沒有幫助，有時候在時裝秀和運動俱樂部之間快要昏厥過去。[208] 這種個人極度痛苦的結果只是一篇題為「蔚藍海岸的時髦女性」（The Chic Woman's Day on the Riviera）的輕鬆文章，省略任何身體不適的紀錄，但附上一張賓客們在鄧蓮如女爵（Lady Dunn）位於卡普費拉（Cap Ferrat）別墅的照片。[209]

伍爾曼・柴斯還向賽特爾施壓，要求她與時尚界的業內人士保持密切關係，並經常參加聚會。她被要求與赫蓮娜・魯賓斯坦（Helena Rubinstein）成為好朋友是她的「責任」，因為對方為自家美容品牌刊登雙頁廣告。[210] 當伍爾曼・柴斯發現賽特爾與家人住在漢普斯特德區（Hampstead），搭乘地鐵來上班時，她也出面制止。伍爾曼・柴斯顯現她更殘酷的一面，說漢普斯特德實質上

是庸俗之地，所以禁止賽特爾住在那裡。211 賽特爾後來在採訪中進一步解釋，伍爾曼‧柴斯堅決要她住在有穿制服的警衛和電梯的公寓，212 可是等到賽特爾為了討伍爾曼‧柴斯歡心而搬去自己討厭的梅菲爾區（Mayfair）之後，伍爾曼‧柴斯下次來倫敦時又發現這間公寓不夠好，並命令她再次搬家。賽特爾準備把孩子留在漢普斯特德區時，一反常態在私人日記中痛苦萬分地寫道，她無法忍受離開自己的家，離開她丈夫逝世的地方，離開她孩子出生的地方，離開她曾經非常幸福的地方。213

如同皇室成員，賽特爾必須培養自己的公眾形象，成為數千名酷愛閱讀《VOGUE》雜誌讀者的正統代言人。她必須有一張令人信服的臉，以獲得廣告費的投資，同時必須是一本無所不知的百科全書，因為《VOGUE》的工作就是提供資訊給符合資格的讀者。雖然很尊重伍爾曼‧柴斯，但她顯然對《VOGUE》的嚴格要求感到糾結，偶爾也會猛烈抨擊《VOGUE》雜誌。有一次她寫道：「我們美國老闆多麼不關心這些文字」，214

多年後回想過往，她認為《VOGUE》對金錢和地位太過勢利，比所有英國社交雜誌加起來更自以為優越。215 康泰‧納仕和埃德娜‧伍爾曼‧柴斯對於刊載像維吉尼亞‧吳爾芙這樣文學奇才的著作無動於衷，卻非常重視版面的細微變化，令她氣惱不已。216 離開《VOGUE》後，她寫信給女兒，說在《觀察家報》（The Observer）工作讓她良心更純淨，因為追求時裝新品和美麗事物似乎很空洞而沒有意義。康泰納仕公司不斷擴大的要求終究將她壓垮，賽特爾在一九三〇年代中期黯然離職，埃德娜‧伍爾曼‧柴斯也已經受夠了。她再也不相信英國女性能夠勝任這項工作，於是從美國辦公室派來一位經驗豐富的編輯伊莉莎白‧彭羅斯（Elizabeth Penrose）來領導布洛克。

業務經理哈利‧尤索與總編輯艾利森‧賽特爾對《VOGUE》的箝制惡習有不同的感受。他的難題是如何向渾然不知的美國富人解釋英國糟糕的戰後經濟。她的難題則是生活在鍍金的籠子裡，鬱悶難受。無論如何，《VOGUE》都有他們。

紐約最糟糕的時代

與此同時，三〇年代的美國辦公室籠罩在兩次幾乎重挫《VOGUE》的打擊陰霾之中：經濟大蕭條和損失活躍機靈的新員工卡梅爾·斯諾（Carmel Snow），這些個別事件產生的連鎖效應將持續幾十年。一九二〇年代末期和一九三〇年代初期，英國和整個歐洲都出現嚴重的失業潮和經濟不穩定，這種情況最後演變成如今稱為經濟大蕭條的全球危機。美國也受到衝擊，但有一個關鍵差別是他們始料未及的。埃德娜·伍爾曼·柴斯安逸地坐在她優美的紐約辦公室裡，以輕蔑口吻描寫英國的「默許態度」，[217] 聲稱「如果這種事情發生在我們身上，我們不會像英國人那樣躺在地板上嘆息和呻吟，我們會站起來處理事情。」[218] 這則評論令人難堪，因為康泰納仕出版公司和康泰·納仕本人都在大蕭條中遭受難以言喻的損失，而英國版《VOGUE》則開始復甦並且獲利（雖然靠得是銷售時裝版型而非雜誌）。[219] 到了一九三三年他們才真正繁榮起來，考量到他們經歷過的一切，這對美國人來說一定很難。

許多人都知道這些史實。一九二九年十月二十九日黑色星期一，股市一天之內損失一百四十億美元，幾乎是聯邦年度預算的五倍。最初的股市崩盤之後，紐約金融區爆發一波自殺潮，飯店員工開始詢問客人訂房是想睡覺還是跳樓。[220] 隨著消息傳開，驚慌失措的民眾跑去領出帳戶中所有存款，導致銀行系統全面崩潰。一九二九年，康泰·納仕五十五歲，被列入《社會名流錄》（*Social Register*，譯註：收錄美國社會地位顯赫的家族名單），在倫敦麗思飯店和巴黎沙龍聚會都能見到他的身影。一九二〇年代美國版《VOGUE》已打破了紀錄，公司收益從一九二三年的二十四萬一千四百一十美元，上漲到一九二八年的一百四十二萬五千零七十六美元。[221] 在他持有《VOGUE》期間，該雜誌發行量增加了十二萬一千九百三十份，[222] 也是市場上廣告頁數最多的雜誌。一九二八年，《VOGUE》的廣告頁共有十五萬九千零二十八頁，而《哈潑時尚》只有八萬三千四百五十四頁。[223] 從一九二四年到一九二八年的短短四年間，康泰納仕出版公司的總營收驚人地成長了百分之兩百一十三。[224] 但損

失也相對慘重。

雖然納仕一向不是充滿野心的投機商人,但他受到幾位華爾街金融行家的慫恿,當所有資產價值開始暴跌時才發現,自己已經捉襟見肘了。[225] 為時已晚,納仕被迫再三尋求貸款,試圖挽救他那艘逐漸下沈的船,儘管對那些認識他的人來說似乎難以置信,但跡象相當清楚,這個人即將破產。向來務實的納仕靜靜地回到辦公室。據一位同事的說法:「他只是放棄奢侈的生活,回到工作崗位上。」[226] 消息一傳出,禿鷹開始盤旋上空。形形色色的掠奪性資本家聚集在一起,看他們能不能籌到收購資金。

幸虧英國版的命運改變,代表他們突然能夠向美國版伸出援手,提供某程度的幫助。尤索後來誇口說,從那以後,英國分公司「無論是帳面還是版面,都展現了出色的成績」。[227] 需要更多資金,但在美國找不到投資者時,納仕不得不再次轉向英國尋求希望。就在債主將他生吞活剝之前,英國報業大亨卡姆羅斯子爵(Lord Camrose)出手解救了他。卡姆羅斯子爵把編輯權留給納仕,默默成為最大股東,這件事甚至在倫敦艦隊街(Fleet Street,譯註:英國媒體的代名詞)都保密到家,以免影響《VOGUE》聲譽。雖然卡姆羅斯熱情友好,最終也從這次投資中獲利,但他鄙視美國雜誌的奢靡風氣。[228] 英國報刊雖然在編輯方面較遜色,但賺取的利潤豐厚,可以轉化成現金,[229] 對卡姆羅斯子爵來說,這才是最重要的。後來創造的術語「無高利的繁榮」(profitless prosperity)和「有缺陷的出版」(deficient publishing),雖然與納仕的個人觀點「要花錢才能賺錢」大相逕庭,但仍充分概括了納仕心愛的公司在這個遺憾章節中的命運。[230]

閃電已經劈下,但雷聲還在後面。回到一九二一年來看,埃德娜・伍爾曼・柴斯聘請了年輕的愛爾蘭少女卡梅爾・斯諾,幫助她渡過難關,當時公司幾乎每週都往新高度發展。斯諾具有幽默感和時尚感,來自一個龐大、排外性強、喜歡跳舞喝酒的愛爾蘭家庭,而且企圖心滿滿。身為特別愛將,伍爾曼・柴斯會帶著斯諾參加重要會議,栽培她寫作和設計,指

導她如何主持會議與撰寫商務信件。231 毫無疑問，斯諾正在為伍爾曼・柴斯的退休後的接班工作接受訓練，康泰・納仕已經催促伍爾曼・柴斯考慮接班人問題好一陣子，他也對這位《VOGUE》栽培的新人非常滿意。但到了一九二九年，斯諾親愛的兄弟之一，湯姆・懷特（Tom White）找到一份擔任赫斯特出版公司（競爭對手《哈潑時尚》的老闆）總經理的工作，納仕內心的警戒升起。他提醒伍爾曼・柴斯注意此事，並向斯諾提議與《VOGUE》簽份合約。232 斯諾被這項提議激怒，這件事也就不了了之。到目前為止，斯諾已爬上美國辦公室的最高職位——美國版編輯。雖然伍爾曼・柴斯仍是總編輯，但她經常出國與巴黎和倫敦分公司一起處理問題，所以實際上負責美國版的人是斯諾。與 VOGUE 迷（Vogue-ettes）一樣，斯諾曾極力對抗《哈潑時尚》，與其他人一樣盡全力智取鬥勝，沒人料到她會變卦。

然而到一九三二年，在經濟大蕭條跌入深淵之際，事情又有另一個意想不到的轉折。納仕才剛開始討論從卡姆羅斯子爵獲得救命稻草的問題，正準備前往歐洲敲定細節。離開前一天，他到醫院探望剛生下第四個孩子的卡梅爾・斯諾。幾天後，斯諾發訊息給伍爾曼・柴斯，要她立即去醫院一趟。伍爾曼・柴斯以為是她的得力助手還是新生兒出了什麼事，急匆匆趕過去。233 母子均安，與伍爾曼・柴斯的處境剛好相反，因為斯諾說她要離職去《哈潑時尚》了。這個背叛舉動再次攪得美國辦公室天翻地覆，傷透納仕的心，也讓伍爾曼・柴斯的退休計畫暫緩。美國版《VOGUE》已經陷入財務危機，現在又不得不面臨接替伍爾曼・柴斯最重要編輯員工的流失。斯諾不僅離開，還帶走整個部門以及伍爾曼・柴斯十多年來認真累積的所有人脈和專業知識。時隔數年，卡梅爾・斯諾邀請她共進晚餐，伍爾曼・柴斯面對背叛的強烈悲痛在回信中表露無遺：

我希望我能接受，但我們倆過去的關係是靠多年來共同工作和玩樂所建立的，當妳拋開一切，為了去幫我們最卑鄙的競爭對手建立資產，妳已經扼殺了我心中對妳的感情和信任，

只有妳自己的話語才能摧毀這種感情
和信任。234

　　由於伍爾曼‧柴斯不忍心讓納仕
獨自應付這場噩夢，她將退休計畫往
後推延二十年，決心無論遇到什麼難
關，都要帶領《VOGUE》雜誌渡過。

CHAPTER 6

Frog

Launching the French Edition in the Fashion Capital

法洛克

在時尚之都推出法國版《VOGUE》

家常便飯

喔，**巴黎女人**！要想像她的形象非常容易。水手條紋搭頂漂亮貝雷帽；可可香奈兒帶動風潮的黑髮鮑伯頭。我們在寬闊林蔭大道上瞥見的那種瀟灑法式街頭風格，曾經是由設計師波耶特和巴杜（Patou）引領的潮流。**巴黎女人**是文化象徵，她坐在時尚的歷史寶座上，這就是法國。

身為時尚出版巨頭，康泰・納仕當然希望與這個時尚遺產結盟。加上身為一心想要收購資產的人，他知道在巴黎取得立足據點是戰略之舉，讓《VOGUE》在英美讀者眼中有著新的權威性。巴黎辦公室將進一步鞏固他們的頭銜所有權，推廣《VOGUE》的名聲，最重要的是，員工可以在自己地盤上培養與頂尖設計師的關係。出席各季時裝秀非常重要，如果納仕的發薪名單上有一批值得信賴的母語人士，那會幫上大忙。與設計師協商談何容易，若被列入黑名單，《VOGUE》雜誌恐面臨沒有實質內容的風險，增加法國版也會讓《VOGUE》比《哈潑時尚》更具優勢。此外，納仕也渴望聘請巴黎的時尚插畫家，這裡有一群技術高超、市場需求度高的藝術家，他們對任何時尚雜誌的成敗都至關重要，而且納仕不希望與《哈潑時尚》共享最好的插畫家。他想入侵這個新首都，利用巴黎女人這個完美時尚典範的力量，掌控法國設計對全世界時髦女性的影響力。他想建立壟斷地位，越快越好。

布洛克的慘敗仍歷歷在目（與朵迪的攤牌時刻尚未到來），當埃德娜・伍爾曼・柴斯聽說納仕要進一步擴張據點時，憤怒地嘆了口氣。[235] 她知道大部分的工作將落到她的肩上。她沒有算到法國人的聰明才智，他們說服納仕購買的雜誌比他協議的還多。

第一次世界大戰期間，巴黎和歐洲許多地方一樣，不少行業受挫，包含時尚產業，這表示雖然過去對法國文化的崇敬風氣依然盛行，但紐約設計正在蓬勃發展。美國擁有健全的經濟帶來的額外好處，和機械時代（machine age）的所有優勢，已經開始孕育一個大眾化服裝市場。如果巴黎想維持競爭力，就必須保有對高級

時裝領域的掌控，服裝設計師得努力工作以壟斷商機。保羅・波耶特是第一個宣布自己是藝術家的裁縫師，這個舉動在當時是極端的，因為設計師被認為與工藝師或技術純熟的工匠屬於同一層級。波耶特為了推廣這個觀點，與法國知名出版商盧西恩・沃格爾（Lucien Vogel）合作，創辦了一本厚實、畫風精美、價格昂貴的雜誌：《好品味公報》（Gazette du Bon Ton）。這本令人驚嘆的雜誌全是服裝介紹，旨在讓讀者相信，時尚不只是布料而已。

沃格爾設法說服一群繪圖員替他工作，並承諾如果雜誌辦得好，利潤共享。236 這群人是八個家境不錯的紈褲子弟，一起念書、一起長大……他們也成為第一次世界大戰前巴黎第一代真正有造詣的時裝繪圖師。237 他們一直忠於沃格爾，沃格爾也在他們職業生涯的剩餘時間裡繼續指導。納仕透過買下《好品味公報》控股權得到這批人才，再次阻礙赫斯特的去路。這表示戰爭結束後，美國股票在歐洲大陸市場高漲，由於納仕與沃格爾的結盟關係，最好的繪圖師都在

《VOGUE》的掌控之中，推出法國版《VOGUE》的時機已經成熟。

一九二〇年法國版《VOGUE》問世，美國人暱稱為「法洛克」（Frog），搭配英國版的「布洛克」。雖然據點設在巴黎，周圍都是頂尖的繪圖師和設計師，但伍爾曼・柴斯一如以往眼光挑剔，覺得早期努力的成果既凌亂又有誤導性，不太符合她在紐約發行的精美書冊。238 不過，法國版《VOGUE》創刊初期真正的矛盾與其精美內容並沒有多大關係。

與康泰・納仕結成極為有利的盟友關係後，沃格爾又亟欲把另一個頭銜強加給這位美國百萬富翁。幾年來，沃格爾與妻子珂賽特一直在編輯一份針對中產階級讀者的時裝副刊《時尚畫報》（L'Illustration des Modes）。伍爾曼・柴斯想挖角珂賽特・沃格爾（Cossette Vogel），聘請她擔任法國版《VOGUE》首任總編輯，239 人脈廣、經驗豐富的珂賽特再完美不過，但她熱愛《時尚畫報》。她甚至跑到紐約向納仕施壓，要求納仕購買她的副刊，最終成功迫使納仕與

伍爾曼‧柴斯遵從她的計畫。240 納仕買下《時尚畫報》，重新命名為《時尚花園》（*Jardin des Modes*），繼續成功迎合《VOGUE》自認為吸引不到的中產階級讀者。最後珂賽特接受了法國版《VOGUE》第一任總編輯的職位，並在家人的幫助下，共同經營沃格爾—納仕旗下的雜誌群。

珂賽特‧沃格爾的副刊為納仕穩定賺錢，而法國版《VOGUE》卻持續虧損。《VOGUE》的標準經營模式仰賴廣告，但這套作法在法國不怎麼管用，因為裁縫師更傾向直接宣傳他們的產品。他們會從巴黎時尚圈挑選一位頗有名氣的社交名媛或貴族，把她改造成他們的繆斯女神。241 透過這種方式，設計師可以確保他們的衣服在合適的場合上受矚目，時尚大使則可以在享受折扣的同時又穿得漂亮。

一九二〇年代期間，當營收主要來自其它雜誌時，法國版《VOGUE》的虧損慘重似乎沒什麼關係，但由於沃格爾夫婦為納仕在法國的其它業務忙得不可開交，珂賽特再也無法兼顧所有工作，必須替法國版《VOGUE》另尋一位總編輯。一九二九年，他們把米歇爾‧德‧布倫霍夫召回到英吉利海峽對岸，頂替珂賽特的位置。242

編輯、設計師、攝影師、模特兒

關於法洛克早期的狀況，我們必須聽聽一九三五年派駐法國的美國員工貝蒂娜‧巴拉德的說法。加州長大的巴拉德曾在巴黎讀書，講得一口流利的法語讓她脫穎而出。因為伍爾曼‧柴斯想從巴黎召回一批員工，但又不希望她的團隊空出一大缺口，於是從美國調來唯一的雙語人選，並選擇性忽略巴拉德還很年輕，才在《VOGUE》待了一年左右的事實。243 在輝煌時期，員工交換工作或調到別國工作已成慣例，一方面是《VOGUE》渴望吸收獲獎攝影師、繪圖師和編輯人才，另一方面是因為可以不必培訓新員工。這些措施也同時阻止了資歷深淺的員工跳巢到《哈潑時尚》。

巴拉德在法國版《VOGUE》的時候經歷了某些文化衝擊。她沒有看

到那種在美國總部會有的同儕情誼，在巴黎辦公室工作沒有帶來友情，也「沒有康納納仕大家庭的溫馨感」。244 法國在兩次世界大戰之間飽受經濟不確定性的困擾，政治立場左右搖擺不定，形成了一股悲觀氛圍。一九二〇年代興盛的咖啡會社（café society，譯註：巴黎知識分子、藝術家等名流聚集在咖啡館交談、辯論）風氣在一九三〇年代逐漸衰落，因為經濟大蕭條將所有人從過去的瘋狂年代（les années folles，譯註：係指法國進入自由解放、藝術創作蓬勃發展的繁盛時期，又稱為咆哮年代）中喚醒，245 也使原本興高采烈聚集在城市裡的學生和遊客不敢隨意消費。246

還有一些更地方性的問題。對法國人來說，他們非常重視自己的生活方式。巴拉德指出，雖然她的同事非常有禮貌，但沒有人問過她任何關於自己的事。247 有天她鼓起勇氣邀請一位編輯一起吃飯，得到的回覆是：「我都在家吃午餐，在法國我們是不會去餐廳吃午餐的。」248 幾個月後，她無意間告訴主管，自己在一家工人小飯館吃午餐，主管明顯嚇了一跳。249 他

以為巴黎人人家裡都有廚師。

還有其它一些小失誤也讓巴拉德覺得自己像個外人。上班第一天，她穿了一件過時落伍的套裝進公司，這才意識到自己可能犯下了最可能與那些非常時髦的同事疏遠的錯誤。250 一名令人敬畏的法國女士曾經告訴她，除非是戀人，否則不適合與男人過從甚密。251 當時社交界的小團體很多，她收到的邀請都是那些已經與《VOGUE》其他人鬧翻的設計師，想要她順從他們的意願。結果最後巴拉德感到極度孤獨。252

儘管彼此存在分歧，員工們沒有惡意，等到巴拉德適應新環境後，她能夠觀察《VOGUE》另一個辦公室的習慣和人員。待過漂亮典雅的紐約辦公室之後，巴拉德覺得巴黎辦公室的光線昏暗、破舊不堪，雖然位於香榭麗舍大道（Champs-Élysées），還是無法相比。

辦公室第一個房間是總編輯米歇爾·德·布倫霍夫的。目光炯炯、身材胖碩的德·布倫霍夫身穿薩佛爾街

(Savile Row) 的羊毛呢西服，叼著菸斗，這是他在英國生活殘餘的習慣。253 他熱情而迷人，天生具有管理底下繪圖師和攝影師善變舉止的本能。不僅是自己圈子裡，在整個業界也非常受歡迎。與德·布倫霍夫共事之所以有趣，一部分是因為他充滿活力。他受過舞台訓練，但根據伍爾曼·柴斯的說法，他一句台詞都記不住，254 儘管如此，他對於喜劇套路公式和模仿的愛好仍然強烈，員工們經常發現他與他最親愛的藝術家之一克里斯汀安·「貝貝」·貝拉德 (Christian 'Bébé' Bérard) 在辦公室裡做誇張演出。他們會模仿自己最喜歡的設計師，或者讓貝拉德養的小型犬瑪爾濟斯潔思敏 (Jasmin) 在無聊劇本中擔綱演出，給她戴上手邊最奇特的設計師帽子。255 貝拉德不在的話，德·布倫霍夫會表演默劇，一人分飾所有角色來逗同事們開心，還頻頻顫抖，模仿劣質電影播映時畫面閃爍的樣子。256

屋內第二間房屬於美國版《VOGUE》，他們有各自的員工，在法國總編輯的協助下進行創作並將內容頁面寄到美國，這些講英文的人很少與他們的高盧同行互動交流。第三間房則提供給法國版《VOGUE》的耀眼奇才、德·布倫霍夫的得力助手，以及康泰納仕出版公司最珍貴的一位人才。

索朗格·達言公爵夫人 (Duchesse Solange d'Ayen) 在一九二〇年代末期被發掘，後來成為一名時尚編輯。她的貴族爵位來自她丈夫，夫家是法國最古老的家族之一，他們的法式城堡 (château) 是法王路易十四 (King Louis XIV) 建造的。達言公爵夫人是名嬌弱纖細的女人，與德·布倫霍夫一樣令人喜愛和崇拜，連鮮少稱讚別人的伍爾曼·柴斯都認為她「有魅力」。257 貝蒂娜·巴拉德說她「振奮人心」和「令人陶醉」。258 康泰·納仕說的可能最中肯：「我見過每個認識她的人，都極其讚美她吸引人的性格和智慧，很大原因可能是因為她很漂亮，而且是位公爵夫人！」259

四間房的最後一間由負責人伊萬·帕契維奇 (Iva Patcévitch) 掌管，他娶了英國版《VOGUE》的一位時尚編輯。他們是另一對非常優雅的夫妻檔，直

到他太太感染傷寒退出雜誌。唯獨帕契維奇的秘書是個異類。她是名不討喜、肥胖的法國女人，據說整個人有股特別的酸味，散發出悲哀肅穆的氛圍，她在關燈以節省開銷時，穿過走廊時那喜怒無常的腳步聲，實際上最後反而提振了辦公室的士氣，眾人對她的厭惡形成了一種團結感。260

一如既往，埃德娜·伍爾曼·柴斯對於外國的工作方式不以為然，巴黎代表團也和其他人一樣受到她的干涉。他們的時間表對她來說沒有意義，法國編輯們午餐至少會吃到四點才回來，下午五點左右才真正開始工作。261 德·布倫霍夫則是出了名的喜歡熬夜到凌晨，哄誘繪圖師掏出素描作品，或是在自己桌上沒完沒了地打草稿。他的編輯方式迂迴而曲折，只能透過鉛筆將自己的想法表達出來，不斷在大張圖紙上寫著下期內容的規劃，並在眾人喋喋不休的討論中起草和重寫。他很喜歡這種極度混亂的環境，許多人圍繞他打轉，揮舞著紙張，激烈討論圖片和文字的時候。262 德·布倫霍夫的深夜會議是採納某位編輯的建議，並把它變成「大型視覺產品」

展示現場。263 這些工作模式不適合嚴謹的伍爾曼·柴斯。整個一九二〇年代，她一直忙著處理英國和法國辦公室的事務，不斷努力使其符合她的美國模式。雖然伍爾曼·柴斯喜歡巴黎勝過倫敦，但她與巴黎傳統作法的抗爭，甚至比在英國的努力更加徒勞無功。她會堅持召開預定的編輯會議，迫使德·布倫霍夫「帶著一臉不悅、頑固的藐視，在計劃表的狹小空間裡寫下東西」。264 但是，在一期雜誌都尚未完稿之前，這些謹慎的想法就會瓦解，然後率性的午夜會議又會重新開始。

另一個令伍爾曼·柴斯抓狂的法國風俗是他們對設計師的崇敬。在她看來，員工們高估藝術家工作室的價值，過於關注前衛時裝設計師的怪念頭。香奈兒的易怒、梅因布徹（Mainbocher）的威脅、薇歐奈（Vionnet）的疑神疑鬼，這些性格在巴黎都是意料中事，甚至受到尊重，然而，在紐約的伍爾曼·柴斯覺得，迎合這些藝術性格會妨礙員工的工作。時尚雜誌的目的通常是報導流行事物，而非批評，尤其《VOGUE》總是不遺

餘力支持這項產業，她的觀點是：「到最後，我們不再是編輯，只是被這些相互衝突的利益推來推去，我們整個生活都花在試圖調解他人的心願上。我堅決反對這點……我打算以讀者的最大利益來編輯這本雜誌。」265

確實，法國版《VOGUE》在與設計師打交道這方面花了很多時間。他們過於敏感，討厭將自己的設計款式擺在其他設計師款式的對頁，也反對在評論內提到他們尚未對外公開的服裝。他們對於買家抄襲和大規模生產其作品極為謹慎；有些人經常與特定攝影師發生爭執，不想讓這些攝影師靠近他們的衣服。如果惹得設計師們十分不開心，《VOGUE》的編輯群恐會被禁止參加各大時裝秀，或者被可怕的負責人拒之門外。

設計師們讓德·布倫霍夫驚慌不安，他寧願將這些人留給達言公爵夫人或其他編輯去應付，他自己集中精力去面對另一群難搞的人：藝術家。德·布倫霍夫成功用甜言蜜語說服如達利（Dalí）、韋特斯（Vertès）以及考克多（Cocteau）等著名創作者投稿，

這對一份流行時尚雜誌來說，是真正的勝利。他也用類似朵洛西·托德在倫敦提拔新銳作家的方式指導前景看好的繪圖師，但聚集在他周圍的人才，比朵迪必須打交道的任何人都更加狂野、古怪且棘手。安德烈·德斯特（André Durst）本來應該會成為攝影界的奇才，但因二戰中斷創作，最後喝威士忌自殺了。更大的麻煩是性格高調浮誇、公開出櫃的同性戀者貝拉德。雖然他在高檔餐廳炫耀、當著仰慕者的面在桌巾作畫時，作品生動且美麗，但要他畫出任何相關的東西時卻相當痛苦。伍爾曼·柴斯還有一個不滿的點：他的素描草圖不夠逼真，女性消費者無法透過圖畫來訂購衣服；可是另一方面，她又害怕解聘他，怕他被《哈潑時尚》挖角。最後她的競爭意識勝出，貝拉德被留了下來。

達言公爵夫人曾形容她與貝拉德的關係是一種扭曲的愛情，在這段關係中，她訓斥他又乞求他做出成績。266 貝蒂娜·巴拉德會在下個截稿日期前花好幾天時間努力找他索討不可或缺的素描，找遍整座城市，包含他幾乎沒住過的公寓、偶爾躲藏的妓院、

他鍾愛的小酒館、劇院彩排場地和知名妓女的閨房，有時會發現他在那裡為化裝舞會的服裝修剪羽毛。267 他的作風是下午六點左右進辦公室，然後德·布倫霍夫會在他耳邊呢喃細語，慫恿他多畫點、再多畫點就好，同時替貝拉德點菸，巧妙改變模特兒的姿勢。268

貝拉德用雙手同時作畫，在紙上揮汗淋漓（他會遮掩滴落的汗珠，把它們變成花蕾或蝴蝶，融入畫中），然後用自己的鬍鬚擦拭畫筆，上面也都是義大利麵條和小蟲。269 他偶爾會因為吸食過量的鴉片在派對上昏厥，但這種無節制的行徑也延伸到食物和酒精，特別是油膩的法國菜。情緒低落的時候，他會突然痛哭不止，甚至想自殺，坐在計程車上兜來轉去，厭惡自己的行為。270 他結束生命時，許多《VOGUE》員工認為整個法國社會都推了一把。他們一方面崇拜他的才華，另一方面又批評他把才華浪費在雜誌這種商業工作上。這種矛盾將他撕裂。對於他的死亡，伍爾曼·柴斯提出另一種理論，以黑色幽默的口吻說：「除了鴉片和酒，他還狂吃麵包……像一隻貪婪的野獸把麵包塞進喉嚨裡。」271

事情並未就此結束。攝影師都是自命不凡的人，模特兒則因巨大的自尊心帶來無窮無盡的麻煩。《VOGUE》中這兩類人與藝術家之間唯一的區別是，前者往往關在工作室裡，而不是在大街上自由遊蕩。

巴黎的攝影棚設備相當齊全，每個人都非常引以為榮。272 這是康泰·納仕權威鏈的重要環節，因為這代表《VOGUE》員工可以匯集裁縫師、製帽師、管理者的人脈，盡可能越快獲得最新的時裝系列。只要說服精品店出借物品，他們就可以迅速帶到攝影棚，交由最好的攝影師拍攝。最後，這些圖片將經過編輯，並重新分配到最合適的刊物上（包含美國版和英國版）。也就是說，因為處理速度快，《VOGUE》雜誌可以向全球讀者提供最流行的款式，而且憑藉與高級時裝公司的密切關係，擁有最多素材可供選擇。康泰納仕出版公司的勢力龐大，籠罩法國大部分的時尚領域。

攝影棚隱藏在香榭麗舍大道某棟建築物頂樓，由身材嬌小、鑲金牙的迪利夫人（Madame Dilé）管理。273 時裝季期間，編輯們會在夜晚工作，拍攝禮服、合適的套裝和一大堆珠寶飾品。這些必須晚上進行，趕在買家看過後和翌日早上需要回到時裝店展示給客戶看之前。當時作法還沒有很正式，《VOGUE》可以在沒有安全保障的情況下借用精品；巴拉德記得曾凌晨兩點在卡地亞（Cartier）門口隨意地把幾袋鑽石交給昏昏欲睡的管理員。274

攝影棚輪番上演的各齣喜劇和悲劇，讓辦公室裡的德·布倫霍夫與白色瑪爾濟斯犬的劇作都相形見絀。熱愛攝影棚工作的巴拉德描述了模特兒們怎麼創造出一股猜疑、競爭和冷漠的氛圍。275 空氣中瀰漫著像健身房的味道，因為當時體香劑尚未普遍，一切都被可怕的緊張氣氛籠罩著……直到有人忍不住發火。276

幾位著名的模特兒從法國版《VOGUE》脫穎而出，大部分是俄羅斯人或瑞典人，如霍斯特等攝影師讓他們聲名大噪。露（Lude）是最出名，

也是最可怕的，身為一位在巴黎的俄羅斯流亡者，她崇拜霍斯特，會對迪利夫人微笑，但除此之外，她總是以冷峻的目光注視一切，277 如果被迫穿上一件不想穿的衣服，她會故意破壞整個畫面。278 她竭盡全力追求完美，甚至切掉了部分乳房和大腿，但手術嚴重失誤，結果她再也不能穿低胸的衣服。279

霍斯特鏡頭下的另一位超級名模，瑞典的麗莎·豐薩格里維斯（Lisa Fonssagrives），想穿什麼衣服時，她會眨眨眼，把編輯的手放在臉上，懇求地盯著他們的眼睛。280 只有一次，她認為霍斯特在拍攝期間對另一位成功空降巴黎的瑞典人茵嘉·林德格倫（Inga Lindgren）過於關注，因而嫉妒發火。281 一九三八年，穆特夫人（Madame Muthe）突然走進辦公室，懷裡抱著漂亮的金髮新生兒，讓大家興奮不已。282 德·布倫霍夫闖進巴拉德的辦公室，喋喋不休說要看「聖母瑪利亞」和「嬰孩耶穌」，但幾個月後，這名嬰兒因為把浪凡的晚禮服樣品弄得溼答答而失去吸引力。283 二戰期間，在納粹祕密警察蓋世太保

（Gestapo）的掌控下，一些迷人的女
孩遭遇了可怕的事情。

　　二戰爆發前，法國版《VOGUE》
的氣氛充滿樂趣。攝影師雖然難以應
付，但讓每個人都保持警覺。比頓總
是即興拍攝，創造出時而有趣、時而
絕佳的背景。他拍下模特兒在真人大
小的服裝草稿旁邊的照片，並將高級
時裝和成堆的瓦礫擺在一起。有頭銜
的法國女性，偶爾被達言公爵夫人哄
騙擺出姿勢，都抱持著一種想要走出
鏡頭的尷尬態度。[284] 這種不確定性讓
每個人感到興奮刺激，有種奇妙的感
覺圍繞著德・布倫霍夫、巴拉德和達
言夫人，三人經常與修圖師和印刷業
者徹夜未眠。[285] 最後，他們在匆忙的
黃昏晚餐和睏倦的日出咖啡中，培養
出無視法國慣例的親密友誼。他們忙
著創造美麗，沒注意到風暴正在他們
周圍國家聚集。

CHAPTER 7

Fashion Is Indestructible

WWII

時尚堅不可摧

遭逢第二次世界大戰

戰爭爆發

一九三九年夏天，康泰·納仕嘗試說服他的英國版雜誌總經理哈利·尤索搬到紐約。[286] 他非常希望這位精明能幹的盟友待在他身旁。身為英國人，尤索不願在自己同胞需要幫助的時候拋棄他們，但身為父親，他不能錯失把孩子送到安全地帶的機會，以防萬一威脅性的戰爭真的爆發。最後，在說服納仕讓他返國之前，尤索先將家人舒適地安頓在美國。一九三九年九月一日德國入侵波蘭的隔天，他便搭船回去歐洲。[287] 幾天後，英法也加入這場戰役。

對英國人來說，情況特別令人擔憂。這個國家才被上次戰爭的回憶、罷工和持續的貧窮狀態弄得滿目瘡痍，也因為政客的爭吵而疲憊不堪。現任總編輯伊莉莎白·彭羅斯在宣戰前五個月，很有先見之明地寫信給伍爾曼·柴斯，匯報說：「這些地方的生活相當繁忙，幾乎沒有時間做絕對必要的事情⋯⋯就在我寫這封信的同時，希特勒正在收音機裡大呼小叫。」[288] 德國採取行動時，彭羅斯敦促管理高層將所有外國員工遣送回國以策安全，包含她自己（彭羅斯在美國出生）。然後她在鄉村渡過一個陽光明媚的週末，就在趕路返回美國之前，她在那裡聽到首相透過廣播發表了「英國處於戰爭狀態」的演講。[289] 緊接著，立即聽到第一聲空襲警報。她確保自己及時回到美國。

哈利·尤索，英國版《VOGUE》雜誌毫無爭議的英雄和守護天使，在二戰爆發前幾個月，他也認為戰爭必然發生，所以想提前準備好。他坐下來，給每位員工寫了明確的個別指示，告訴他們在緊急情況下該怎麼做，並將這些指示放入密封的信封裡。[290] 他還把最近的月記帳簿、辦公室紀錄、《VOGUE》服裝版型的原版圖樣和剪報圖的膠捲都搬走，安全存放在他位於里契蒙區（Richmond）的家中地窖。[291] 他甚至製作了一期《VOGUE》戰爭特刊，並提前寄給印刷廠商。[292]

一九三九年九月三日，感冒後正在巴黎臥床養病的貝蒂娜·巴拉德，收到了戰爭的消息。[293] 她懷抱著不合

時宜的激動心情，聆聽英國首相和法國總統透過廣播發表的聲明。儘管存在不確定性，但即將發生的變革令人興奮。事後看來，時尚界對於這項消息的反應似乎令人費解又天真得讓人難以置信。大多數人沒有料到會發生戰爭，尤其是巴黎人，他們似乎以為德國人不敢攻擊他們的軍隊。這種自我本位主義（egotism）並沒有隨著戰爭動員而消失，服裝發表會基本上照常舉行，伍爾曼·柴斯和霍斯特等來訪的《VOGUE》員工都出席了時裝秀，然後再悠悠哉哉前往日內瓦參加團體旅遊。294 當時法國版《VOGUE》的大多數員工也在渡假，只是人們到後來才逐漸意會過來這項消息。遊客們拚命爭取回家的機會，雖然伍爾曼·柴斯提前訂票並及時離開，但美國版《VOGUE》的其他員工露宿在臨時搭建的住處，以物易物換取船上的座位。295 隨後，交通運輸停擺，商店的櫥窗都用紙糊遮掩，家家戶戶緊閉門窗，男人紛紛將他們的軍裝從防蟲劑底下拖出來，許多人放棄了城市，躲到鄉下……。

　　……然後，他們回來了。沒有歡樂氣氛的巴黎，令咖啡會社的社交名流們感到無聊透頂。很快，愜意的燭光晚餐開始盛行，馬克西姆餐廳（Maxim's restaurant）重新改造成地下酒吧，再次擠滿顧客。伍爾曼·柴斯一回到紐約，就開始發送備忘錄，詢問時裝設計師如何應對戰爭環境，並要求提供關於時髦人士在防空洞如何穿搭打扮的報導。296 時尚界當時主要的新聞是，配戴白色飾品突然「流行」起來，因為停電時可以散發誘人的光芒。巴拉德描述的活動讀起來令人不安，彷彿是小孩子在玩戰爭遊戲的故事。她的文章作品都是八卦消息，關於名人建造豪華的私人避難所、描述舉止優雅的旅者困在緩慢火車上的痛苦經歷、以及愛德華·莫利紐克斯（Edward Molyneux）所設計的時尚精緻的防空洞服裝。她甚至記載了在女帽製造商蘇西夫人（Madame Suzy）趕回來設計一頂獨特戰時款帽子以前，巴黎人連續幾週不戴帽子的情況。297

　　英國與法國之間的態度差別非常明顯。當時倫敦的工作人員寫道：「我們……感受到戰爭真正的壓力與恐懼」時，298 巴黎的社會記者卻說：「我

們在這裡，住在麗思飯店，讓凡爾賽宮週末照常開放。」299 其它一些報導延續了這種荒謬的輕浮態度，像是愛馬仕為防毒面具設計了精美皮套。傳聞指出，女性不穿制服是因為沒有人能夠決定設計款式。300 以各種虛構藉口離開的人們陸續回到這座城市，雖然《VOGUE》的員工試圖在服裝發表會期間休假，這樣他們才可以在雜誌最需要的時候幫忙。巴拉德認為這是一場「靜坐戰爭」（sit-down war）而不予理會，並在十二月時不見蹤影，跑去阿爾卑斯山滑雪渡假。301 冬季服裝系列發表會照常舉行，只有少數時裝設計師缺席，大多是那些認為自己可能成為納粹直接目標的人。世所周知法國人的玩世不恭態度盛行，每個人都悶得發慌，直到一九四〇年，德國毫不費力地進攻巴黎。

誌，在英格蘭的山丘低谷顛簸前行；總編輯也不必在與塞西爾·比頓或伊莉莎白·雅頓（Elizabeth Arden）共進午餐後，跑到克拉里奇酒店（Claridge's）的化妝間補擦口紅。因為《VOGUE》的倫敦總部已被炸得粉碎，不過就像尤索所說的，每個人的公司都遭遇到相同處境。302 一九四一年，倫敦發生一場特別可怕的燃燒彈襲擊。早上六點半以前，尤索一直在其它地方巡邏，但回到家時，公司秘書打電話來。得知遭轟炸後，他大老遠跑進城裡查看他的工作場所，情況看起來不妙。303 尤索盡可能想辦法靠近艦隊街，在巷弄俯身低頭以躲避飛舞的人孔蓋（人孔蓋在爆炸產生的衝擊力下噴飛到上空，擊中消防員，力道之猛烈，消防員甚至骨折），咬著牙，戰戰兢兢來到《VOGUE》的大廈。304

閃電戰期間的英國斯多葛主義

現在此地正式開戰了，總經理哈利·尤索與總編輯的體驗不會有太大差別，尤其是他們還共用同一間辦公室。尤索再也不必拖著一箱箱的雜

他發現那裡的地板已經塌陷，牆壁隆起，留下正在燃燒的殘骸去找《VOGUE》總部的管理員，幸好沒有人員傷亡，他們告訴尤索，在第二波突如其來的掃射導致水管破裂以前，裡面的灑水系統一直保護著他們的文

件。305 他們損失的不只是實體公司，還有四十五萬張服裝版型和四十萬本雜誌，306 這幾十年來製作的無價檔案。他們也損失了所有的帳簿（除了尤索拿走的最近那幾本之外），還有他們的訂戶名單。

機智的尤索召集幾位工廠員工，把他們送到位於里契蒙區（Richmond）的自宅，那裡擺放著設備和剪裁素材，指示他們在地下室打造一個工作站，以便製作少量的《VOGUE》服裝版型，307 生意還是要做的。《VOGUE》其它還能搶救的財產僅剩一隻名叫金格（Ginger）的公貓，《VOGUE》的正式捕鼠員，找到牠時，牠可憐兮兮地被壓在高溫的瓦礫堆下。308 每個人都很開心，把金格從殘骸中挖出來，但這隻貓肯定覺得這次事件給牠帶來超乎職責義務的風險，所以遭受創傷之後，牠叛逃到附近一家牛奶店，拒絕再去這家雜誌公司。

對英國的攻擊行動才肆虐三週，英國版《VOGUE》就需要另尋雜誌總編輯。伊莉莎白・彭羅斯已經返家，其他人則加入志願組織或接獲徵召入伍。奧黛麗・懷瑟斯（Audrey Withers）成為新任總編輯，在她受命接下這個職位之前，身邊同事一個接著一個消失，因為，正如尤索所說的，這裡一個人都不剩了。309 這項艱鉅的任務落到懷瑟斯肩上時，她三十五歲，已經任職將近十年。《VOGUE》再次無意間發現一位完美的領導者，冷靜而機靈，可以帶領他們渡過風暴。

懷瑟斯在英國鄉村長大，出身書香門第。她父母培育了女兒的知識品味，而非對時尚精品的愛好。她父親是名堅定的通信愛好者和退休醫生，常與豪斯曼（A. E. Housman）等人通信，晚年懷瑟斯回憶起家族春季例行大掃除活動，在這期間，會把他們圖書室裡的三千本藏書一一撢去灰塵。310 念完寄宿學校並在牛津大學拿到政治學、哲學及經濟學專業（PPE）學位後，她搬到倫敦，找了一份書店的工作，同時懷抱著從事出版業的夢想，311 但情況進展得並不順利。她來到這座因一戰而元氣大傷的城市，正處於經濟不景氣的時候，懷瑟斯一次又一

次遭到裁員。找了幾個月的工作毫無斬獲，讓她心力交瘁，她甚至把失業的痛苦比作親人逝世。312 後來以週薪三英鎊應聘《VOGUE》雜誌的文稿編輯職位後，她的運氣終於出現轉機。

一九四〇年十二月一日，美國版《VOGUE》發表了一篇題為「英國版《VOGUE》渡過了風暴」（British Vogue Weathers the Storm）的文章。外界認為該文作者是懷瑟斯，她對英國人的經歷描繪得細緻入微又深刻尖銳，至今仍深入人心。從她輕鬆簡練的開頭第一句：「在閃電戰（Blitzkrieg）期間發行潮流時尚雜誌，就像在叢林中為正餐精心打扮一樣。」313 到令人不安的小標題，比方說：「定時炸彈的問題」，懷瑟斯的文章涵蓋了眾多內容。我們從中得知模特兒難尋，因為她們在前線的丈夫或未婚夫會力勸她們撤到鄉村。我們從中獲悉，已經麻木的鄉村居民（許多人被流彈傷到毀容）會在星期天仰躺田野間，望著數百架德軍戰機從上空飛過，這是他們唯一的娛樂。她描述了倫敦的建築不斷爆炸起火的情況，然後《VOGUE》每個部門都必須在辦公桌旁準備好行李箱。這些行李箱不是拿來裝衣服或牙刷的，而是拿來裝必要文件，像是美術總監的版面設計圖、編輯的文案稿件，只要警報信號響起，他們就會抓起這些文件、打包、逃到街上，拖著它跟蹌走到任何看起來「安全」的地方。然後，打開行李箱辦公，一秒鐘都不浪費。

難以想像穩重威嚴的奧黛麗·懷瑟斯，身穿西裝外套和低跟雕花牛津鞋，帶著她的骨幹成員前往防空洞。不過，他們已適應在公開交戰中生活，警笛響後，眾人爭先恐後跑到地窖，這個過程會花很長時間，直到懷瑟斯想出新的制度才改善。他們聘僱屋頂看守員在槍砲開火前通知大家，用意在於讓《VOGUE》團隊不必過早離開辦公桌而浪費了工作時間。懷瑟斯對於這套制度非常得意，到最後，她會一直待在自己辦公室，只是迅速戴上防毒面具，任憑震耳欲聾的砲彈落在四周，在她繼續寫作的同時炸掉窗戶的玻璃。

身處地下室並不是停止工作的藉口。員工攜帶著各式物品，從筆記

用紙到原始照片、從鐵鍬到三明治都有，匆匆走下六段石階梯，坐在摺疊椅上開始口述文字。秘書們不斷敲打著放在膝蓋上搖搖晃晃的打字機，甚至有時候服裝拍攝也會在地面下進行。到了晚上，《VOGUE》雜誌的所有素材都會放到床上，用一個洗衣籃運到避難處。這齣令人緊張刺激的節目夾雜不間斷的噪音和變動；炸彈猛衝直落，破瓦殘礫因撞擊而往上反彈，使得整個街道都在震動。每隔一段時間就有房屋崩塌，夷為平地。工作人員當然也因此衰減，有些人死掉，有些人失蹤，有些人被四處飛濺的玻璃碎片或爆裂物所傷。

英國的經典名句「保持冷靜，繼續前進」展現出態度。懷瑟斯的文章旁邊配了幾張滑稽又令人心碎的照片，一張是哈利・尤索，一身乾淨俐落的西裝，在他富麗堂皇的辦公室裡擺出講電話的姿勢，桌面和地板上都散落著窗戶炸毀後掉落的厚玻璃塊。314 另一張照片顯示，員工們像小學生一樣拉著椅子圍成一圈，正在召開編輯會議，旁邊放著十字鍬，準備以防萬一防空洞塌陷時可以挖出一條出

路。315 他們時常因為汽油短缺而感到沮喪（水壺總是燒不開，害他們喝不了茶），旅程也受阻（每天通勤都會被打亂，這表示三十分鐘的車程可能會延長到幾小時，外加一連串的變動，更何況他們在上班途中遇上死劫和活著抵達目的地一樣容易）。

懷瑟斯的問題之一是找不到足夠的素材內容刊登在雜誌上，雖然聽起來令人驚訝，但幾位戴帽子穿高跟鞋的漂亮時尚編輯將被派到倫敦的廢墟中，尋找可以拍攝的精品。店家經常遭到炸彈攻擊，東西擺好沒多久櫥窗就被炸飛，連帶所有陳列商品和庫存都遭殃。懷瑟斯概述一下有創意的服裝裁縫師是怎麼找到展示商品的新招。有些人使用深色櫥窗、有些人以木頭加強板材穩固性，並在每個新格子裡擺放較小的物品進行展示。約翰路易斯（John Lewis）百貨公司被徹底摧毀之後，重新開業，幾乎沒有什麼商品可賣。許多獨立設計師移居鄉村地區，繼續在鄉間別墅或莊園豪宅的密室大量製作衣服。

如果說搜集雜誌內容是真正危機

四伏的地雷區，那麼找到編排內容的人和完成稿件的物力資源也是地雷區。攝影棚淹水又遇祝融肆虐。沒有足夠的能源維持照明或烘乾照片，而且幾乎沒有工作人員知道如何沖洗底片，因為大多數攝影師都被派去打仗。同樣的情況也發生在藝術家身上，甚至包含女性在內。有位正式職員過去經常坐在樓梯上，利用她漫長的護士訓練期間的空檔繪製幾張圖畫，不料卻被徵召去為國服務。而且在這一切之後，還有印刷工與雕刻工的鬥爭；運輸、郵遞以及物流配送的延誤；企業間的長期混亂和他們強大的人脈網絡瓦解。所以在這個戰爭年代，該雜誌刊登了一則小小的免責聲明：「戰爭使國家的交通設施不堪負荷，您的《VOGUE》雜誌勢必將延後送達。這是我們完全無法掌控的事，不便之處敬請見諒。」316 每一期雜誌都是奧黛麗・懷瑟斯的決心與命運的力量之間的殊死搏鬥，但勝利的往往是懷瑟斯。

究竟是什麼激勵每個人付出這麼大的努力又是另一個問題了。時任總經理的哈利・尤索聲稱，自己天生就是極度認真的人，317 他也容易淡化形勢的嚴重性，這種出了名的冷漠態度延續整個二戰期間。他輕蔑地指出，關於轟炸的報導已經變得索然無味，但他仍費心描述一九四〇年的里契蒙大火，里契蒙區一晚發生了至少二十七起火災。318 他們腳下的大地在晃動，熔融燃燒的飛彈如雨般從夜空傾瀉而落……但這一切都阻止不了尤索從天窗爬上屋頂，企圖撲滅自家大火的同時，還拿他妻子開玩笑。她最近剛從美國回來，用餐前仍會換上晚禮服，每次把剛裝滿的水桶遞給尤索澆滅火勢時，水都會灑到她的乳溝上。319

奧黛麗・懷瑟斯與底下員工的勇氣和瘋狂勤奮工作的精神，正好符合整個國家的情緒。英國的社會大眾陷入一種對崇高事業的狂熱，癡迷於高效生產力和攻無不克的理想。每個人都想盡一己之力，員工們想必是認為製作《VOGUE》是他們為這份努力做出貢獻的方式。

但撇除個人情況不談，他們一樣無法避免政治的影響。實施限額供給

的問題立即影響到出版業；限制紙張不得超過戰前供應量的百分之六十。320 這個巨大轉變迫使出版刊物縮減頁碼，將資訊塞進狹小的空間，美術部門需要重新思考版面設計，編輯們則需要重新調整字數。懷瑟斯並不畏懼激進的決策，由於紙張已經變成高價值商品，甚至比糖還要稀缺，所以她把《VOGUE》雜誌的檔案文件打成紙漿來維持營運，結果導致更多紀錄和歷史資料的損失。限額供給越來越嚴重，使得新訂戶加入之前必須有舊訂戶取消。

搏節（austerity）政策也影響了流行時尚本身。「服飾實用計畫」（The Utility Clothing Scheme）於一九四一年底推出，旨在減少浪費，並降低如羊毛和皮革等原物料的使用率。布料更少呈現出更輕盈、更自然的衣服線條，懷瑟斯發現這種設計清爽有朝氣。她聲稱該計畫為英國時尚界做出了巨大貢獻，認為這種強制性的簡約讓英國時尚界受惠。321 其它規定如禁止高跟鞋超過兩英吋高，意味著華麗的裝扮很快就變成品味低俗的標誌。鼓勵民眾穿深色服裝，因為深色代表

哀悼之情，而且低調隨和。

英國版《VOGUE》並不只是受到了新限制的影響。資訊部（The Ministry of Information）在戰爭爆發後幾個小時內成立，負責監測和管理公眾輿論、國內宣傳和審查制度。起初，資訊部因缺乏領導人員而窒礙難行，但布倫登·布雷肯（Brendan Bracken）於一九四一年受任為部長後，情勢發生轉變。布雷肯是溫斯頓·邱吉爾（Winston Churchill）的私人朋友，也是著名的報紙出版商，他迅速察覺到女性雜誌在塑造國家面貌方面的重要性。讓人想起這個國家是女性當家這點變得加倍重要，因為男性都上戰場去了，流行時尚雜誌和其它女性報刊因此獲得新的重視。

《VOGUE》也未能躲過布雷肯的目光，所以需要傳達健康、食品和服裝等議題的資訊時，懷瑟斯和其它熱門媒體的編輯們便會受邀參加簡報會議。懷瑟斯也是被召集來幫助政府推展短髮運動的一員。322 隨著婦女進入工廠工作，頭髮被機器纏住、頭皮遭扯下的意外事故開始頻傳。

《VOGUE》能讓短髮變得時尚嗎？懷瑟斯認為她們辦得到，於是在雜誌上刊登一篇文章，點出頭髮修剪得整齊乾淨的女演員和知名電視節目主持人，證明電影明星和職業婦女都可以駕馭俐落的短髮造型。323

雖然社會明顯傾向實用考量，但女性仍承受著要好看的壓力。保持容貌是對希特勒比中指的一種方式，證明人民沒有被打倒，同時也讓海外打仗的男孩們有了繼續奮鬥的目標。紅色唇膏馬上成為最受歡迎的產品，象徵女性團結一致，名副其實的「強裝勇敢」。雖然因為物品短缺，許多人拿甜菜根塗抹嘴唇，但一些知名品牌仍推出了帶有戰時風格名稱的新色調來吸引顧客：像是赫蓮娜的「軍團紅」、伊莉莎白雅頓的「勝利紅」。從一九四〇年代初期開始，英國版《VOGUE》就鼓吹「美麗是你的責任」。324 一九四二年，美國版《VOGUE》刊登了一位士兵的來信，內容寫道：「現在，讓自己沒有吸引力根本是打擊士氣，應該視同叛國。」325

一九三九年九月宣戰後，英國版《VOGUE》的第一個封面突顯金色的皇家盾徽，上頭的文字和背景是英國國旗的紅、白、海軍藍三色。在該期雜誌中，《VOGUE》承諾將「實用且有益」，幫助讀者在「穿搭打扮、個人儀容、家務管理、烹飪及園藝」方面節省開支。326《VOGUE》指出，這符合政府期望，企業應該盡可能持續下去，並強調《VOGUE》依然是《VOGUE》。以他們自己的話來說：「是為魅力與文明，精神的補給品──比以往更加不可或缺。」327

隨著戰爭持續進行，匱乏情況越來越嚴重。《VOGUE》和政府越來越難向數百萬受苦的人民說「振作起來」。到了一九四二年，「美麗是你的責任」的想法已經從一種勇敢的嘗試轉變成勉強過得去的頹廢狀態，「能補則補、能用則用」的世代已經來臨。國會當權派希望這種提升對家庭勞動的關注和創造新家務活的方式，能讓沮喪的民眾保持忙碌狀態。幾本《VOGUE》服裝版型冊的封面都提到「能補則補、能用則用」運動，在嚴格的限額配給制度下提倡

節儉。一九四二年三月有張插圖沒有模特兒，而是縫製衣服的儀器。[328]《VOGUE》的用意顯然是想美化縫紉工具，向讀者呈現它們的高貴、有價值且勇猛，是女人在戰爭中的天然武器。

在一九四二年五月號雜誌上，《VOGUE》刊登了一篇題為「經濟效益將軍發表其例行規律」（General Economy Issues his Orders of the Day）的特稿，[329] 講述一位卡通化軍人角色「將軍」的冒險故事，身穿補丁拼接衣服，頭戴報紙摺成的帽子，以此象徵他的名字「經濟效益」。他的例行規律包括：「把每份報紙的每一頁都留下來，以便重新再利用。善用每段零碎的縫紉線……我們的實力取決於我們的節約。」[330] 一九四三年一期雜誌封面放了一張戴著帽子的女人照片，撩人地將帽子壓低，遮住眼睛。[331] 優惠券的廣告文字旁邊，放的是風格建議。

《VOGUE》在這些精心規畫的行動中以身作則。除了將自己公司的檔案搗成紙漿再利用之外，由時尚攝影師轉型成官方戰地攝影師的塞西爾・比頓也犧牲大量作品來做成紙漿。在題為「VOGUE 的原料」（The Stuff of Vogue）的文章中，有一張用他的老照片製作而成的拼接畫，裡面全是他為戰爭做出貢獻而摧毀的照片，其中有絕世美人、社交名媛、甚至還有皇室成員。[332] 在地平線的某處出現新希望的曙光，這些照片可能成為未來《VOGUE》的一頁。如今實體雜誌的壽命，和它主打的時尚一樣短暫。

我們現在所說的「回收」（recycling），在一九四〇年代稱為「搶救廢品」（salvaging），隱含著對應戰爭時期那種艱難與救贖的意思。這種崇高的道德標準也和其它事物一樣適合《VOGUE》雜誌，從過去到現在，它們的工作就是呈現眾人迷戀崇拜的事物，可以是手提袋和帽子之類的物品，也可以是榮譽、愛以及忠誠之類的價值觀，任何事物都可以享有登上時尚雜誌的待遇。透過這種方式，懷瑟斯能夠推廣不受紡織原料限制的平價服飾、低預算的生活方式以及快速解決家用品的方法，這全部都是以國

家的名義為出發點，以前《VOGUE》從來沒有提倡消費者花小錢而非花大錢過。

從納粹手中拯救
法國版《VOGUE》

在英吉利海峽的對岸，納粹佔領法國的行動已讓德國重新燃起了取代巴黎成為時尚中心的夙願。一戰期間他們剽竊過法國的時尚雜誌，在維也納出版然後在歐洲銷售，還期望讀者不會發現現在他們用次級的德國設計取代巴黎的高級訂製服。他們的另一個宏大構想是，把所有設計師、員工、供應商以及零售業主等都轉移到柏林，重新部署高級時裝產業。幸好以魯西安・勒龍（Lucien Lelong）為首的法國時裝界人士成功阻止了德國，並以相當符合邏輯的主張證明這個產業若轉移將會瓦解。333

雖然時裝工作室的壓力減輕，但出版方面的壓力依然嚴峻。納粹將媒體視為向女性同胞拓展其思想宣傳的途徑。新推出的敵對雜誌撰寫了一些自鳴得意的文章，吹噓大德意志帝國（Greater Germany）的流行產業前景光明，聲稱巴黎的時尚遺產已經遭到粉碎。334 很快，他們開始限制法國時尚雜誌獲准經營的數量，以冷酷且有計畫步驟的手腕處理新聞媒體，旨在滲透人民思想。對米歇爾・德・布倫霍夫和法國版《VOGUE》的幹部來說，是時候讓大家瞧瞧他們的真本事了。

在紐約安然無恙的康泰・納仕有先見之明，他事前發了一封電報給德・布倫霍夫，上面寫著：「我們即將被斷絕聯繫，我知道你將會面臨不得不做出重要決定的時候。這封電報是要告訴你，我提前批准你以康泰納仕出版公司的名義所做的每一項決定。」335 一九三九年德國入侵巴黎，許多人紛紛逃離巴黎期間，社會專欄作家約翰・麥克馬林（Johnnie McMullin）報導著：「此刻的比亞里茲（Biarritz，譯註：法國西南端的濱海城市）出現當今世界上最獨特的景象……歐洲所有富豪都聚集在這裡。」336 但正當麥克馬林滔滔不絕談論落荒而逃的上流人士，最近剛在法國接下經理一職的美

國人湯米‧克南（Tommy Kernan）已經悄悄溜走。他帶著《VOGUE》帳簿和康泰納仕出版集團法國公司（Les Éditions Condé Nast）的流動現金，逃離這座城市。337

夜裡，為了保護文件安全，他睡在田野間，把現金藏在身子下方。他要去波爾多，災難即將來臨之前，他已先在波爾多郊區租下一座廢棄的莊園。338 大約有四十位與《VOGUE》雜誌相關的人員把這裡當作避難處，住到他們能夠回去巴黎或海外的家為止。339 德‧布倫霍夫帶著妻子和三名孩子待在那裡，沃格爾夫婦也在，讓他們非常擔心，因為盧西恩‧沃格爾一直是大膽反抗希特勒的活躍人士。花了一整個漫長和緊急忙亂的夜晚催促他們逃命後，沃格爾夫婦終於在納粹到達莊園門口之前成功逃脫。

納粹跑來接管莊園，想要據為己有。德‧布倫霍夫拿出他最會哄人的招式，強調古堡沒有家具，來這裡只能睡在麥稈墊上，以此說服他們離開。340 他的勸說取得破天荒的成功，因為納粹竟讓每個人都活下來。德‧

布倫霍夫回到巴黎時，德國人拉他去談雜誌的事，他們準備禁掉大部分雜誌，只留下幾份精品期刊和少數幾份大眾刊物。德‧布倫霍夫的兩個寶貝，法國版《VOGUE》和《時尚花園》，都在免於停刊命運的名單上。341 他的喜悅沒能持續多久：德國人希望將這些出版刊物納入報紙管制範圍，這表示德‧布倫霍夫的編輯決定將被迫聽任他人指揮。德‧布倫霍夫沒有說出納仕在電報裡授予的控制權，而是告訴敵方官員，他不能代表美國業主承擔法律責任。

德國人一直糾纏德‧布倫霍夫，至少又出現三次，試圖慫恿他重新發行《VOGUE》，甚至用利潤分成或豐厚的薪水賄賂他。342 他們承認德‧布倫霍夫擁有的編輯經驗以及與許多時裝設計師長久建立而來的情誼，是他們無法取代的能力。搞到最後，德‧布倫霍夫只好裝病住進醫院，省得遭受越來越多的騷擾。他後來笑說，納粹分子來訪時，經常靠在他辦公室的一面假牆上，卻從來沒有發現他把搶救回來的《VOGUE》文件藏在那裡。343 湯米‧克南也以相同的決心堅持

著，他從波爾多的任務回到位於香榭麗舍大道的總部時，發現房間遭到突襲搜查，保險櫃被炸開，桌子被掀翻。344 德國人大概是在找尋被克南和德‧布倫霍夫藏起來的失蹤文件。雖然這對狡猾的搭檔成功隱藏了《VOGUE》檔案，但設備先進的攝影棚還是遭到查封。德國人利用《VOGUE》雜誌公司的器材拍攝宣傳品，且不准克南進入。345

法國版《VOGUE》雖然歸美國公司所有，但在法國則以單獨的法國實體出版。這種複雜的商業結構是福也是禍，克南認為，德國人根本不在乎偷的到底是美國雜誌還是法國雜誌，對他們而言都是戰時掠奪物，但要是他能夠利用這個混淆視聽的細節來阻止他們控制《VOGUE》，他會這麼做。他擔心德國人下一步策略會聲稱該雜誌是遭遺棄的資產，然後自己重新翻版再印。於是克南和德‧布倫霍夫商量後決定，最好的辦法是嘗試重啟雜誌，或者至少假裝重啟，346 這樣可以制止遺棄的指控，而且起碼能讓他們的一些前員工不必餓肚子。

克南去向文宣辦公室申請恢復印刷許可，沒想到自己卻碰上邁爾中尉（Lieutenant Maier），這位克南曾多次把他從《VOGUE》門口趕走、不符資格的攝影師。347 這場令人難堪的碰面，讓邁爾徹底享受到權力逆轉的滋味。克南拿到一大串得遵守的規則清單，其中包含提供他打算重新聘僱的員工完整資料，以防他們與猶太人有關係。348 克南盡可能把這種官僚作風的程序拖久一些，等待德國人失去興致。話題冷卻下來之後，克南和德‧布倫霍夫又採取另一項行動，他們清算康泰納仕出版集團法國公司的剩餘財產，並為這些資產指定一名管理人而奔走遊說。經過這些密謀盤算，他們成功將公司安置在法國法院的羽翼之下。349 佔領的剩餘期間，只要納粹分子表現出感興趣的模樣，米歇爾‧德‧布倫霍夫就會遺憾地搖搖頭，宣稱公司目前受到法國商業法院的管轄。克南和德‧布倫霍夫清楚得很，如果納粹掌控了法國版《VOGUE》，那將意味著《VOGUE》在世界各地宣告終結，在自由世界眼裡，這本雜誌的名聲就是已被玷汙，無法挽回，最後導致公司慢慢走向死亡。因此他們

的使命就是挽救康泰納仕出版集團，並保住它的未來。

康泰・納仕逝世與戰爭落幕

這段期間，美國的日子過得比較輕鬆。戰爭似乎是遙遠的事情，脫離他們的世界，而且有點令人厭惡，但美國版《VOGUE》的工作同仁卻面臨到其它恐懼，因為家園附近發生了一些讓人憂心忡忡的事件。

卡梅爾・斯諾的背叛和陷入財務困境的雙重打擊，讓康泰・納仕徹底崩潰。沮喪而不知所措的他，能力開始不復以往，如果再年輕一點，這些事件也許會燃起他的鬥志，但在他垂暮之年，這些可能就是造成他一九四二年病逝於持續性心絞痛的原因，此刻正好是二戰中期。臨終前，他提筆寫了一封漫無邊際的遺書，給他鍾愛的總編輯埃德娜・伍爾曼・柴斯。他們之間漸漸出現遺憾的鴻溝，在一個更融洽、更有希望的時代下促成的夥伴關係就此煙消雲散。儘管如此，納仕的臨終遺言還是令人感動：

「埃德娜，我們一直合作無間。我認為自己是機靈聰明的出版商，但我首先要向自己和全世界坦承，沒有你的話，我永遠無法辦好《VOGUE》。」 350

殊不知，他寫給伍爾曼・柴斯時已性命垂危。他們共同努力奮鬥了約三十三年的光陰，互相滿足對方的抱負和瘋狂的念頭。有次辦公室來了一位訪客，對納仕與伍爾曼・柴斯的關係很感興趣，認為他們一定有感情糾葛才會如此親密。結果一位員工語帶諷刺的回答，暗示他們非常恩愛，甚至有個非常寵愛的孩子，351 這個孩子指的就是《VOGUE》雜誌。康泰・納仕這個人或許會在一場全球衝突中悄然離世，但康泰納仕這間公司真的是一項寶貴的遺產，無論人們怎麼批評，《VOGUE》一直由一群勇敢的守護者滋養、施肥、培育、引領著，保護它不受傷害。《VOGUE》戰時的員工和她第二任父親納仕之間溫馨的革命情誼，就如同朝陽的射線般無比溫暖。

就連《VOGUE》的攝影師也以

服務名義進行著重要工作。英國出生的《VOGUE》愛將塞西爾‧比頓受聘擔任戰地攝影師，主要是拍攝遭受戰火蹂躪國家的作品，來爭取美國對盟國的支持。他繼續為《VOGUE》工作，替他們拍攝最近倫敦斷垣殘壁的畫面。英國首都建築物的輝煌壯麗被空襲轟炸得面目全非，但即使是不幸的景象，比頓也看得出其中的魅力和戲劇性。某次轟炸之後的景象讓他讚嘆：「相當驚人壯觀，已經實現了皮拉奈奇的廢墟意象。」352

在一次充滿傳奇性的拍攝過程中，他讓身穿一襲合身窄版套裝的模特兒擺好姿勢，背對著鏡頭。她的周圍堆滿了比她高的瓦礫、亂成一團的磚塊和斷樑，只剩下兩扇拱門，模特兒抬頭望著掛在中間的牌匾。該牌匾標記過去在倫敦大火（Great Fire of London）中遭毀壞的地點，證明這座城市曾經從地上站起來，並暗示著倫敦大轟炸之後還會再次振作起來。希望的寓意摻雜著照片標題中赤裸裸的訊息：「時尚堅不可摧」（Fashion is Indestructible）。353

更重要的是從模特兒轉職攝影師的李‧米勒（Lee Miller）的貢獻，她在《VOGUE》美國版和英國版雜誌上面皆有發表作品。李‧米勒意想不到的職業生涯始於巴黎，她是超現實主義藝術家們的繆思女神，也是曼‧雷（Man Ray）的情婦，她多次登上《VOGUE》雜誌版面，因此與所有歐洲編輯都很熟。戰爭爆發後，米勒決定專注於攝影領域，強烈感受到自己想參與其中的心情，結果她帶來一系列在我們所知的任何年代中最震撼人心的戰爭影像。分析米勒二戰期間拍攝的素材，是項過於龐大的困難工作，但她戰時分派到的任務之一，是拍攝納粹集中營布亨瓦特（Buchenwald）和達考（Dachau）系列，很多照片拍攝的是垂死之人或死者。她是又一位無可匹敵的女神，像彗星般在《VOGUE》宇宙中往來馳騁。

米勒贏得了眾編輯的讚賞，尤其是英國版總編輯奧黛麗‧懷瑟斯。懷瑟斯明白，雖然發表提振士氣的標準訊息是很好，但米勒直接把《VOGUE》帶入「衝突核心」。354 米

勒決心向讀者交代清楚,所以堅持在她的照片旁邊附加自己撰寫的文章。英國婦女幾乎沒有什麼管道獲悉新聞消息、或得知其它國家戰爭進展狀況的真實報導,因為米勒,《VOGUE》雜誌的內容從服飾界跨足時事界。

還有一個非常重要的層面,那就是米勒是女性,當時戰地記者清一色是男性,米勒在她的文章裡運用了獨特的女性參照標準來吸引女性讀者,例如把軍事裝備比作束腹。她是個令人喜愛的人物,而且懷瑟斯不願刪改她文章一字一句,但經常礙於紙張限額制度而不得不為之。幸虧米勒擁有的洞察力,懷瑟斯才可以稱她的精品雜誌為「聰明女性的指南,遠不只有時尚而已」。[355] 雖然米勒於一九四九年辭去正式職員的工作,但她永遠不會忘記是誰予給她雜誌的深度,並努力適應這位明星記者很長一段時間。雖然偶爾仍會應懷瑟斯的要求撰稿,但最後米勒的丈夫寫信請總編輯不要再派發稿件給她了,他聲稱工作太讓米勒心煩了。[356]

到了一九四四年,英國版開始衰弱無力。雖然美國版《VOGUE》還在發表關於他們這段期間所經歷事件的文章,但英國版《VOGUE》雜誌編輯萊斯蕾‧布蘭琪 (Lesley Blanch) 的一篇文章指出了倫敦的疲憊感。「與其說是體驗人生,不如說是勉強過活,」她寫道:「大家看起來都很累。我們知道怎麼美化,彩妝師和美髮師也不會拒絕我們,但像我們這樣睏倦又缺乏維生素的人,這真的是很費勁的事。臉色灰白、有點枯槁是神經緊張的緣故。」[357] 懷瑟斯盡其所能維持她的團隊,因為她是一家精品雜誌公司的總編輯,可能整天都在討論稀有鑽石,然後回家自己拖地。她的節儉眾所周知,交通往返搭的是大眾運輸,而非計程車,在辦公桌前吃的是三明治,而非報公帳的豪華餐點。她曾有一段時間是忠實的工黨選民 (是《VOGUE》史上少數幾位立場傾左的編輯之一),然後在她八十多歲的時候,這時她已經退休很久,但仍有足夠的政治信念自願加入社會民主黨 (Social Democratic Party)。懷瑟斯是如此克制慾望的人,連迪奧 (Dior) 都無法讓她為之傾倒,她不喜歡他的風格,因為不可能穿去搭公車。後

來，到了一九五四年，她因在二戰期間的貢獻而獲頒大英帝國司令勳章（OBE）。

戰爭於一九四五年結束時，原本預想會有充滿慶祝、狂歡派對和遊行的氣氛，但《VOGUE》的封面卻異常平靜，只有一幅以藍天為背景的畫，幾乎無雲，頂部用白色字體呈現「VOGUE」字樣，沒有任何人，沒有任何地標。但這並非毫無意涵，空蕩蕩的藍天突顯頭上的晴空萬里──沒有戰機、沒有飛彈、沒有定時炸彈，轟炸已經結束。英國版全體職員在戰爭畫下句點時所表現的謹慎務實，是懷瑟斯的典型特徵，她是盡忠職守的終極代言人。多年後，有人問她二戰歐戰勝利紀念日（VE Day）那天人在哪裡，她回說：「是平日嗎？平日的話，我就在辦公室裡。」358

他們在法國的鄰居也已厭倦這些折磨苦難。一九四四年十二月，貝蒂娜‧巴拉德從紅十字會服務後回到巴黎，在新年期間找到米歇爾‧德‧布倫霍夫和他那支萎靡不振的團隊，他們躲在《時尚花園》雜誌的狹小總部，

氣氛低迷，整個空間有種恐懼和荒涼感。359 巴拉德覺得短短四年沒見，德‧布倫霍夫好像老了幾十歲，駝背、頭髮花白、心力交瘁。德‧布倫霍夫的十幾歲兒子遭到蓋世太保窮追猛打並殘忍殺害，他再也沒從兒子無謂的犧牲中走出來。

達言公爵夫人也面臨到難以想像的艱辛。她的丈夫因眾所皆知的親盟軍情緒遭逮捕，後來公爵夫人本人也被抓了。她在弗雷訥監獄（Fresnes prison）被單獨監禁好幾個月，偶爾還得面對一整天的審問。為了不讓自己瘋掉，她在狹窄的牢房裡跳舞，創作一些虛構文章，描寫著監獄的時尚或獄中美景。後來她因營養不良倒下，出獄時身子變得非常浮腫，渾身是瘡，女兒都差點認不出來。360

從獲釋那天起，達言公爵夫人就試圖打探丈夫的下落，因為有傳言說她丈夫在法國和德國的監獄和集中營。她最後一次見到丈夫的時候，正和一大堆其他人的妻子和母親們等待著，因為聽說戰俘會經過某個城鎮的廣場。最後，一群人出現了，在警衛

包圍下兩兩蹣跚前行。她向他們跑過去時，被一名德國士兵推倒，把要拿給丈夫的包裹從她手中打掉。在擁擠不堪的人群中，她還是看到了他的臉，聽到他呼喊的聲音：「我的小索兒，我在這裡！」361 然後他就走了。他死於集中營解放的前一天，他們倆的十幾歲兒子，也和德·布倫霍夫的兒子一樣，慘遭殺害。達言公爵夫人再也沒有回到《VOGUE》。

法國版《VOGUE》工作同仁對於他們所遭遇的一切感到震驚。沒有人放棄法洛克即是米歇爾·德·布倫霍夫領導有力與過人膽識的證明。就連美國辦公室也對於他想盡快重啟出版計畫的念頭大吃一驚，但德·布倫霍夫的意志相當堅決，362 他決心不再糾結過去。一九四四年十一月，埃德娜·伍爾曼·柴斯、德·布倫霍夫以及兩位有代表性的服裝設計師進行雙向無線電通話。伍爾曼·柴斯的情緒激動：

對我個人而言，這是感人肺腑的時刻。站在麥克風前，等待四年來即將聽見的米歇爾和魯西安·勒龍的聲音時，我在發抖……然後傳來了米歇爾的聲音。

「哈囉，埃德娜，我心跳得好快。」
我也是。363

巴黎解放後的第一期雜誌於一九四五年一月發行，再次多虧了德·布倫霍夫的剛強決心。他不僅在戰爭期間每六個月定期製作一冊記錄高級訂製服時尚的合訂本，這表示有一個潮流演變的紀錄（許多服裝設計師留在巴黎，繼續像往年一樣每年推銷他們的新裝系列），而且親自採購補給品。解放後，大眾運輸和腳踏車是唯一的通行方式，所以德·布倫霍夫會騎著腳踏車在厚厚的積雪中艱難地前往印刷廠，364 在黑市討價還價向朋友購買墨水。365

伍爾曼·柴斯寫道，對方得到的回報是一本精美的雜誌，上面有大量的廣告，受到熱烈的歡迎。366 德·布倫霍夫則是有很多事情可以鬆一口氣了：對於法國，令人厭惡的戰爭結束了；巴黎又回到法國；他剩下的家人將安全無虞；他的朋友們要回家了；他忠誠的員工可以收到積欠的薪水；他的許多藝術家、攝影師、作家

和編輯將湧入這座城市，讓服裝的
魅力與藝術再次復甦。他在法國版
《VOGUE》又待了將近十年，得以慶
祝他曾經付出重大貢獻的時尚產業。

CHAPTER 8

The Powerful Years

Vogue Gets Bigger, Richer and More Sophisticated

強盛時期

《VOGUE》雜誌日益茁壯、內容更豐富且更精緻

「新風貌」：
全新《VOGUE》，全新風格

沒有哪個時裝系列比二十世紀中期克里斯汀·迪奧（Christian Dior）推出的春裝系列「新風貌」（New Look）更能清楚標誌一個重要時刻的開始了。他於一九四七年二月十二日舉辦的首場時裝大秀為接下來的十年奠定基調，迪奧從另一場世界大戰的陰霾和沉重之中，將世界各地的女性從單調與功利主義中解救出來；從限制配額和葬禮中解救出來；從最近淪陷的城市廢墟中解救出來。靈感來自於童年時期鍾愛的格蘭維爾花園（Granville garden），他把裙子改成澎盈寬大、有荷葉邊的舞會禮服，像是倒扣的花束。腰身收束纖細如蜂，胸圍設計豐盈勻稱，肩線分明，臀部加墊宛如展開的花瓣。

這種浮誇正是女性在經歷一切之後所需要的。迪奧創作這個系列是為了帶來快樂，也成功了。大西洋兩岸的時尚人士都為這種新款式陷入瘋狂，既有魔鬼般的魅力，亦有端莊嫻淑的氣質，是令人心碎的甜美！而且是改變的催化劑，激發出極度女性化的五〇年代。《VOGUE》雜誌有一位出席該首場時裝秀的編輯，稱讚迪奧的努力是一場十足的革命。367 這場秀不只是富家女購買服裝的問題，連肉販和計程車司機都認可「新風貌」，納入了現代詞彙庫，並助長克里斯汀·迪奧的個人聲譽。他的收入一度超過所有其他巴黎服裝設計師的總和。

這股清新的空氣直接湧入《VOGUE》，引發了其他一些變化，儘管這些變化並非總是愉快。二戰結束時，令人敬畏的埃德娜·伍爾曼·柴斯已經年過六旬，她以前的許多同事都已經去世、退休、結婚、失蹤或只是轉換跑道，讓她特別難熬的是康泰·納仕本人過世。然後就在她一直計畫與摯愛丈夫來一趟期待已久的旅行時，丈夫卻病倒，一九五〇年去世，368 他無法活著跨過他們正在建造的新家門檻。從此以後，可以明顯看出不朽的伍爾曼·柴斯，《VOGUE》雜誌這位德高望重的女士，終究還是衰老了。她對丈夫的逝世惆悵萬分地寫道：

也許別人會自然而然以為，像我

這樣全神貫注於事業的女人，參與那麼多活動，身邊那麼多工作同仁，應該不會像心思意念都放在家庭上面的女人那麼思念丈夫，但事實並非如此。二十九年來，迪克（Dick）一直是我生命中堅實不變的依靠。不是說我們從未有過爭執分歧，兩人也有吵到不可開交的時候，但我們的心是屬於彼此的……這是身為女人的悲哀，因為我們活下來，而倖存往往孤獨。369

在自傳的最後幾頁，她闡述了現實生活中的漸漸衰老，與她在《VOGUE》雜誌所描繪富有魅力的晚年歲月有多麼截然不同。她感嘆時尚大眾化已經走到不可持續的地步，她珍視的專業技藝正在消失。370 雖然這些抱怨可能看起來是年紀漸長的典型表現，但並不代表這些觀點沒有意義。設計師開始提供他們設計的授權許可（和折衷方案），以賺取更多利潤。廉價紡織品的生產正在興起，消費者確實開始購買更多物品，而不再那麼重視質感。儘管如此，伍爾曼·柴斯還是繼續任職，直到一九五二年才從總編輯的位置上退休，那時她已經七十五歲，但仍保留董事會的位置。她在《VOGUE》雜誌總共待了五十六年，擔任總編輯三十八年，是迄今為止《VOGUE》史上任職最久的人。她從一個書寫信封地址的十幾歲少女，走到世界最大時尚刊物公司的主席，誰能取代她？

卡梅爾·斯諾被競爭對手《哈潑時尚》挖角後，伍爾曼·柴斯不得不從頭開始找尋接班人，這個新接班人是潔西卡·戴維斯（Jessica Daves），一九三三年加入公司的時尚營銷編輯。經過斯諾的叛離之後，戴維斯是個謹慎的人選。斯諾充滿個性、銳氣凌人且活力充沛，是個難以抗拒的多變人物，以不吃東西出名，喜歡喝三杯馬丁尼當午餐。戴維斯和她完全不同，是個體格圓潤、認真、勤奮的工蜂，每天在辦公室工作到很晚。戴維斯在嚴格的南方家庭長大，是衛理公會牧師的孫女，具備伍爾曼·柴斯在貴格會成長過程中所灌輸她的那種責任感與力求完美的敬業態度。她內心或許不是時尚達人，但值得信賴。戴維斯升任總編時，《VOGUE》雜誌已經是全球巨頭，可說是時尚聖經，公司經營也繁榮發展，營收達到數百萬

元，戴維斯的工作就是努力維持當前狀態。

幸好戴維斯身邊有一支非常強大的團隊。擔任康泰納仕集團總裁的是伊萬・帕契維奇，接替阿嘉博士（Dr. Agha）擔任藝術總監的是新人亞歷山大・利柏曼（Alexander Liberman）。一九五〇年代的雜誌看起來有所差異並不令人意外，但這部分可能除了風格轉變之外，人事重組也有很大的影響。沒有哪個時期的《VOGUE》能夠像二十世紀中葉的封面一樣散發出迷人的魅力，每張封面插畫都會更動模特兒的姿勢和「VOGUE」的排版，這種視覺的刺激效果在一九六〇到七〇年代很遺憾地被千篇一律的大頭照所取代。

一九五〇年代封面上的人物從澎盈寬鬆的裙子底下露出纖細的雙腳，全身珠光寶氣，修甲過的手指伸進光滑的皮草圍巾。經典的高貴優雅是關鍵，隨處可見纖細的腰線、鑲有珠寶的包頭巾（turban）、網紗小圓帽、手上戴著精緻白手套。無論時尚大片還是封面，男士都是一襲晚禮服，偶爾

由一名嬰孩或一隻小狗來讓令人臉紅的家庭生活肖像變得完整。這些模特兒沒有擺出以我們現在認為標準的拍攝風格，像是嘟起嘴或擺出不悅的臉色，許多人都是面帶笑容，無論是嫵媚的笑、害羞的笑、還是發自內心快樂的笑。給人的印象是他們是真實的人物，而非遙不可及的時裝模特兒。這些模特兒讓你覺得，如果有適合的服裝，你也可以成為他們。

創造這些封面的功勞必須歸功於藝術總監亞歷山大・利柏曼，儘管他擁有與時尚史上幾位頂尖攝影師合作的優勢，他發掘了歐文・佩恩（Irving Penn）和其引人注目的黑白相片，且繼續委託塞西爾・比頓和其無聲的童話故事情境，並與擅長拍攝電影風格劇照的霍斯特、善於捕捉柔和、棕褐色調特寫鏡頭的歐文・布魯曼菲爾德（Erwin Blumenfeld）攜手合作，難怪這幾版經常被譽為雜誌出版黃金時代的基礎。不過，雖然彩色攝影是發展中的技術，也是《VOGUE》的重要工具，但最著名的攝影師還是傾向堅持使用更溫和的色調。布魯曼菲爾德解釋說，早期的彩色攝影亟欲證明自己

可以捕捉所有的色調，結果往往是俗氣的過於飽和。與柯達的創新相比，知名的《VOGUE》雜誌攝影師們更關注藝術價值。

利柏曼的構想出自於他的俄羅斯根源，藝術家這個職業在俄羅斯比在西方更受重視。沒錯，他的職業生涯一直受到穩定收入的想法所吸引，於是最後踏入商業性的時尚出版領域。一九四〇年代，他開始閱讀現代藝術書籍，研究康丁斯基（Kandinsky）與其他人的理論時，最初藝術帶給他的吸引力突然重新萌芽。據繼女的說法，他開始相信藝術有一種超越攝影和圖形的神聖層面，371 她言下之意是指他開始看不起自己在《VOGUE》的工作，並向她坦白，他認為自己是真正的藝術家，覺得自己比雜誌優越。372 要不是朋友鼓勵他在法國渡假時去拍攝喬治・布拉克（Georges Braque）的工作室，這一切都不可能開始。利柏曼欣然接受這個機會，而且非常喜歡這項計畫，他開始花時間參觀其他藝術家的工作室，拍攝並採訪塞尚（Cézanne）和莫內（Monet）等人的工作室。

這個私人興趣原本是要滿足他自己的需求，後來流入了《VOGUE》。一九五二年，歐文・佩恩說服他在雜誌上發表其中幾篇文章，「藝術家和他的工作室」（Artist in his Studio）專題變成常態專欄，每一篇都深入探討現代大師的習慣與生活。373 他們發表傑出藝術家的作品，例如一九五五年的夏卡爾（Chagall）和一九五六年的畢卡索（Picasso），然而，早在這個系列出現以前，藝術已經開始悄悄潛入頁面。一九五一年，利柏曼構思了一組由塞西爾・比頓拍攝的時尚大片，模特兒們穿著美國當地裁縫師借鑒迪奧「新風貌」的服裝，在傑克森・波洛克（Jackson Pollock）的畫作前面擺姿勢。這不僅引入一種將藝術作為商業道具的新方式，而且將時尚界與藝術這塊聖地連結起來。

無論這些連身裙有多驚艷，那個時代的特點是大規模生產的發展，並威脅到手工藝和個人化色彩的存亡。一九四七年的《VOGUE》美國版稱讚美國的紡織業前一年生產超過一兆件服裝，374 但實際上成衣在《VOGUE》有強勁的對手，在那裡，高級訂製服

才是王者。美國版可能是在吹捧美國的工業，但這個品牌形象（乃至於收入）起源於把最奢侈的精品呈現給最富裕和最漂亮的人。如果時尚變得大眾化，他們怎麼繼續以高檔獨特性銷售？然而，《VOGUE》的員工名單上也有成衣的擁護者，特別是潔西卡・戴維斯。她敏銳地將這種情況視為機遇，把《VOGUE》雜誌當作教育大眾品味的一種手段，375 堅信品味是某種民主產物，可以基於所有人的利益給予教導或學習，而不是由精英階層獨佔。376

戴維斯想讓時尚變得平易近人，正如特別報導的標題「品味比金錢更重要」（More Taste Than Money）所示，內文將品味視為時尚界的最高權力。有篇專欄文章甚至以這段話開頭：「你需要慧眼來發現新東西和好東西，還有穿著趨勢，翻看錢包是找不到這些的。」377 她透過提倡服裝風格勝過價格來支持成衣。但隨著明顯優越的品味成為《VOGUE》的彈藥之一，利柏曼越來越常把這個當成時尚大片的最新必備要素，目的在於激起一股社會對於一個人有沒有品味的不

安全感。這點有助於刺激銷售，因為沒有人希望被認為沒品味。

藝術已經成為紐約社會的核心，群眾會聚集在富有魅力的經銷商和現代藝術博物館（Museum of Modern Art）等機構周圍。一九四五年，《VOGUE》有一整期都在介紹現代藝術博物館。378 由於巴黎被摧毀，戰後的藝術圈因而轉移到紐約，有錢的美國人對消費私人收藏品產生興趣，同時鞏固在歐洲遭冷落藝術家（如達利〔Dalí〕）的聲譽。如果時尚被視為文化修養，就能獲得更多的權威。如果藝術是流行時尚，就會更引人注目，而且藝術家漸漸願意接納以前認為有失身分的商業工作，達利於一九四〇年創作了不只三幅《VOGUE》的封面。培養品味、發展鑑賞力的眼光、具有文化涵養的思維……這些都是《VOGUE》定義上流社會的新價值。現在人人買得起衣服，但未必買得起藝術品。

還有其它幾個沒有那麼微妙的線索，透露出這個時尚媒體已經開始發揮多大的影響力，「新風貌」仍然是

許多變化的核心，自從迪奧的開創性時裝秀登上頭版頭條以後，世界各地的記者更加關注時尚議題。時尚寫作課程大量湧現，一九五二年帕森斯設計學院（Parsons School of Design）與紐約大學（NYU）合作，開始提供時尚理學學士學位。[379] 報導高級訂製服系列的媒體數量如滾雪球般增加：一九四九年，有三百多名國際撰稿人在報導巴黎時裝秀；到了一九五七年已經增加到五百名，外加八百名買家。[380] 價格較低廉的機票促使旅行更加頻繁，同時真正發跡的評論家也達到前所未有的高度。前英國版《VOGUE》總編輯艾利森‧賽特爾將她的專欄賣給多家報刊發表，著名時裝權威尤金妮亞‧謝波德（Eugenia Sheppard）也是，妙語如珠讓她在紐約市聲名大噪。到了一九五○年代中期，美國已經打造出強勁的經濟，美國人民擁有強大的消費力，想要買精品犒賞自己來展現這種能力。他們再度成為巴黎高級訂製服的主要客戶，在美國媒體上宣傳法國的設計，重新讓工作室穩定下來。他們也支持新時尚中心的興起，像是當時正經歷國內經濟繁榮的義大利，多虧美國的宣傳，才得以建立自己的一批國際知名設計師，例如西蒙妮塔（Simonetta）和璞琪（Pucci）。

時尚雜誌和報紙報導開始出現差異。雜誌努力保持公正，卻深受廣告商要求正面評價所苦，報紙則得以發表批判性評論。隨著時尚產業的新聲望和時尚新聞的正式化，語氣也開始轉變。《VOGUE》的聲音準確告訴女性在什麼場合該穿什麼、怎麼穿、適合搭配什麼飾品。作為休閒服裝市場興起的一部份，「單品」越來越受到歡迎。因為是新奇事物，雜誌覺得有必要教女性如何將各種單品組合成整套服裝。從遊艇到滑雪，提供穿搭指南、衣櫥規劃以及渡假用品清單很快成為雜誌必備內容。

關於顏色的討論現在進入到服裝領域。一九四九年，《VOGUE》連續三期封面插圖採用彩虹色調，並於四月底將「為人生增添色彩」（Color in your Life）做為封面標語。[381] 當時設計師認為女性根本不知道怎麼打扮自己，一家行業刊物甚至懇求百貨公司聘請色彩師，向女性推薦哪種色調適

合她們。382《VOGUE》雜誌的大量教學不是滿足了迫切的共同需求，就是採納了社會對女性氣質的新獨裁態度。婦女們面臨新的壓力，要在社會上取得成功、要打扮得體面好看、最重要的是要順從。

儘管《VOGUE》的圖片展現出成熟優雅與光彩四溢，但內容卻有明確的父權主義色彩，偶爾還會提到家庭暴力。有篇令人不安的文章指出，諸如「你勢利眼嗎？」和「你停止毆打妻子了沒？」383 等問題會出現在上流文雅的晚宴談話之中。一九五六年某一期雜誌裡有篇文章，探討讓人難忘的女人，靠的是美貌還是魅力？如果妳生來兩者皆無，那麼唯一希望就是打扮得漂亮 384。在針對男性的段落，文章堅定地告訴我們，漂亮的女人最好，因為沒人想要一個沒有吸引力的伴侶。然而，那種性感是庸俗的，太多的美麗是花俏俗豔，品味差勁。385

《VOGUE》傳遞了這些觀點，但很難判斷他們的過失程度。他們是否利用扭曲的社會價值觀來銷售他們的產品？是的。他們意識到自己

在做這件事嗎？也許沒有。畢竟，《VOGUE》的內容中，有時候連男性也會收到嚴格的指示。專門討論飲食控制的篇幅相當多，包含食譜和計算卡路里的技巧，這是男性無法避免的壓力。一篇文章詳細介紹了一種神奇的新裝置，看起來像是附帶馬達的折疊床，可以帶到辦公室，躺在上面就能減重。許多廣告商宣傳減肥，推銷像是高科技浴室體重計等產品。一九五四年春末，某篇文章討論夏天體型（海灘身材的前身）的優勢，可以購買有托高支撐力的泳裝保持胸型，像今天的 Spanx 美體塑身泳衣。386

儘管外界期望女性達到超完美嬌妻的理想狀態，但《VOGUE》頁面反映出人們普遍對於享受美好生活的渴望，也暴露了美國人對於失敗的焦慮。旅遊習慣興起的結果，是一頁又一頁討論海灘渡假、鄉村別墅派對和郵輪旅遊的內容。你可以找到搭乘直升機飛過紐約市摩天大樓的合適服裝，也可以找到在法國古堡漫遊，手裡拿著旅遊指南的正確穿搭。運動很受歡迎，尤其是高爾夫球和網球，前往度假村或拜訪友人莊園也是，所有

活動都需要精心打扮（如果你要巡視主人家的溫室，百慕達短褲會是最佳服裝）。襯托這些主題的，是許多旅行機構和名牌行李箱的廣告。這些高檔次的娛樂消遣也不是專屬於年輕人和冒險家。《VOGUE》最獨特的創舉之一，埃克塞特夫人（Mrs Exeter），會和其他人一樣到處旅行。

　　埃克塞特夫人於一九四八年首次亮相，她是行銷部門的形象產品，旨在為高齡讀者提供全方位建議。雖然《VOGUE》從早期就針對年長女性寫過一些有點說教意味的文章，但埃克塞特夫人是完全不同的發明，終於承認三十歲以上女性的重要性：她們的消費力，她們的社會地位，而且越來越長壽且越來越有活力。這也是第一次坦率討論衰老問題，表示女性身體雖然隨著時間改變，但仍可能保有時尚。埃克塞特夫人的報導沒有署名，而且是以第三人稱撰寫，彷彿是在描寫真實人物的事蹟。在一期雜誌中，文章敘述她是特定年紀的女性，387 在另一期雜誌中，她則是一位五十多歲的女英雄。388 這些報導讓人驚喜，因為埃克塞特夫人謹慎又討喜。

《VOGUE》藉由賦予她鮮明個性，顯示社交技能與文化資本是女性的資產，身分不必視丈夫的地位（從未提到）或她的淨值而定。她鼓勵按預算規劃，但不否定自己；討論她年輕時期的風格，提供懷舊的時裝照片；在某些地方，她也會提倡成衣。過去，這些詞彙用語可能會傲慢地建議「遮蓋」或「掩飾」那些「難看的部位」；而從埃克塞特夫人的角度來看，她的品味只是開展，其愛好自然而然地變得更高雅了。

　　埃克塞特夫人非常受歡迎，還在英國版《VOGUE》衍生出副刊，但兩位埃克塞特夫人的聲音不同。《哈潑時尚》也有樣學樣，推出一個類似的專欄，名稱是「在我這個年齡」（At my age），不過這個專欄更嚴格挑剔，列出禁止穿戴的不合適服裝，而不是提供有用的建議。埃克塞特夫人出現的時間和潔西卡・戴維斯一樣久，戴維斯是務實的人，最初來自行銷部門，可能在創造埃克塞特夫人的過程中貢獻不少。《VOGUE》有許多影響力，有時會朝著不同的方向推動。潔西卡・戴維斯希望實現時尚平等，所以

她為風格而戰，而非金錢，主張時尚考量實用性，埃克塞特夫人是反對年齡歧視的象徵。藝術總監亞歷山大·利柏曼則主張奢侈品和風格是精英的工具，把時尚當成藝術，把女性當成單一象限的美麗版型。然而，這些對立的哲學並沒有讓美國版《VOGUE》變得混亂和矛盾，反倒變成一份精美絕倫、涉獵廣泛的刊物。

雖然預期《VOGUE》讀者會學會享受悠哉的生活，但在《VOGUE》職員看來，這個想法很可笑。瘋狂的新時尚運動帶來了新的責任，要求員工日夜不停工作。一九五一年，《生活》（Life）雜誌發表一篇題為《貝蒂娜忙碌的一天》（Bettina's Busy Day）的文章，內容詳細介紹美國版《VOGUE》時尚編輯貝蒂娜·巴拉德在巴黎時裝週期間的日程安排。早上八點前，她會先在酒店房間召開早晨會議，上午九點十五分，她必須身穿巴黎世家的套裝出席巴黎世家時裝秀，十點十五分，她人在夏帕瑞麗（Schiaparelli）時裝秀，穿著夏帕瑞麗的大衣遮住裡面那套巴黎世家，接著換掉一身衣服（把巴黎世家的套裝換成了迪奧的黑色套裝），在迪奧的開幕式上就座。為了避免得罪設計師，車上都會放著她前往一場場時裝秀要隨時更換的服裝，她經常在搖晃顛簸的後座辛苦地穿脫衣服。如今各家雜誌可以商借衣服，並送到不同國家拍攝，但在一九五一年，編輯們獲得照片的唯一方法是進行夜間拍攝工作。這表示午夜時分，貝蒂娜·巴拉德和攝影師約翰·羅林斯（John Rawlings）才剛開始在片場指導模特兒。凌晨兩點，巴拉德會拿著一盤薯條，仍然戴著所有珍珠項鍊，仔細檢查他們剛剛拍攝的照片，然後決定把哪些照片寄回總部。忙到這邊，她才能上床睡覺，第二天再重複這些行程。

即使按照嚴格的時間表工作，還是有人認為貝蒂娜·巴拉德注重創意而不實際。負責管理廣告商與編輯關係的執行編輯米爾德瑞·莫頓（Mildred Morton，人稱擁有「想像得到最冷酷無情的心」[389]），一直密切關注巴拉德，以防她沒有履行品牌與雜誌之間得來不易的協議，從而影響《VOGUE》的商業利益。巴拉德和總編輯潔西卡·戴維斯也合不來；巴拉

德認為總編輯位置應該是由她得到。整體而言，戴維斯因為長得太樸實無華，受到相當多的批評。一位號稱朋友的人將她的臉比作烤蘋果，390 另一位編輯說：「她身上的一切都缺乏吸引力。」391 在利柏曼的聖誕晚會上，戴維斯被嘲笑，因為她津津有味地大嚼開胃小菜，吃到帽子往前滑落，她的面紗因此浸泡到鮪魚餡或肝醬裡。392

在 VOGUE 迷看來，更糟糕的是她擁護成衣，甚至撰寫了一本極其專業的書籍《成衣奇蹟：美國數百萬人的時尚故事》(Ready-Made Miracle: The American Story of Fashion for the Millions)。即使在這本枯燥乏味的書中，她的支持仍從字裡行間滲出來；她稱商界領袖為「女英雄」，是她們促成動盪的服裝產業亟需的變革。393 這種思路肯定讓巴拉德和利柏曼這類鑑賞家心生厭惡，他們認為時尚是夢寐以求的東西而非數字的產物。《VOGUE》還是現實勢利的工作場所。基層員工仍是來自有錢人家的女兒，工資非常低所以稱之為「零用錢」。394 說一則辦公室笑話，有一位基層員工對另一位說：「我得去找

份真正的工作了。爹地沒錢送我去《VOGUE》了。」也有許多金髮碧眼的長腿美人來到這個辦公室，沒想到馬上又跟手上戴著的戒指一起直接走出去。對許多有錢人家的女兒或離婚婦女來說，《VOGUE》是她們的成年禮。無聊的女繼承人、沒有靈感的模特兒以及政治家、運動員和好萊塢演員的前妻，全都拿著她們的贍養費支票和離婚協議，在《VOGUE》雜誌進進出出。這是她們天然的棲息地；在丈夫和假日之間，她們不知道還能去哪裡。

戴維斯不適合這個模式。她是個完完全全的中產階級職業婦女，有時令人意外，她竟能在所有分歧裡穩定控制整個一九五○年代《VOGUE》的發展。但新的時代來臨了，因緣際會之下，具有異國風情的傳奇編輯黛安娜‧佛里蘭（Diana Vreeland）辭去《哈潑時尚》的工作。在《VOGUE》，藝術總監亞歷山大‧利柏曼站起來，聲明《VOGUE》的時尚版面需要協助，並表示戴維斯沒有創造力，認為她不過是個經理。395 戴維斯在出版資訊欄的名字從總編輯變成顧問編輯，這是

象徵性的頭銜，總是給即將離職的總編輯，她最後在公司服務到一九六四年。擺脫戴維斯是利柏曼在公司獲得更多控制權所採取的第一步行動之一，不過，想更好理解這個部分，必須先認識《VOGUE》的新主人。

紐豪斯家族接手

康泰納仕出版集團在一九五九年被薩謬爾・厄文・紐豪斯 (Samuel Irving Newhouse Sr) 以五百萬美元買下，他是從無到有打造先進出版 (Advance Publications) 媒體帝國的人物。傳說他的戀衣狂妻子米茲某天早上閱讀到一半，抬頭對他說：「親愛的，今天別忘了幫我買《VOGUE》。」老紐豪斯誤解了，收購整家公司，而她只是想買最新一期的雜誌。396 老紐豪斯是紐約猶太移民家庭裡八個孩子中的老大，由於父親身體不好，十三歲的他被迫扛起一家之主的責任，離開學校，開始工作幫忙維持家計，一直等待機會降臨。

機會來了，一家經營不善的地方報紙落到他老闆的手中，老闆發現這位年輕人上進積極，決定冒險一試，把報紙交給他。如果他能轉虧為盈，就可以獲得股權。老紐豪斯馬上意識到，報紙的問題出在廣告宣傳馬馬虎虎，在最短時間內讓報刊恢復盈利，並注意到他的公式也可以套用在其它地方，於是開始投資其它虧損的出版物。他的操作方法是：在一個發展中的地區裡找到一份價格低廉的日報，設法弄到手，然後再收購第二大的日報。接著，他會收掉其中一家，進而建立壟斷，使他可以隨心所欲設定廣告費。億萬富翁投資者華倫・巴菲特稱這種策略是不受監管的收費站。397 然而，這種方式一再重複，為老紐豪斯賺得美國最重要且耀眼的財富之一。

他兒子小薩謬爾・厄文・紐豪斯 (Samuel Irving Newhouse Jr)，人稱士毅 (Si)，出生與成長的背景環境與父親完全不同，習慣養尊處優。士毅・紐豪斯 (Si Newhouse) 與平淡無奇的父親不同，成年後不久即對藝術表現出濃厚興趣，對小紐豪斯來說遺憾的是，他難以擺脫父親老紐豪斯的

影子。他是有點孤僻的男孩，從大學退學後到曼哈頓定居下來，經歷一段失敗的婚姻，留下三名子女後，中年的小紐豪斯躲在單身公寓，遊走於父親旗下多家報社的各崗位之間。當他來到康泰納仕出版公司的光明彼岸，才明白自己的歸屬何在。

士毅·紐豪斯悄悄溜進《VOGUE》辦公室，在潔西卡·戴維斯任職期間一直維護自己的所有權。雖然一開始想到要接下「俗氣」的正式職稱而覺得恐懼，但最後被利柏曼說服，他於一九六四年成為美國版《VOGUE》發行人，同年戴維斯被除掉。398 在二〇一七年逝世以前，《VOGUE》每一次勝利帶來的榮耀和每一次失敗帶來的指責，都很容易歸到士毅·紐豪斯的頭上。但《VOGUE》，尤其是由紐豪斯滿溢的金庫所支持的新版《VOGUE》，擁有取之不盡的資金、聲望和魅力……以及有限的職缺。不出所料，職缺有限造成資深職員之間殘酷內鬥，也讓那些膽大包天的人巧妙地操控士毅·紐豪斯。

就在康泰·納仕去世之前，他口述一封信給自己的得力助手伊萬·帕契維奇，指名他為下任公司總裁。帕契維奇是白俄羅斯人，逃到美國之前，曾在沙皇軍隊中服役。他博學多聞，骨骼精實，是一位有天賦的運動員，金融奇才、出色的鋼琴演奏家，是瑪琳·黛德麗（Marlene Dietrich）的情人和納仕的知己。（這並不是說他沒有一些荒謬、但對時尚人士來說很自然的奢侈品：他人生大半時間幾乎隨身在口袋裡攜帶一根卡地亞的金色調酒棒，用來去除香檳多餘的氣泡。399）正是帕契維奇將《VOGUE》出售給紐豪斯家族，所以後來被他們趕下台時，他為這個決定懊悔不已。他的其它重大決策，也讓自己受到另一位幕後巨頭利柏曼過度影響。

密謀開除潔西卡·戴維斯的人是利柏曼，催促公司聘請黛安娜·佛里蘭擔任接替者的也是利柏曼，而利柏曼很快又在她不適任時負責再次開除她。佛里蘭以狂野且振奮人心的編輯享負盛名，有一段時間利柏曼非常喜歡她。回想潔西卡·戴維斯離開美國版《VOGUE》和黛安娜·佛里蘭剛來時，利柏曼聲稱，紐豪斯家族想由他

接替戴維斯擔任總編輯，但他說他拒絕了，因為男人應該擔任經理，而不是參與時尚。400 後來改任命他為編輯部總監（editorial director），這個新頭銜讓他對康泰‧納仕的所有雜誌都擁有絕對的控制權。宣布佛里蘭任命消息的備忘錄表明，她將與利柏曼密切合作。多年後回想起這件事，利柏曼苦笑著說：「他們想要我掌控她，但佛里蘭是無法掌控的。」401

紐豪斯家族也可以說是恢復了康泰‧納仕最喜歡的公司模式之一：擴張、擴張、再擴張。如同納仕喜歡收購經營不善的期刊，在海外各地開辦《VOGUE》和她的各種衍生刊物一樣，紐豪斯家族似乎也是如此。他們幾乎是接手後立刻進行第一次進軍外國市場，計畫開辦澳洲版《VOGUE》。

儘管距離歐洲遙遠，但澳洲長期以來受到英國潮流影響。澳洲人口主要是英國和愛爾蘭的後裔，所以總是從多雨的英國尋找時尚建議。這片新興領土的居民不得不與野生的自然環境、尚未開發的基礎設施以及熱帶氣候搏鬥，這些都需要實用的工作服，不過到了一九五〇年代後期，澳洲發展得更成熟，也有相當強勁的經濟實力支持。澳洲人開始旅行，體驗不同的生活方式，在國外購買精美的商品。這個消息在紐豪斯家族聽來不錯，尤其是競爭對手只有一本叫做《Flair》的雜誌。402 反正任何地方刊物都沒有什麼競爭機會；他們將面臨《VOGUE》的貴族名門關係、頂級先進的設備以及黃金比例的攝影技術。講到這裡，《VOGUE》已經在遊戲中遙遙領先。

為了協助澳版《VOGUE》開辦，紐豪斯家族找來貝爾納‧萊瑟（Bernard Leser），一位德國出生的猶太人，逃離納粹魔掌後在澳洲和紐西蘭成為交友廣闊的鞋子業務員。在紡織品和鞋類特許經營領域的職業生涯，讓他結識了時任康泰納仕英國公司（Condé Nast UK）的董事長兼總經理雷吉‧威廉斯（Reggie Williams），後者對萊瑟的活力印象深刻（至少經驗上是如此）。萊瑟到倫敦出差時，有人找他幫忙成立雜誌分社，他爽快接下這個委託。澳版《VOGUE》最初於

一九五九年由英國公司的某個部門發行，該副刊每年出版三次，銷量相當可觀，足以開放澳版《VOGUE》完整發行。在膽識過人的編輯希拉‧史考特 (Sheila Scotter) 幫助下，他們使這份時尚精品雜誌擴增到六萬多本的創紀錄發行量。後來萊瑟推出並經營澳洲版《VOGUE 生活》(Vogue Living) 雜誌，也取得類似的成功。403

澳版《VOGUE》正式推出的首張封面由諾曼‧帕金森 (Norman Parkinson) 所拍攝：一張光彩奪目的金髮美人頭部特寫，面帶穩重而溫柔的表情。柔焦效果讓封面呈現一種美妙的金色光芒，感覺很適合這片炎熱、多沙灘的大洲。戰後對色彩的癡迷，甚至在這裡也看得出來，說明文字這樣寫道：「春之光芒。多彩繽紛、服飾、彩妝。」

澳版《VOGUE》早期會有如此的成績，必須歸功於貝爾納‧萊瑟。他開創這一事業，與頑固的當地企業爭奪廣告業務，並宣揚澳洲是令人振奮的市場，而不是無趣的窮鄉僻壤。關於萊瑟影響力的證據，沒有什麼比

他為自己鋪設的輝煌道路更能說明一切。他擔任《VOGUE》的澳洲嚮導非常成功，於是一九七六年獲聘為康泰納仕英國公司首位非英籍總經理，後來一九七八年在美國又成為整個康泰納仕出版集團第一位非美籍總裁。

《VOGUE》接下來的國際行動不再是單一人士所推動，而是經濟、歷史和文化因素自然而然形成的結果。

你也許會問，「義大利製造」是何時成為時尚的代名詞的？二戰後是義大利充滿創造力的時期，涉及建築、藝術、電影、攝影，當然還有 alta moda 高級訂製服系列。醞釀到一九七〇年代左右，義大利才開始興起，透過刻意提供不花俏的奢侈精品和大眾化運動服飾躋身時尚舞台。當時法國高級訂製服刻板制式且難穿，而西班牙正遭遇嚴重的經濟匱乏。義大利也處於瓦礫殘堆之中，但它看到一個契機，可以與繁榮的美國結盟來重建財富，這是當時作為共產國家的西班牙無法辦到的。不久，美國電影明星成為義大利時尚的形象大使，美國遊客造訪卡布里島 (Capri) 到佩魯

家（Perugia），讓當地人荷包賺得飽飽。美元刺激了迅速發展的紡織產業。義大利人覺得這種資金挹注是他們應得的：畢竟，是美國軍隊推翻他們的前政權，又在戰後監督他們的選舉。

在皮埃蒙特（Piedmont）地區，像洛羅‧皮亞納（Loro Piana）這樣的小商人開始出口他們的精紡羊毛。從米蘭的棉花產業到倫巴底和托斯卡尼的絲綢傳統，紡織廠再度復甦。快速發展的生產線如動脈般貫穿多洛米蒂山脈（Dolomites）到威尼斯潟湖（Venetian Lagoon）、從貝里奇山丘（Berici Hills）流淌到波河河谷（Po Valley）山腳，全部都在威尼斯共和國（La Serenissima，威尼斯舊稱）的治理下振興起來，沒過多久，便開始透過產品創新與合成纖維的發展脫穎而出。義大利以巴黎和蔚藍海岸的替代選擇作為宣傳，因為奧黛麗‧赫本的《羅馬假期》、後來的《生活的甜蜜》（*La Dolce Vita*）和《碧港豔遇》（*It Started in Naples*）等電影的關係，義大利突然出現在螢光幕前。

這裡誕生一票聰明、圓滑、直爽的義大利設計師，許多人擁有貴族血統，善於交際宣傳、腦袋機靈、言詞犀利。品質最高的紗線和俐落的剪裁就是他們的標誌。潔魯瑪娜‧馬魯切利（Germana Marucelli）出生在一個佛羅倫斯的工匠家庭，推廣以修道士和主教命名的輕便罩衫。其他傑出的設計師還有喜歡涼鞋的公主艾琳‧葛利琴（Irene Galitzine）、404 希莫內塔‧柯羅納（Simonetta Colonna）、以及以顏色鮮明的萬花筒印花衣料大放異彩的艾米里歐‧璞琪（Emilio Pucci）。這一票設計先祖替許多未來的義大利設計師開疆闢路：普拉達（Prada）、古馳（Gucci）、芬迪（Fendi）、菲拉格慕（Ferragamo）、米索尼（Missoni）、瓦倫提諾（Valentino）、凡賽斯（Versace）。當全世界的目光都落到義大利時，康泰納仕出版集團也開始思考，乾脆在這個新市場推出本土版的《VOGUE》雜誌怎麼樣？

由於義大利雜誌市場已經非常競爭，所以紐豪斯家族決定慢慢打入。先找到另一家報紙建立合作關係，然後一九六一年發行時以《Novità》名稱

推出，以免進軍失敗對《VOGUE》品
牌造成任何傷害。一九六五年更名為
《VOGUE＆NOVITÀ》，直到一九六六
年才正式成為義大利版《VOGUE》。
與許多姊妹刊物一樣，包含英國版
《VOGUE》和 法 國 版《VOGUE》
在內，義大利版《VOGUE》也有多
位從紐約辦公室派來的編輯，見證它
的萌芽階段。幾十年後，義大利版
《VOGUE》樹立起自己的聲望，並因
激進的異議分子聲名大噪，令高層相
當震驚。

CHAPTER 9

Youthquake

Scandal in Paris, Swinging Sixties in London

青年震盪

巴黎醜聞、六〇年代搖擺倫敦

法國戰後種族主義

米歇爾・德・布倫霍夫一直在法國版《VOGUE》擔任總編輯到一九五〇年代中期，使他成了康泰納仕集團另一位永久員工。儘管年事漸長，德・布倫霍夫的編輯判斷力、對於流行動態的直覺，從未動搖過。他甚至還參與克里斯汀・迪奧的品牌創立。

迪奧曾在巴黎經營一家規模不大的藝廊，且因碰上一九二九年經濟大蕭條而破產。不知如何謀生的他畫了幾張素描草圖拿給德・布倫霍夫，後者認為這些草圖不夠好，不適合用在《VOGUE》雜誌，卻為迪奧引介各種高級訂製服的聯絡人。他憑直覺認為迪奧是設計領域的人，正是透過這樣的引薦介紹，迪奧才獲得一份可以提供他大量時裝設計培訓的工作。德・布倫霍夫後來挖掘伊夫・聖羅蘭（Yves Saint Laurent），把他介紹給迪奧，也因此開啟他的職業生涯。

但時代變了，法國版《VOGUE》不再是康泰納仕集團的流行時裝前線。以前它為英國版和美國版《VOGUE》製作所有流行服裝單元（fashion pages），現在美國編輯會來巴黎，親自製作這些專題單元。德・布倫霍夫並不反對，似乎還很樂意放棄這項責任，[405] 他避開了關於成衣的必要討論，在這方面抱持反對立場。他也渴望女兒們和他一起工作，並在之後接替他的位置，但其實這樣違反康泰納仕公司禁止任人唯親的規定。他的熱情無疑正在消退，公司欠他一個大人情，因為他把法國版《VOGUE》從納粹手中拯救出來，不過他們現在仍需要一名編輯。有位同事記得在一九五〇年代中期他退休前夕，走進他的辦公室，看到他平時堆滿滿的桌子已經清得一乾二淨。[406] 後來他與埃德娜・伍爾曼・柴斯一樣，離開《VOGUE》幾年後就去世了。

一九五四年接替他的這位女性，與《VOGUE》驚人豐富的戰爭巾幗英雄的形象非常吻合。艾德蒙・查理魯斯（Edmonde Charles-Roux）出身於外交世家，並在歐洲各國首都的知識分子菁英之間成長，然而，強烈的民族情操促使她在十九歲戰爭爆發時加入護士行列。先是在醫院爆炸事件

中受傷，她當時正將士兵從大火中搶救出來，後來成為反納粹組織（the Resistance）一員時再度受傷。回到家鄉馬賽（Marseille）後，她榮獲軍事勳章，但她發現父母親的上流社會背景對於一位曾在前線工作的女人不以為然。因為過度自由的觀點遭受排擠，她決定重新出發，前往巴黎。去首都的路上，她遇到一位準備投資《Elle》雜誌的有錢船主。當時這本是新出的雜誌，為填補德國人勒令媒體停業所留下的市場空白而推出的眾多雜誌之一。在《Elle》雜誌工作兩年後，她於一九四八年跳到法國版《VOGUE》。

從閱歷不深的菜鳥爬到《VOGUE》總編輯，只有短短六年時間，但查理魯斯讓人印象深刻。她一執掌大權，立場觀點就有一百八十度大轉變。與陶醉在愉悅和創造力之中的德·布倫霍夫不同，查理魯斯不認為時裝是藝術的一種，對她來說，時裝是社會變革的作用媒介，對於戰後法國的出口經濟復甦至關重要。在法國版《VOGUE》雜誌的成衣單元，服裝擺在通俗藝術（pop art，又稱為普普藝術、波普藝術）旁邊。大人物會與年輕、沒有經驗的作家和攝影師並列。她努力讓精緻奢侈品變得平易近人，健全的道德羅盤是她整個編輯生涯的支柱，然而，對於她的政治手腕，紐豪斯家族的態度非常謹慎。

一九六六年，查理魯斯預計讓非裔美國模特兒唐妮亞·魯納（Donyale Luna）登上雜誌封面。人在紐約的紐豪斯家族聽說這件事後，便派亞歷山大·利柏曼去勸她打消念頭。利柏曼與查理魯斯關係密切，她的兄弟和他念同一所學校，利柏曼住在巴黎時，他們家人都是屬於高知識分子圈，勢利眼的利柏曼就是喜歡她出身名門家世顯赫這點。開除她以前，利柏曼的繼女表示，他稱查理魯斯是他「兩、三個最要好的朋友之一」。[407] 不過，他要傳達的消息還是棘手：紐豪斯家族不想要一個黑人封面女郎，以免嚇跑法國保守派廣告商。雖然細節難以確認，但此舉似乎是種族主義的審查行為。不過查理魯斯並沒有因為利柏曼的勸說而動搖，她仍想讓魯納上封面。[408] 她拒絕讓步所以遭到開除，去會計部領取薪資支票，被告知這是最後一張支票時，她才突然聽到這個人

事決定。雖然唐妮亞‧魯納從未登上法國版《VOGUE》封面，但卻是首位登上英國版《VOGUE》封面的黑人模特兒。

艾德蒙‧查理魯斯是我們現在會推崇的那種編輯，[409] 富有正直誠信的「女王般人物」。時尚也不是她最重要的事；她是認真的作家，第一本小說在離開《VOGUE》幾個月後出版，後來贏得法國文學最高榮譽。利柏曼承受生命中失去這位傑出女性的痛苦，她後來的名聲對他影響甚深。他的繼女分析：「艾德蒙代表歐洲社會裡，所有亞歷山大原本可以實現但不能或不願實現的一切：嚴格的知識修養，真正的知識成就。」[410]

儘管利柏曼在晚年試圖調和他相互衝突的欲望，但與查理魯斯的那段插曲體現出他更令人討厭的一面。而且雖然亞歷山大‧利柏曼是《VOGUE》史上最敏銳的藝術總監之一，但在眾人眼裡，他也是一位願意不惜任何代價為康泰納仕集團主管們做苦差事的使者。

戰後英國的編輯工作

一九五〇年代在倫敦某間藝廊開逛，也許是國家肖像館（National Portrait Gallery），或者是皇家藝術學院（Royal Academy），你可能會看到兩位女士笑到彎腰，公開嘲笑這些肖像。奧黛麗‧懷瑟斯和貝蒂娜‧巴拉德兩人經常趁巴拉德越過大西洋短暫來訪期間，溜出《VOGUE》辦公室，嘲笑牆上那些浮誇的面孔。[411] 身穿高級訂製套裝，搭配得宜飾品，加上一點口紅，沒人會想到兩位來自時尚媒體的優雅代表竟會有這樣的舉動。巴拉德喜歡拖延拜訪時間，因為公司會安排她住在克拉里奇酒店，替她在 Le Caprice 餐廳的午餐約會買單，她完全知道自己身處一個裝模作樣的膚淺世界。[412]

懷瑟斯從未批評過她工作的荒謬之處，也從未對虛偽表現出任何不滿，即使是在英國二戰餘悸猶存的五〇年代。《VOGUE》雜誌可能已經恢復撰寫關於絲襪和襯裙的報導，但戰後限額配給制度意味著女性仍然無法買到這些物品。許多人還是穿著

一九四〇年代四四方方的套裝，而世界其它地方的女孩已經穿著 Dior 的新裙子在街上旋轉。服飾實用計畫某程度上讓時裝大眾化，但現在戰爭結束了，階級戰爭再次爆發。高級訂製服閃閃發亮，遙不可及，只有漂亮的人才買得到，英國成衣則面臨問題。有一則廣為流傳的趣聞，買家偶然遇到服裝製造商，問說：「生意怎麼樣？」製造商便回答：「難做，他們突然希望兩個袖子一樣長。」413

恢復和平後，《VOGUE》辦公室再度擠滿前模特兒和有錢人家的女兒。一位來自艦隊街的記者回想起曾經見到這些編輯闖進一家設計師的時裝店，「手裡拿著長長捲收起來的傘，這個在當時是很棒的時尚配件……但對小人物來說非常嚇人。」414 與此同時，懷瑟斯很自豪發表從金斯利·艾米斯 (Kingsley Amis) 到狄倫·湯瑪斯 (Dylan Thomas) 等文學明星的作品，把中產階級寫的文學作品放在只有上流階級才買得到的昂貴衣服旁邊。到一九六〇年，懷瑟斯想退休去旅行，截至目前她已經擔任編輯職務二十年，待的時間夠久，才得以目睹翻天覆地的變化，因為那種自我意識、自鳴得意的現狀轉變成崔姬 (Twiggy) 所體現的那種微笑、歡愉的青少年精神。

搖擺的六〇年代如閃電般到來。突然間，黑幫和流行歌手與社會名流和電影明星混在一起。戴著手套表情嚴肅的女士換成像珍·詩琳普頓 (Jean Shrimpton) 和貝蒂·伯伊德 (Pattie Boyd) 這種娃娃臉的模特兒，而且要家喻戶曉的名人，不是無名的衣架子。時裝攝影界主力是出身工薪階級的輟學生大衛·貝利 (David Bailey)，以及女王的妹夫，史諾登伯爵 (Lord Snowdon，本名安東尼·阿姆斯壯－瓊斯 Antony Armstrong-Jones)。他們來自社會不同層級，都致力於《VOGUE》。將他們並列一塊表示舊政權正在瓦解，地位不再重要，風格才重要。

布洛克發生了很多事情，首先是股票和股份問題。卡姆羅斯子爵於一九三〇年代收購康泰納仕出版公司的秘密，在一九五九年卡姆羅斯將他的公司聯合出版社 (Amalgamated

Press）出售給鏡報集團（Mirror Group）時曝光。415 康泰納仕公司總裁伊萬・帕契維奇在《VOGUE》和旗下其它雜誌成為一家英國八卦小報的不穩定資產之前，曾經匆忙在美國找人收購。這場倫敦與紐約的爭奪戰，最後在紐豪斯家族收購並成為霸主後平息下來。

奧黛麗・懷瑟斯離職後，她的接班人艾莎・加蘭（Ailsa Garland）在一九六〇年代一開始就被召集入列。她的主要經歷是擔任報紙的女性編輯，對於新聞的洞察力尤其獨特，當時這個屬於男性主導的領域剛開始意識到女性讀者的需求。到加蘭接手的時候，布洛克已經從美國版獲得自治權，不再有美國發送過來的內容。這是不小的成就，因為近半個世紀以來，英國版《VOGUE》一直受到目光銳利的紐約前輩們的密切監督。對加蘭來說，離開報社加入《VOGUE》是她一生中最困難的決定之一，並不是因為她是雜誌領域的新手，她實際上是在康泰納仕公司展開磨練的，當記者的第一份工作就是在《VOGUE 英國出口手冊》（The Vogue Book of

British Exports）執筆。這本衍生刊物是總經理哈利・尤索創辦的，目的是為了在戰爭期間增加收入。這份旨在向全球買主推廣英國出口貨物的貿易雜誌，每季出刊一次，為布洛克的金庫帶來可觀的廣告收益。

早期，加蘭是上述小團隊的成員，這個團隊的工作是向國際讀者展示這本更加務實版的《VOGUE》。他們辦公室就在黃金廣場三十七號（37 Golden Square）的主建物樓上，工作氛圍非常正式。所有時尚編輯都戴著帽子，即使坐在辦公桌前，在打字機前工作時也戴著面紗。416 儘管那時候辦公環境令人緊張，但加蘭還是理解正確著裝對《VOGUE》的重要性，並對服飾業瞭若指掌。

她最後打定主意重返英國版《VOGUE》擔任總編輯時，發現自己來到位於漢諾威廣場（Hanover Square）的新址。他們搬到這棟宏偉建築，現在這裡是梅菲爾保護區（Mayfair Conservation Area），採用開放式的格局安排。總編輯辦公室是一個正方形空間，搭配沒有頂天的玻

璃牆。[417] 這種空間配置方式讓加蘭感到不安，她甚至不能在無人監視的情況下補擦口紅或調整襪子。[418] 她無法迴避任何人，也無法私下採訪誰。光是她的聲音就夠不方便了：有一次，她命令秘書叫一名員工來要責備他們，結果那女人無意間聽到她的話，便迅速請了病假。[419] 她在回憶錄裡寫道：「在魚缸裡的我覺得不開心。」[420]

周圍環境不同於在報社的生活，她的任務也不一樣。在報社，編輯的工作是提供訊息和娛樂。在雜誌，加蘭簡短描述在《VOGUE》的工作內容包含：「斟酌廣告、成為業界認可的權威、維護《VOGUE》形象以及領導能力。」[421] 頁面內的物品是要讓女性變美麗的，所以負責監督這些頁面的編輯必須維護這個品牌。現在作為火焰守護者，加蘭必須為六〇年代的問題尋找解決方案，其中最緊迫的是她的新問題，[422] 那就是預算。

招攬加蘭時，公司總裁伊萬·帕契維奇問過她，為什麼《VOGUE》請得起她。面對這樣單刀直入的詢問，加蘭不得不辯解說她並不追求高薪，而是想要一個具挑戰性的職位，為了在《VOGUE》雜誌擔任編輯，她願意接受減薪。狡猾的商人總是知道如何讓員工自掘墳墓，加蘭因此對英國版棘手的財務問題很警惕，倒不是說他們沒賺到錢，更多是因為歐洲經濟不穩定而初步產生的警覺心。儘管如此，預算問題仍讓她很頭痛，她形容這是一件「難以應付的事情」，從影印紙到郵票，每件物品支出都必須經過計算和推估，得出一個預計的數字，然後每個月底與最終花費進行比較。[423] 公司有位業務經理叫莉莉·戴維斯（Lily Davies），她負責處理從預定、旅程安排到安撫人才的情緒等一切事宜，然而，她最重要的職責是讓每個人嚴格控制自己的預算。

網路問世之前，擔任編輯是一項繁忙的工作。每天首要任務是瀏覽郵件、回覆邀請、將時尚新聞傳給時裝辦公室。[424] 預約行程必須與秘書核對，秘書再與其他秘書確認。接下來是關於拍攝的簡報，一位部門主管會在基層職員的協助下，把她挑選的照片推進來擺好，然後在「太棒了」到「無法接受」等各種驚嘆聲中展示給大

家看。425 一個關鍵的考慮因素是那件衣服的製造商是否付費購買廣告，如果有買廣告，他們的作品就會入選；如果沒有，就得再三考慮。文稿編輯會替文章進行潤色、塗改、刪掉、重新排列和編輯；時尚編輯會激烈討論請哪位攝影師拍攝、使用哪個攝影棚或地點、以及去哪裡找道具。426 人人都有各式各樣的想法，攝影師可能會提出一些複雜的建議，例如在交通繁忙的波多貝羅路（Portobello Road）拍攝，模特兒身邊有各種品種的狗。有人可能家裡養了一隻小狗，有人可能自願提供他們鄰居的寵物，全員出動已是習以為常。

接下來，總編輯會去美術部門查看排版設計，依據預算和廣告客戶來衡量版面空間，若是給某一家品牌更大的版面空間，可能會得罪另一家品牌。427 然後回到她的私人辦公室（不再是那間玻璃屋了），幾名職員現在應該在那裡排排站，與加蘭討論各種主題，包含促銷、美妝、廣告、排印錯誤、活動、顏色、病假或午餐計畫等。428 加蘭的午餐是在外面吃的，但前提是有知名公司董事長或總經理陪

同。429

再回到公司，這次來看看下一期雜誌，與所有部門負責人一起集思廣益、分派任務。浪漫的題材可能有粉色內衣、到國外僻靜海灣旅行、戀人們的時尚故事，430 然後業務經理會去預約攝影師、模特兒和彩妝師。431 他們會列出費用清單，以及可能為《VOGUE》雜誌帶來好處的聯絡人名單。行程表寫好，分發出去，因為他們同時要處理至少三期的任務，所以這些組織工作非常重要。知名撰稿人需要疼愛，這樣他們才會覺得自己受到公司賞識，回到外面世界時會告訴他們所有重要的朋友：「那位總編輯？喔，她是個可愛的人。」432

有一件事是非常確定的：想保住這份工作，你需要充沛的精力。關於這種壓迫生活的小線索，在加蘭的自傳裡就像紅旗一樣處處可見。在巴黎時，每天看完時裝展後，她就會「倒在床上」。433 到了週末，她的聲音會因為緊張或疲勞而沙啞說不出話。434

加蘭承認這份工作「充實也累

人」，但顯然其中也有樂趣。她曾陪同她的團隊在巴貝多（Barbados）做報導，帶著她五歲兒子和攝影師助理的女兒作伴。島上的人對《VOGUE》團隊印象非常深刻，所以當地的鋼骨樂隊（steel band）為他們創作了一首特別的即興歌曲，其中一節歌詞是這樣的：「你從遠方讀到的時尚／給予女性建議另她們的日子增添光彩／整個規劃的核心來自加蘭小姐的想法／欲知詳情就讀 Vogue 雜誌」。**435**

青年世代力量崛起

到了一九六○年代中期，倫敦的社會面貌已經煥然一新。這個帶來搖滾樂、迷你裙、開啟太空時代和摩德文化（mods）的年代正如火如荼地展開。戰後嬰兒潮世代大量湧現，他們喜歡蜂窩頭、披頭四、流行嗑藥和穿皮衣。魅力與特權不再是有價值的貨幣。彷彿是為了證明這一點，《標準晚報》（*Evening Standard*）一名二十多歲的記者（後來名譽掃地的保守黨議員），喬納森·艾特肯（Jonathan Aitken）對大約兩百名正以某種方式定義新場景的受試者進行一系列的採訪。這份人類學文件的成果是一本題為《少年流星》（*The Young Meteors*，一九六七年出版）的書，內容聚焦在攝影、音樂、政治、藝術、電視、甚至賭博和賣淫等不同領域的人物身上。該系列顯示一群從倫敦東區崛起的新精英，露骨地宣揚創造力勝過與生俱來的權利。

像大衛·貝利這樣的攝影師，不再需要花大半輩子的時間去尋找傳統意義上的成功。年輕人突然有了自己的財富，甚至女性也能賺到一些，偶爾是如此。在切爾西區國王路（King's Road）附近湧現一批新的設計師，珍·繆爾（Jean Muir）和瑪莉官（Mary Quant）也在其中。代表社會的人物也出現了變化，以前貴族血統的統治消失了，被席捲全島的青年浪潮所吞噬。這是第一個不用徵兵的青年世代，他們可以自由享受生活的樂趣。一九四七年二戰結束後，英國的出生人口飆升，當時估計有八十八萬名新生兒（相比之下，英國國家統計局在一九四一年記錄的出生人口不到五十八萬名）。**436** 這波嬰兒潮帶來的

數百萬青少年，是國家的未來。

艾莎‧加蘭接任總編輯後，明白年齡的重要性。為了迎合《VOGUE》讀者的女兒們，奧黛麗‧懷瑟斯曾於一九五〇年代初期推出「年輕想法」（Young Idea）特別報導，不過最後是加蘭將其發展成固定專欄。早期，年輕人的定義介於十七歲到二十五歲之間，名媛初次亮相的正式禮服搭配手套是主流風氣。437 加蘭接手後，她認為這些版面還是太「名媛風」，完全不符合那個時代。438 當時幾乎沒有公司生產適合年輕女孩的衣服，大多數人穿的都是她們母親衣服的簡化版。隨著這種情況在一九六〇年代開始改變，加蘭主導的《VOGUE》雜誌急忙報導這項消息。「年輕想法」很快就變成英國設計創新的勝利名片。

這部分的攝影作品與雜誌的其它內容不協調，照片是充滿活力、由動作驅使、自然的手勢。但雜誌刊物仍然必須在時尚報導中展現傲慢氣派，提供靜態與嚴肅的肖像，模特兒即使只有二十歲，但看起來像三十歲。這是因為大部分讀者還是以老一輩為主，在讓他們的後代子女喜歡上《VOGUE》之前疏遠這些讀者是愚蠢的行為。《VOGUE》打算運用巧妙的內容劃分來迎合這兩個群體，逐漸吸引新一代的消費者，最終取代父母付費訂閱《VOGUE》。

攝影師在一九五〇年代拍攝成衣的時候遇到很大的困難。大衛‧貝利的導師約翰‧弗蘭奇（John French），過去常常把空的廁紙捲塞進衣服後面的腰帶試圖定型，這還不是唯一的伎倆，他會拿曬衣夾夾住超大號的夾克。439 面對不合身、均碼的成衣，他的獨創性受到考驗，但最需要耐心的還是模特兒們。以前攝影需要長時間曝光，模特兒必須穿著彆扭緊繃的服裝，努力維持姿勢，不然就得被綁在桿子上幫助他們保持不動。隨著設計與相機的發展，這種情況在一九六〇年代有所改善，頑皮的大衛‧貝利可以繞著他的繆思女神不停抓拍。

諾曼‧帕金森是首批把模特兒當人而非冰冷人體模型的攝影師之一，他讓他們擁有表情，也是第一位拍攝女孩抽菸或吃飯模樣的人。讓他的模

特兒生動起來是前衛的想法，但年長的讀者認為不恰當。他為安東尼・阿姆斯壯－瓊斯（後來的史諾登伯爵）這樣的新血鋪好道路，後者拍攝了一張又一張模特兒踩到香蕉皮滑倒或摔出窗外的照片，[440] 他的作品是充滿狂熱與動感的曠世巨作。阿姆斯壯－瓊斯非常熱衷動作姿態，所以據傳如果你說他的拍攝主題是「坐姿」，他就會讓女孩們跑起來。[441]

接著談到大衛・貝利，他替《VOGUE》在紐約找到一份重要的工作，從而促成自己的聲譽，並在《VOGUE》一位更資深的編輯蘭德爾莎姆男爵夫人 (Lady Rendlesham) 的陪同下前往。他們報導的時尚故事發表於一九六二年，標題為「新世代想法走向西方」(Young Idea Goes West)，拍出他的繆思女神（與激情）珍・詩琳普頓懶洋洋地走在曼哈頓的砂礫小巷裡。可以來到離家那麼遠的地方，他們感到很興奮，那個時候工薪階級的年輕人到任何地方旅行都是前所未聞的，更不用說越過幾大洲了。幾十年後在一次採訪中，他對這段經歷不屑一顧，冷冷地說那時候太

冷了，相機黏在他手上，而蘭德爾莎姆男爵夫人哭個不停。[442]

六〇年代時，迫切需要一群英國設計師嶄露頭角。正如第一批突破性藝術家大衛・貝利和史諾登伯爵提振了英版《VOGUE》的聲譽，瑪莉官、珍・繆爾以及 Biba 等代表性品牌也挽回了英國風格。幾何圖案的收腰長版罩衫和迷你裙，還有一系列俏皮的單品，例如 Go-go Boots 中低跟長靴和金屬光澤熱褲，讓六〇年代的時尚讓人感覺像是兒童裝扮盒。這是英國人在成衣方面的第一次正式嘗試，保持簡單風格。

後來成為電影《007：金手指》(Goldfinger) 裡龐德女郎的模特兒塔妮亞・瑪萊 (Tania Mallet)，記錄了民眾態度的急遽轉變。她十幾歲開始當模特兒，那時候年輕的模特兒非常少見，她曾描述自己第一次到訪 Vogue House 時缺乏經驗的辛酸經歷，穿著舊褲子在雨中跋涉，抵達時渾身濕透，頭髮黏到臉上。[443] 跟蹌走進一個房間，裡面坐著一群在五〇年代當過模特兒的精緻面孔，頭髮梳成完美

的蜂窩造型：在真實生活裡模仿時裝版畫（Fashion plate）。瑪萊感到很難為情且格格不入，偷偷溜進角落，覺得自己出醜了，但有位長相滑稽的攝影師從門口探出頭來，讓她更驚訝的是，他挑中了瑪萊。[444] 她體現出一個孩子的天真可愛，而這正是這個新世界想要的代言人。

一九六五年，「年輕思想」專欄報導了 21 shop 的開業，這是引領潮流的精品店之一，推廣諸如奧西爾‧克拉克（Ossie Clark）、福爾（Foale）與塔芬（Tuffin）等新興的英國設計師。模特兒們在年輕男子旁邊擺出動感的姿勢拍攝，這些男孩子是經過挑選的「少年流星」，其中包含年僅二十八歲便獲任為《觀察家報》（The Observer）戲劇評論家的肯尼斯‧泰南（Kenneth Tynan）、時尚攝影師特倫斯‧多諾萬（Terence Donovan）和維達‧沙宣（Vidal Sassoon）。他們跨出自己的專業領域，兼差當《VOGUE》雜誌的男模，體現出六〇年代另一種典型印象：創意跨界。另一個突破性概念是，切爾西區那幫人與卡納比街（Carnaby Street）那群人的角色經常互換。人們以前從來不敢偏離他們所謂應有的位置，但這種情況也在改變。傳奇商店 Biba 的創辦人芭芭拉‧胡蘭妮姬（Barbara Hulanicki），曾是《NOVA》的時尚編輯，也是《VOGUE》的時尚插畫家，她想做什麼工作，就做什麼工作。

到目前為止，「年輕思想」已經發展到十四頁，美術部門也變得更加大膽。一九六〇年代英國版《VOGUE》封面比美國版更具實驗性，呈現出一種廣受歡迎的高雅與庸俗的新融合。內容調性也演變成反映一種輕盈和活潑氛圍，不再像戰爭年代那樣發號施令，反而透過文字提出一些問題，像是：「高級訂製服，物有所值？」[445] 以今天的標準來看，這並不是什麼大膽的質疑，但在此之前雜誌刊物從未放棄過自己的權威地位，也沒展開過對話。

享受消費也不再是一種禁忌，像「是什麼英國人穿得這麼好看」和「沒買《VOGUE》就什麼都別買」這樣順口好記的口號也抓住了時代精神。即使是最潮流時髦的競爭對手，也無法

與這份支持英國設計、充滿三原色以及前衛建議的時尚刊物《VOGUE》媲美。在這份刊物幕後，許多優秀的實習生和新人透過《VOGUE》選秀競賽（Vogue Talent Contest）脫穎而出，或者得到拍攝和執行任務的機會。現在，振奮人心的任人唯賢風氣開始盛行。

階級問題

到頭來，加蘭根本不適合待在康泰納仕公司。《VOGUE》世界錯綜複雜的關係網令人窒息，無法梳理解開。工作短短四年，她已精疲力竭，修復不了，一九六四年離開，重返報業工作。她的接棒人碧雅翠絲·米勒（Beatrix Miller）更加強悍。米勒與知識分子差不多，她的背景是新聞業，但早年曾在紐倫堡大審（Nuremberg Trials）擔任英國軍情六處（MI6）的秘書。米勒進入時尚雜誌產業的過程很有趣，她先在英國前衛雜誌《女王》擔任基層員工，一九五六年離開該雜誌，在美版《VOGUE》從事文案寫作工作。

一九五七年，《女王》被喬斯林·史蒂文爵士（Sir Jocelyn Stevens）買下，作為自己的生日禮物，他是出版商兼報社高層，也是芭碧與卡拉·迪樂芬妮（Poppy and Cara Delevingne）姐妹花的外公。他一心想要吸引米勒回來，還三更半夜打了通著名的電話給她：「妳雖然不知道我是誰，但我打來是想讓妳擔任《女王》的總編輯。」米勒回答：「現在是凌晨四點，你瘋了是不是，」然後掛斷電話。446 最後她真的接受了這個職位，參與這本雜誌轉型成風格古怪文集的過程，在切爾西圈子的地位得到提升，也讓《女王》記者本身成為廣受歡迎的人物。事實上是非常受歡迎，以至於《VOGUE》雜誌想要挖角他們。一九六三年，編輯瑪麗特·艾倫（Marit Allen）離職，接著一九六四年，康泰納仕也挖走碧雅翠絲·米勒。

雖然英版《VOGUE》是英國雜誌圈的翹楚，但與美國雜誌相比卻微不足道。紐約擁有龐大的預算，超級井然有序的工作流程，可以像工業經營一樣運作的員工人數。米勒有一種私立女校長的風範，只要看到不滿意

的地方，她能夠把整期雜誌都收掉重做。然而，布洛克管理制度並不嚴苛：上午過九點接近十點，員工們才三三兩兩走進來，享用咖啡廳的三道菜午餐，聊上幾個小時打發時間，下午六點，所有人陸續回家，包含米勒在內，下午五點半準時開著她的 JAGUAR 離開。

葛蕾絲‧柯丁頓於一九六八年加入，時值她前面的模特兒生涯即將結束之際。後來她成為美版《VOGUE》的創意總監。當時 Vogue House 還位於漢諾威廣場一號這個赫赫有名的地址，但柯丁頓認為內部裝潢擺設不盡人意。會客大廳是沒有記憶點的木鑲板空間；樓上則是亂七八糟的開放式辦公室。家具看起來像從垃圾桶撿來的；地板採用軟木材質鋪設，又舊又髒。柯丁頓記下了她的第一印象：「電梯門一打開——也太令人失望了吧！」447 雜誌裡仍有許多出身名門、人脈廣闊的女性，即使她們的職位較低。柯丁頓有一位助理就是「經濟獨立的女孩」，她把頭髮染成洋紅色，開賓士的速度幾乎和碧雅翠絲‧米勒開 JAGUAR 一樣快，最後與馬球選手結婚。448 七〇年代早期，這些瀟灑時髦的 VOGUE 女郎開著跑車肆意燒胎，讓人有些驚心動魄的感覺。

米勒在此跨界時刻進入了雜誌界，恰逢階級壁壘被推倒之際。她聰穎，有獨創性，能夠接受這樣的改變，雖然她喜歡接受過正規訓練的作家，從不接受半吊子作品，但她也支持有抱負的作家，並確保許多種子作家通過這扇門進來。瑪麗娜‧華納（Marina Warner），現為瑪麗娜‧華納夫人（Dame Marina Warner）、評論家、小說家、撰稿人以及皇家文學學會首位女性主席，過去就是米勒憑直覺聘用的年輕畢業生。米勒的其它主要計畫推動還包含《VOGUE》選秀競賽。她從入圍者和獲勝者中大量召募人才，鼓勵他們向她推銷，允許他們的想像力有一定程度的編輯自由。新人桑迪‧博勒（Sandy Boler）寫信來抱怨《VOGUE》仍是精英主義時，米勒給她一個「小預算大時尚」（More Dash Than Cash）的固定專欄。

米勒時代有一個絕佳出色但不敬的廣告，取笑南西‧米佛（Nancy

Mitford）的著作《位高則任重》（*Noblesse Oblige*，一九五六年出版）中的英國禮儀。米佛的規矩之一是，女士們在早餐後才能配戴仿造珠寶首飾、鑽飾或穿上繽紛內衣，[449] 所以他們拍攝了模特兒凱西·達門（Cathee Dahmen）觸犯這三條戒律的照片，其中一張是她刷牙時戴著大大的水鑽貼頸項鍊，毫不掩飾她上身赤裸的事實。同時，有張模糊的模特兒特寫，頂著濃密的橙色秀髮，附帶說明文字：「『染髮庸俗！』是嗎？；『千萬別穿不協調的紅色』為什麼？」[450]

更大膽的是模特兒加拉·米歇爾（Gala Mitchell），她穿上金黃緞面連身褲、橘紅色褲襪和黃色高跟鞋，推著維多利亞風格的嬰兒車穿過海德公園（Hyde Park）。那是一九七一年，但在那個偷拍的鏡頭中，她周圍是衣著整潔的有錢人家保姆，全套制服搭白帽，圍裙套在樸素裙子外，頭髮固定在後腦勺。她們帶著居住在高級地區切爾西和肯辛頓（Kensington）的子嗣們外出晨間散步。難以相信七〇年代居然還有這麼多家庭傭人，何況還提供相同的女僕服裝。米勒的副標題是：「『打扮得奢華耀眼與穿著樸素的人往來有損品味』品味差是壞事嗎？」[451]

挑戰英國規範、階級為主的社會遺風，表明時尚可以透過運用、顛覆和玩弄，來讓讀者對他們身處的世界有更廣泛的思考，但另一方面，米勒喜歡在花園取景拍攝，因為對她來說這是道地的英式風格。她很有母愛（柯丁頓記得某一次在差旅途中暈倒了，後來米勒手提包內開始會隨時攜帶糖果，以防再次發生這種情況時可以提高血糖 [452]）她也可以很頹廢奢靡，午餐必喝內格羅尼調酒（negroni），參加有伊麗莎白·泰勒（Elizabeth Taylor）、李察·波頓（Richard Burton）、瑪格麗特公主（Princess Margaret）以及麥卡尼夫婦保羅和琳達（Paul and Linda McCartney）等著名人物的晚宴。[453] 等到米勒退休，也是她從一九六四年至八四年成功領導生涯的尾聲。接下來要過很久很久，英國版《VOGUE》才會再次質疑社會規範。

CHAPTER 10

Expensive Entertainment

Backstabbing and Big Business

昂貴的娛樂

暗算與大買賣

黛安娜・佛里蘭的異想世界

祕魯安地斯山脈中部，海拔約兩萬英呎的高度，聚集了一群特殊的小團體。這裡是世界最長和世界第二高的山脈，由青苔如茵的高原，高到融入墨藍陰影中的山峰，以及冰川融化後形成的明淨潟湖所構成。連綿起伏的雲層把整個景貌刷成白色。想在這裡找到英國攝影師約翰・考恩（John Cowan），替美國版《VOGUE》拍攝時尚大片似乎是不可能的事情。然而，一九六〇年代後期，他卻試圖讓幾位穿著貂皮大衣的模特兒歡欣雀躍的身影永存不朽。和他一起參加這次凍傷冒險之行的，還有著名的髮型師艾拉・嘉蘭特（Ara Gallant），以及有嚴重眩暈的時尚編輯巴布斯・辛普森（Babs Simpson）。454

考恩一直在計畫拍攝一個盛大氣派的廣告，結合積雪覆蓋的山脈、鬱鬱蔥蔥的草木和印加遺址，讓穿著各式各樣服裝，像是麂皮、圍巾、背心和巴伐利亞傳統服飾，以及採用大量皮草，從栗鼠類到山貓的皮草大衣的模特兒，看起來像騰空而起，飄浮在

雲霧瀰漫的景致中。送他們到那裡的直升機飛行員警告過，最晚到下午五點，再晚就得等別人來救他們了。455結果規定的時間一再延後，飛行員都離開了，夜幕低垂。最後這群人不得不爬下山，模特兒們還穿著細跟鞋，後來他們找到一處洞穴，設法升火。456他們在那裡過夜，窩在皮草大衣裡取暖。第二天醒來，迎接他們的是怒火中燒的祕魯軍隊，藏身處周圍都是美洲獅留下的足跡，457馬上被驅逐出境。

照片印出來後，刊登在一九六八年美國版《VOGUE》十月號雜誌上，458不過還有其它數不盡的「昂貴小毛病」459，這是由最新的總編輯黛安娜・佛里蘭提供，且並未公諸於世。這種超現實派、達利風格的祕魯冒險絕對不會只有一次。佛里蘭曾派大衛・貝利遠赴印度拍攝白老虎，但後來再也沒有刊登過這些照片。另一系列照片由佩奈洛普・特里（Penelope Tree）擔綱模特兒的照片遭佛里蘭否決，因為她抱怨「嘴唇沒有慵懶感」。460重新拍攝經常列入待辦事項，發脾氣也是如此。異國情調的拍攝地點雖然耀眼動

人，但需要數月的準備時間，簽證必須得到國務院的批准。為了通關，工作人員必須將旅行中的每一件單品，甚至是極小配飾，都整理成一份海關文件，以確保離開這個國家的東西都能順利回來。461 一位編輯想起某次在伊朗的旅行，她花了幾個晚上的時間來解開數百個用於「裝飾」的法國古董窗簾流蘇。462 還有一次，佛里蘭突然決定在喜馬拉雅山拍攝的一組照片裡要有一頂大帽子。為了送到已經出發前往亞洲的團隊手中，他們將這頂帽子裝在帽盒裡，必須透過汽車、吉普車、駱駝、最後靠驢子運上山，才能送到那個偏遠的地方。熨斗、燙衣板和縫紉工具必須和衣物放在一起，這些昂貴的服裝經常需要當場修補和修改。

要創造讓佛里蘭滿意的「造型」非常困難。布料樣本必須訂購、運送、挑選、送回；然後衣服委製、修改、丟棄、重新訂購；髮型師、彩妝師、模特兒、編輯、助理、造型師、攝影師都必須經過試用、聘僱、解聘。每一步都必須用寶麗來（Polaroid）拍立得相機記錄下來，這樣團隊中的每個人都可以追蹤變化。463 光是相機底片的沖印費用就高得離譜，所以，史上照片拍攝花費最高的紀錄保持者自然是佛里蘭。一九九六年秋天，雜誌發表一組名為「The Great Fur Caravan」時尚大片，篇幅足足有二十六頁。464 這支拍攝團隊（成員中還有一位兩百多公分高的相撲選手）在日本待了五個星期，拖著十五箱衣服爬上積雪覆蓋的高山。他們穿貂皮長靴、戴著白色貂皮頭巾、套上美栗鼠和俄羅斯山貓的連指手套擺姿勢，這個年代明顯是在善待動物組織（PETA）出現以前。由傳奇攝影師理查德·艾維登（Richard Avedon）拍攝，時尚編輯波利·梅倫（Polly Mellen）監督，由超模薇露希卡（Veruschka）擔綱拍攝主角，據說這組時尚大片耗資一百萬美元，以現今幣值計算，大約是七百五十萬美元。

「The Great Fur Caravan」時尚大片被稱為一場「時尚冒險」，其幕後團隊是一群「角色陣容」。465 當時把照片拍攝稱為「記事」（story）也是很常見，這些詞彙某程度解釋了佛里蘭領導下的《VOGUE》是怎麼看待

時尚的。佛里蘭生於世紀之交，談起一九○○年代初期巴黎貴婦們所穿的華麗衣服，語帶留戀。佛里蘭在咆哮的二○年代（Roaring Twenties）渡過了青春歲月，親身經歷兩次世界大戰帶來的變化，她是站在第一線目睹時尚界驚人轉變的見證人。她將自己定位成最後一位真正的美學家和時尚學者，在《VOGUE》的專欄版面上結合夢想與歷史。

佛里蘭摒棄當時女性雜誌常見的食譜和居家小秘訣，認為俄羅斯和中國的浪漫主義更重要。她明白是什麼轉瞬即逝的特質改變了我們的生活，正是這種直覺帶來魔力，調和了讓她顯得難相處和不夠通情達理的性格。佛里蘭的夢想，總是伴隨著非常實際的價格問題。最後是誰會買單呢？

亞歷山大・利柏曼的馬屁精冒險

佛里蘭一九○三年出生在一個社會名流和股票經紀人的家庭，初次踏入社交圈就登上了八卦專欄。儘管沒有傳統意義上的美貌（母親都叫她「醜的小怪獸」），但她仍高調地與英俊的銀行家成婚，後者舉家搬到倫敦，她剛萌芽的怪癖開始在那裡扎根。她把自己的皮膚塗得過白，臉頰抹上厚重的腮紅，她學跳倫巴，而不是給嬰兒餵奶，她開了一家內衣精品店，據說華莉絲・辛普森（Wallis Simpson）是她的客人。回到紐約後，她在瑞吉酒店（The St. Regis）的頂樓跳舞，立刻被時任《哈潑時尚》總編輯卡梅爾・斯諾認出來，並基於對她能力的信任而提供了一份工作。佛里蘭一家過著草率不計後果的奢靡生活，沒有任何財產，所以為了避免陷入財務危機，她接下了這份工作。她在斯諾底下工作二十六年，迅速獲得提拔成為時尚編輯。

有一陣子，佛里蘭開了一個「何不……」的專欄，提供一些奢侈瘋狂的建議，例如「何不……穿什麼都搭配紫羅蘭絲絨手套？」466 或者「何不……用超大貝殼取代冰桶來冰鎮你的香檳？」467 即使《VOGUE》仍是市場主流，但她的時尚編採眼光讓《哈潑時尚》走在潮流的前線。一位《哈潑時尚》的同事記得，在二戰鞋

子限額配給期間,她負責推廣芭蕾舞鞋,幫製造商 Capezio 賺進一筆荒唐的美國財。468 因為與賈姬‧甘迺迪(Jackie Kennedy)的友誼,讓這位第一夫人曾向她諮詢自己丈夫的就職典禮該穿什麼。她為整個時尚行業注入令人陶醉的假象,把女性帶進了夢幻的世界,但這份天資使她太難以捉摸,無法不受人監管。卡梅爾‧斯諾對她嚴加管束,等到退休後,升遷機會卻越過佛里蘭,傳給了斯諾的姪女,佛里蘭受不了這種冷落,便迅速離開《哈潑時尚》。利柏曼為《VOGUE》認領了她,希望新東家對她印象深刻。

黛安娜‧佛里蘭稱一九六二年是「噴射機和避孕藥盛行的一年」。469 雖然六〇年代的主流思想是在倫敦誕生,卻是佛里蘭的重要時刻。她受到新面孔和改變的刺激,創造了「青年震盪」(Youthquake)一詞。470 過量的視覺體驗繼續主宰她的生活,她的客廳又名「地獄花園」(Garden in Hell),從地毯到窗簾都採中國紅配色,亂七八糟堆滿著東方風格長沙發、鼻煙壺、書籍和各種紅色系的靠

墊。她請了一位女僕來幫她穿衣著裝、清潔她的手提包內部、熨燙她的五美元鈔票。471 她講過幾句誇張的名言,472 例如:「比基尼是原子彈之後最震撼的發明!」473「粉紅色是印度的海軍藍!」474「一點點壞品味就像灑上一點辣椒粉!」475 最精彩的是她對攝影師下達的古怪神祕指令:「去幫我找一個用牛奶洗澡、世界上肌膚最美的吉普賽女王!」

一股肆無忌憚的放縱氣氛湧入了《VOGUE》辦公室。佛里蘭的助理描述說,有隻調皮的大丹犬(Great Dane)在某次拍攝把晚禮服咬掉一大塊 476;攝影棚抱怨模特兒嗑藥嗑到站不起來;一組泳裝大片因模特兒手臂上有注射海洛因的痕跡而被撤下 477;模特兒「亂發脾氣,偷竊毛皮大衣」;一位客座設計師堅持在展示他的服裝作品前先看每個人的手相。478 二〇一一年上映的《時尚教主——黛安娜佛里蘭》(Diana Vreeland: The Eye Has to Travel)紀錄片中,有位時尚界業內人士表示,「她是紐豪斯家族有史以來擁有過最昂貴的東西……她花了很多很多錢!」479

康泰納仕的總裁伊萬・帕契維奇與藝術總監亞歷山大・利柏曼，兩人多年來一直保持著密切的友誼。他們都是住在巴黎的白俄羅斯人，是帕契維奇提拔了利柏曼，使他成為紐約最年輕的藝術總監。但這份二十七年的親密情誼，卻在公司易主後，利柏曼欲成為士毅・紐豪斯的親信，而被隨意拋棄。帕契維奇與新老闆起了衝突，當新老闆問利柏曼，帕契維奇有沒有把工作做好時，利柏曼並沒有挺身為這位多年前提攜他走到現在的人辯護。一旦帕契維奇被除掉，利柏曼就可以自由地討好士毅・紐豪斯。一位康泰納仕的前員工說：

利柏曼發現一位內向、有點沒沒無聞的傢伙，名叫士毅的晚輩，並給予特別的關照……他讓對方接觸到不同的世界。從來沒有人花這麼多時間與士毅相處，也沒有人對士毅表現出極大的興趣，所以士毅對亞歷山大的態度，不只認為他是才華洋溢的人，也認為他是對自己感興趣、會與自己相處的人。◦480

利柏曼對士毅・紐豪斯施展的魔咒，讓他自己在接下來二十五年間成為康泰納仕集團的主流聲音。雖然利柏曼天賦異稟，但如果沒有狡猾、冷酷和精打細算的頭腦，他也不可能保住自己的地位。他總是表現出零污點的完美形象，在講出刻薄羞辱人的話之前都會加一句「親愛的朋友」。481 後來幾年，別人為他取了「銀狐」（Silver Fox）的綽號 482，利柏曼似乎願意不惜代價保住在《VOGUE》的最高地位，不僅控制員工，甚至犧牲自己。他寧願債築高台，不斷向銀行和朋友借錢，以維持他與《VOGUE》相稱的生活方式。他對其他員工也抱持同樣的期望（這裡難以裁奪誰的錯較大，是《VOGUE》雜誌沒有支付員工合理的薪酬，還是利柏曼認為員工沒有以工作名義背負巨額債務就是不敬業）。史諾登伯爵評論道：「他是你見過最勤奮的自我推銷者，非常油滑，像條鰻魚，總是為自己的利益玩弄手腕。」483 即使是在利柏曼身邊忠實陪伴四十年的士毅・紐豪斯，也不得不承認他的性格中存在許多自私利己的成分。484

與士毅・紐豪斯的友誼讓利柏曼受益匪淺。紐豪斯於一九六○年代

中期獲任康泰納仕董事長時，將利柏曼的薪水加到五十萬美元（一九八○年變成每年整整一百萬美元）。[485] 週末時，士毅・紐豪斯會把利柏曼當作他的非正式顧問，帶到畫廊，將德・庫寧（de Kooning）和勞森伯格（Rauschenbergs）的作品一掃而空。利柏曼甚至也能從這些藝術考察之行獲利，因為紐豪斯也會買一些利柏曼手上的藝術作品。

不過，儘管利柏曼樂於從紐豪斯的口袋撈錢，供自己消遣，卻不贊成佛里蘭有類似的阿諛奉承之舉。雖然佛里蘭熱愛一時新潮和神祕色彩，但對金錢也有深刻的依戀。她很清楚自己的地位，因此可以利用自己的優勢來吸引紐豪斯一家，成為米茲・紐豪斯派對上的常客。一位同事回憶說，時裝秀結束後，佛里蘭會衝到米茲身邊，幾乎是撲到那女人身上，然後不斷讚美她。[486]

早在安娜・溫圖之前，佛里蘭就是來自地獄的專橫總編輯。《穿著Prada的惡魔》是前實習生對於溫圖的露骨描繪，在此之前有奧黛麗・赫本

的音樂劇《甜姐兒》（Funny Face），裡面雜誌總編輯的角色即是以佛里蘭為原型。她在美國版《VOGUE》的管理方式讓人疲憊不堪且缺乏建設性，刻意讓人們相互對立。她從浴室下達第一個命令，並在正午時分快步走進辦公室，點上濃烈到足以讓祕書窒息的薰香。午餐她吃花生醬三明治和半碗融化的冰淇淋，然後護士會來幫她打一劑維他命。[487] 佛里蘭從潔西卡・戴維斯那裡接手一間運轉正常的辦公室，但在她的帶領下，這裡扭曲成亂糟糟的馬戲團。格蕾絲・米瑞貝拉（Grace Mirabella）將她的體制比喻成羅馬格鬥士競賽：

佛里蘭的彩排經常像是拿羔羊餵獅子……有許多眼淚，許多傷亡。不只一位編輯與佛里蘭彩排後揚言要跳樓自殺。秘書們紛紛辭職離開……編輯們爭先恐後討好佛里蘭，試圖在這個過程中埋葬對方。我一直聽到壁櫥裡傳來尖叫聲。[488]

由於每個人都為了博得佛里蘭讚許而絆倒自己，並在這個過程中互相破壞，使得事態迅速惡化。一九六○

年代佛里蘭最受歡迎的時候，利柏曼還能忍氣吞聲，但六〇年代結束後，他看到了機會。越來越多女性需要反映經濟衰退的務實、莊嚴肅穆的服裝，佛里蘭並沒有對這種新局面做出回應，寧願繼續提供紫色雨衣、塑膠製襯衫以及連身衣，而不是迎合女性的實際需求，讀者的回應則是取消訂閱。一九七一年前三個月，廣告版面的銷售額下降將近百分之四十，489 米瑞貝拉承認，由於普遍的經濟衰退，整個產業的廣告銷售都在下降，但利柏曼和士毅・紐豪斯「看到數字，就想到佛里蘭的臉」。490 別人會同情利柏曼面對黛安娜・佛里蘭這個問題時的挫折，他多次提醒佛里蘭在預算方面應該更理性，她的回應讓他感到震驚，「亞歷山大，畢竟這只是娛樂」。當然，對士毅・紐豪斯來說深感不安，他的家族已經建立了現代美國帝國，對他們來說，《VOGUE》不是娛樂，而是生意。491 最後佛里蘭於一九七一年遭到開除，她要求利柏曼給她個解釋或道歉，而這次攤牌讓她在《VOGUE》創造了最後一句名言妙語：「我們都認識很多白俄羅斯人，也認識一些紅俄羅斯人，而亞歷山大，你是我見過唯一的黃俄羅斯人」492

格蕾絲・米瑞貝拉
開啟米棕色時代

要繼承黛安娜・佛里蘭的總編輯寶座並不容易。她幾乎大半輩子都待在這個行業，已經為自己掙得了一些豐富絢麗的綽號，這些稱呼說明她所啟發的半宗教性狂熱，聖獸、時尚界的女祭司、女皇、神諭傳遞者，而挑選繼位者的祕密會議讓最終選擇更令人驚訝。利柏曼偶然看中格蕾絲・米瑞貝拉，四十歲，一頭金髮的務實女人，帶有輕鬆的現代美國風格。

時尚界對此相當不以為然，在業內人士看來，米瑞貝拉太過平庸。安迪・沃荷（Andy Warhol）酸言酸語，說她之所以被聘用，是因為「《VOGUE》想向中產階級靠攏」。493 一位同事曾在《新聞週刊》（Newsweek）公然稱她是「朝九晚五女孩」。494 《VOGUE》其他毒舌人士給她取了個「秘書」的外號。495 詹尼・寶格麗（Gianni Bulgari）還去拜訪

她，討論《VOGUE》的「庸俗化」將對他的廣告造成怎樣的影響。許多知名的攝影師、設計師、以及米瑞貝拉在《VOGUE》同事們經過她的辦公室時，都去盤問她的意圖，呆呆看著這位令人反感的平凡生物。時尚界傳遞出來的信號很明確：米瑞貝拉不配。

無論當時還是現在，米瑞貝拉在這種壓力下挺住沒有崩潰，似乎沒有人給予很大的肯定。身為《VOGUE》終身員工，米瑞貝拉從二十出頭就在《VOGUE》工作，一路晉升到佛里蘭的副手，沒有人比她更靠近現場，也沒有人比她更會說佛里蘭的語言。「我是佛里蘭的影子，她的另一個自我……我不喜歡佛里蘭所認為她必須呈現給世界的形象……但我熱愛、完全崇拜佛里蘭這個女人，只能用女學生迷戀的熱情來形容。」米瑞貝拉在她的自傳中寫道。496 佛里蘭統治時期結束後，康泰納仕出版集團打電話來，米瑞貝拉正在加州執行拍攝活動。這種情況已經非常痛苦，佛里蘭當顧問編輯又多留任六個月，使局面變得更糟。佛里蘭自己也徹底心碎，而米瑞貝拉坦率地承認了自己的懦弱，表示她無法澄清自己與佛里蘭之間的誤會，反而完全迴避了她。497

關於米瑞貝拉，許多反對者有一件事說對了：她確實意味著改變。米瑞貝拉的專長是休閒運動服裝，比佛里蘭年輕約三十歲，她掌握著一九七〇年代的流行脈搏，完全能夠迎合「新女性」的需求。七〇年代的所有重大話題：女權主義、水門事件引起的政治動盪、反越戰和爭取同性戀權利的抗議活動爆發、經濟衰退以及石油危機……全部都在米瑞貝拉的雷達範圍。她也許不懂憲法的每個細項，但她知道女人站在抗議警戒線或上大學第一天會想穿什麼服裝。時尚史之中，一九七〇年代的名聲不佳，隨著經濟崩潰，裙子的長度下降，所以七〇年代初期的巴黎時裝秀，中長裙取代了迷你裙，在美國，中長裙則是過於保守和老化的象徵。荒謬的是，這場鬥爭還發展到地緣政治領域，反對尼克森的民主黨人意外成為迷你裙的擁護者，把它視為美國自由的象徵，把中長裙當成歐洲獨裁者的工具而避之不及。

裙擺長度的爭議讓七〇年代中期的女性完全避開這個問題，集體改穿褲子。第二波女權主義浪潮意味著許多人輕蔑潮流，開始把時尚視為壓迫工具。迷幻藥和性革命等反主流文化開始廣泛傳播，並由消費主義社會所吸收。藍色牛仔褲本來是工人的必備單品，但隨著丹寧設計師品牌的誕生而成為時尚主張。從龐克到華麗搖滾、再到嘻哈音樂的影響，美國黑人在電影中的能見度提高，以及街頭風格來臨，意味著時尚不再是由巴黎高級訂製服店家涓流下來，而是從布朗克斯（Bronx）等地區湧現出來的。

米瑞貝拉或許不是將街頭風格引進《VOGUE》的人，但她將這些主題策畫成《VOGUE》版本的真命天女。作為紐瓦克（Newark）的酒類進口商之女，在一九五〇和六〇年代，她不得不忍受貴族同事的長期冷落，但一九七〇年代可能是她的時代。身為一位直到晚年都保持未婚的成功人士，她能夠同理其他試圖開創自己道路的女性。佛里蘭出身良好，與背景相似的人相處可以感到很自在，儘管她的模特兒，如薇露希卡和佩奈洛普·特里，都是有錢人家或貴族的後代。米拉想成為美國版《VOGUE》第一位支持真正有價值的人，於是新的名人面孔，如政治活動家葛洛莉雅·史丹姆（Gloria Steinem）在雜誌頁面出現，像崔姬這種可愛的童顏女孩則消失了。米瑞貝拉也是第一位讓黑人模特兒登上封面的美國總編輯。

《VOGUE》又一次勇敢無畏的邁出大步，將內容延伸到政治、健康以及幸福領域。這些文章涵蓋了從真誠抨擊參議員，[498] 到宣傳維生素E好處的醫學最新研究，[499] 還有關於檢測子宮頸癌早期症狀的子宮頸抹片（Pap smear）最新發展報導。[500] 這些話題以前不常在女性雜誌上出現，就算有也很少，用語認真而不嚴肅，也不輕率或掩飾「不淑女」的事實。頭腦是新的性感，健康是新的性感，有主見觀點的成年女性非常非常性感。

以這本《VOGUE》代表有益於典型美國人身心健康的理想來看，整體而言性元素有點太多了。廣告簡直下流猥褻，香菸廣告討論長度與尺寸，口紅廣告宣傳濕潤度，渡假廣告暗示

荒野與激情。這些照片顯示出男性的肉體、嬉鬧的女性和挑逗意味的微笑，這些顯然是在回應性解放運動。米瑞貝拉本人對於悄悄溜入雜誌頁面的情色內容抱持謹慎態度，並指責利柏曼對《花花公子》和《閣樓》的興趣有時太過火了。501 在可能的情況下，她希望性元素能夠解放女性，而不是滿足男性的目光。

時尚也獲得徹底的改變，Go-go Boots 中低跟長靴與用亮片裝飾的假睫毛不見了，硬挺的髮型和面具般的化妝也都消失了。米瑞貝拉時代的《VOGUE》芬芳優雅，身材高䠒、精神飽滿的金髮女郎在雜誌內頁搖曳生姿，有目的地點起菸，誘惑地給自己倒酒，在自己的閨房裡調整耳環。她們邁著有力的步伐穿過美麗房間，開著疾駛的跑車，髮絲隨風飄逸。在海灘上，她們與朋友而不是丈夫一起閒逛，年紀稍長的女性經常與年輕女性一起現身，兩人看起來非常合拍且稱職專業，給年齡帶來新的尊嚴。最後，女性開始為自己努力，而且優雅地成功。

談到模特兒，米瑞貝拉追求的是健康、開朗、典型美國人的理想。衣服迷人好看，顯然也活動自如許多。在一九五〇甚至是六〇年代，很多時尚都取決於身邊有沒有個男人替妳拉上洋裝的拉鍊，或者來位女僕幫妳調整華麗衣物。很長一段時間以來，女人自己穿衣服是件異常複雜的事情。在一九七〇年代，所有女性，從穿牛仔褲去上學的青少女，到日常上班的打字員，甚至是拿著厚厚支票本、養尊處優的女繼承人，終於可以完全掌控自己要怎麼穿脫衣服，這標誌著婦女生活發生了根本上的改變。採納時尚且實用的服裝、重視美國設計師而非歐洲傳統時裝工作室、以及坦率的新聲音，將時尚推向新的高度。雖然「聖經帶」（Bible Belt，美國基督教福音派佔主導地位的地區，多位於美國南部）的讀者被情色內容的數量所激怒，從而取消訂閱，但這個無所謂，因為米瑞貝拉的雜誌銷售量已經打破紀錄。502 在她任職期間，發行量增加了兩倍，從約四十萬本增至一百三十萬本，總收入也相對地從九百一十萬美元增加到兩千六百九十萬美元。503

這種表面上的成功絕不意味著幕後生活變得更容易，到了一九八〇年代，米瑞貝拉承認自己的幻想破滅了。由於時尚產業已經開始吸引越來越多的新聞記者與媒體，時裝秀也必須容納越來越多的觀眾。昔日的私密展示變成了今天轟轟烈烈的伸展台。少數觀眾喜歡近距離欣賞服裝設計，但現在要吸引大批群眾觀賞時裝走秀，必須具備娛樂性。各大品牌的應變對策是增加音樂、燈光，尤其是對衣物服裝進行改造。米瑞貝拉厭惡這種狂歡式的轉變，並對克里斯汀・拉克魯瓦（Christian Lacroix）懷恨在心，她似乎認為拉克魯瓦是這種變遷的主要罪魁禍首，504 拉克魯瓦創作華麗而不實用的衣服，與她開創的一切格格不入。消費者也有所轉變：「我習慣待在那些有所作為的人身邊……這些人在一九八〇年代已經不是主流了，一個由投資銀行家和他們纖瘦妻子組成的『新貴族』已經誕生了。」505

伴隨著這種與新趨勢的脫節感，米瑞貝拉和利柏曼兩人也開始漸行漸遠。他們已經合作了二十年，但米瑞貝拉開始心生不滿，大概是因為利柏曼的勢力遍及《VOGUE》各處。米瑞貝拉接獲總編輯職位時，附帶條件是她必須「在康泰納仕編輯部總監利柏曼先生的全面指導下」工作，如同佛里蘭那樣。506 他再次對一切都擁有最終決定權，包含任用與解聘，這表示米瑞貝拉經常被困在一個與自己願景不符的團隊當中。雖然《VOGUE》是一本主要由女性為女性製作的刊物，卻由站在商業面的男性來裁奪所有決定，男性的薪資也很高，而擔任編輯角色的女性只能得到微薄的薪資，這些情況讓她開始耿耿於懷。士毅・紐豪斯從來不徵求她的意見，只與利柏曼商議，這點也沒有幫助。她越來越厭倦遭到冷落、輕視與忽略的感覺。

米瑞貝拉想發表一篇關於乳癌的報導，利柏曼回說：「《VOGUE》讀者對流行時尚比對乳癌更感興趣」；507 米瑞貝拉斬釘截鐵立即駁道：「我當女人的時間比妳久，兩個她們都感興趣」；508 當她想報導支持墮胎合法化運動，利柏曼說：「沒人在乎」；509 當她提出一篇關於女性社會地位變化的文章，他的回答是：「妳沒必要再做一篇關於職業婦女的報導。女性就是廉

價勞動力，而且以後也是一樣。」510

　　米瑞貝拉在四十多歲時，嫁給一位傑出卓越的外科醫生，他堅決反對抽菸，因為他看出吸菸對於肺部的長期影響。於是米瑞貝拉很快就戒掉一天抽四十根菸的習慣，並開始嘗試提高民眾對香菸危害的認知，該策略遭到許多煙草公司的強烈反彈，因為這些公司花費數百萬美元在《VOGUE》雜誌打廣告。她也開始向利柏曼施壓，要求提高編輯薪資，並指出女性現在有其它選擇，不必忍受微薄薪資。511 至於她自己，米瑞貝拉想在董事會占有一席，這樣她才可以與利柏曼共同參與決定《VOGUE》未來的對話。但士毅·紐豪斯的說法讓人沮喪：「格蕾絲，女性在董事會裡面沒有任何意義。」512 事實上，康泰納仕的高層男孩俱樂部氣氛似乎只被一個女人打破過，也就是把米瑞貝拉趕出去的那個女人。安娜·溫圖。

CHAPTER 11

Wintour is Coming

An Icon's Early Years

安娜・溫圖來了

《VOGUE》代表性人物的早年生活

安娜·溫圖與英國版《VOGUE》

在時尚業界，沒有一個名字能與安娜·溫圖相提並論。即使是我們當中最不注重時尚的人，也會對她心生恐懼、感到迷戀、情緒緊張激動，由此證明她的個人崇拜力量。但即使是安娜·溫圖，也不是一天造成的。這位英國時尚編輯究竟是如何成功爭取到亞歷山大·利柏曼和士毅·紐豪斯的支持，我們永遠無從得知。格蕾絲·米瑞貝拉還記得她突然出現在美國版《VOGUE》時，是個骨瘦如柴、捉摸不透的人。[513] 據時尚界傳聞，溫圖曾因職缺被推薦給米瑞貝拉，當米瑞貝拉問她想要哪份工作時，溫圖戴著黑色太陽眼鏡，漫不經心地回答：「妳的。」[514]

溫圖一九四九年出生於倫敦，是家裡五個孩子之一，不過早年她最大的哥哥因為一場自行車意外不幸去世，年僅十歲。她父親是不屈不撓的查爾斯·溫圖 (Charles Wintour)，長期擔任倫敦《標準晚報》的編輯。溫圖遺傳到的特點不只是新聞工作者的氣質，連冰冷的態度肯定也來自她的父親，他在艦隊街被稱為「冰霜查爾斯」(Chilly Charles)。一位前員工說過：「見到查爾斯·溫圖時，你會先被他冷冰冰的外表嚇到，但進一步了解他以後，你會發現，這只是冰山一角。」[515] 安娜·溫圖在街道綠意盎然的聖約翰森林區 (St John's Wood，譯註：倫敦傳統的高級住宅區) 長大，後來被送去一系列倫敦北部的女子學校就讀，這些學校非常豪華，學生都坐專車到校。她的性情頑強而複雜，顯然對於任何學術科目都不感興趣。她不會努力與同學相處，一有機會就翹課。

據傳聞，安娜·溫圖年僅十四歲時，從英國版《VOGUE》撕下一頁關於短髮造型的內容，跑到梅菲爾一家美髮沙龍店剪掉她的頭髮。[516] 從那時起，她就一直留著招牌的鮑伯頭。在傑瑞·歐本海默 (Jerry Oppenheimer) 未經授權的揭密傳記（二〇〇五年出版）中，人們記得她冷酷無情和挑釁，取笑胖子、嘲弄單身或守寡的老師。[517] 她一直著魔般地觀察自己的身材，每週到貝克街 (Baker Street) 一家私人診所做臉部按摩，她肯定是他們診所幾十年來最年輕的顧客。雖然溫圖家

的價值觀保守，但他們似乎給這位衣服狂的女兒極大的自由。到了十五歲時，她可以愛去哪就去哪，過著相當自主的生活，晚上可以泡夜店、跳舞、出風頭。那些記得她的人，對她的記憶大多是瘦到難以置信、沉默寡言、明顯的羞澀、以及她與老男人不斷的調情。十六歲時，溫圖因為校服問題與學校發生最後一次的爭執，她認為校服很難看。拒絕遵從規定的她，走出校門，再也沒有回來。

沒有任何線索顯示溫圖在十幾歲或成年初期，對雜誌有任何特別的興趣，但她確實在什麼東西適合自己和穿什麼能引起迴響這方面具有天生的理解力。當她父母在薩伏伊飯店（The Savoy）為她舉辦二十一歲生日派對時，她已經從海外遠親那裡繼承了兩大筆遺產，這些錢足以讓她住進豪華公寓，購買昂貴轎車。518 更重要的是，這讓她擁有了設計師品牌的衣服，每季都可以不假思索地更新一輪。

在迪斯可的七〇年代初，溫圖找到了她在出版業的第一個角色。端莊的《哈潑時尚》與叛逆的《女王》合併，他們正在尋找員工。溫圖沒有任何經驗，但她憑自己一身服裝獲得錄取。薪水很低，但這點當然不重要，她不需要薪水，她想要的是與一群很酷炫的人在一起。雖然她堅稱自己沒有特別的目標，但在一九七一年準備《哈潑斯女王》（*Harper's & Queen*）十二月號刊時，每個員工都必須寫下自己理想的聖誕禮物。據傳，溫圖的是想成為《VOGUE》編輯，519 但她的老闆們認為這個內容不適合發表。

身為《哈潑斯女王》的時裝助理，溫圖的成功苦樂參半。在拍攝方面，她有獨到的見解，她能夠組織龐大而不靈活的團隊，也知道如何管理乖僻的攝影師。她開始戴上墨鏡，似乎在打磨自己的個性，只是還沒奏效：別人覺得她傲慢無禮，有點不可理喻，因為她拒絕在工作時間以外與團隊的人交談或往來。有報導指稱，一些基層員工受不了溫圖一貫的惡劣作風，辭職走人。520

雖然溫圖能幹且專注，但她只做自己想做的事。那個年代，編輯部

的時裝工作人員只負責實際的攝影工作，不管文字，可是她無法好好與撰稿者溝通自己的想法，經常使複雜的情況變得雪上加霜。儘管如此，公司還是提拔她擔任助理時尚編輯，不禁讓人懷疑，關於對她過去的那些描述究竟有多少可信度。

剖析新近的歷史十分困難，畢竟他人有不滿要宣洩。然而，有一項事實似乎無可辯駁：溫圖野心十足。《哈潑斯女王》準備撤換時尚編輯時，溫圖已經躍躍欲試。經理正在尋找一位具寫作經驗的人才，而溫圖幾乎沒有任何經驗，畢竟她才工作幾年而已，但她仍努力爭取成為這個職位的角逐者之一。後來由資深記者明‧霍格（Min Hogg）得到這個位置，溫圖難以接受。她不斷試圖破壞霍格，爭執一再發生，後來一九七五年溫圖離開，搬到了紐約。

二十五歲來到大蘋果，溫圖自然而然地融入相當於她倫敦社交圈的紐約社交圈。以前週末去漂亮的莊園，晚上去名流聚集的安娜貝爾私人俱樂部（Annabel's），現在雖然住在上東區（Upper East Side），但她還是參加了在市中心時髦新潮的閣樓和屋頂雞尾酒會，那是種藝術家和英國僑民備受仰慕的生活。不久後，她獲得《哈潑時尚》初級時尚編輯的職位。溫圖再次展現出訓練有素、創新以及不妥協的精神，但也再次激怒她的同事們。她不願意改變時裝拍攝來搭配編輯簡報，讓不習慣受質疑的前輩們大感驚訝。她覺得自己懂得更多，《哈潑時尚》則認為他們大可省去這些麻煩。於是她做了九個月就遭解雇。

遭解雇雖然大受打擊，但並沒有改變她的作法。在她幾名男友的幫助下，溫圖進入了《Viva》雜誌，由鮑勃‧古橋內（Bob Guccione）和他妻子凱西‧基頓（Kathy Keeton）所發行的刊物。古橋內是《閣樓》（Penthouse）雜誌的創辦人兼編輯，這款是比較隱晦的男性成人雜誌，而《Viva》則是作為女性雜誌推出的，是本針對女性的情色刊物。溫圖每天都要穿過古橋內春光四溢的帝國走廊，兩側牆都是女人半裸海報，才能到達她的辦公室。後來問到她的工作經驗，她會省略在「閣樓新寵」（Penthouse Pets）的資歷。

儘管如此，由此也證明溫圖的性格，她堅持在這個不太光彩的崗位上、與老闆關係日益緊張的情況下製作時尚單元，直到雜誌停刊，再度失業。

她的職業生涯繼續起起伏伏。一九八〇年，一家新雜誌《Savvy》以自由撰稿人聘請她，薪水低到連雜誌總監都感到尷尬。[521] 不過她要求為她的版面提供更多空間，以換取接受這種屈辱，並希望藉此她的作品能夠吸引到別家出版社給予更好的工作機會。整整一年沒有進展後，到了一九八一年，她透過人脈關係的協助，爭取到另一個時尚編輯職位，這次是在《紐約》（New York）雜誌。她在這裡終於可以大展身手。她追求高級時尚、性感的方式在新一代高薪、熱愛消費的雅痞夫妻當中引起了共鳴。《紐約》雜誌的讀者群比她任職過的其它雜誌還要廣泛，所以溫圖的作品現在打開了知名度，而且很快就吸引到廣告商，渴望在民眾購買時進行推銷。

溫圖風格的攝影照片充滿了瘦削、黝黑、肌肉發達的女性，以摩天大樓為背景，穿著男性襯衫，裡面什麼都不穿，拎著公事包。除了這種極端八〇年代的女強人美學，她也會不時閃現創意靈感；在一個讓人印象深刻的全版廣告中，她委託包含尚·米榭·巴斯基亞（Jean-Michel Basquiat）在內的紐約當代藝術家，畫出他們對最新時裝系列的詮釋。這種藝術與時尚的特別融合，產生了溫圖夢寐以求的效果：它吸引到康泰納仕集團的後裔亞歷山大·利柏曼的注意，並邀她出席一場會議。

康泰納仕的高層們還沒準備好提供安娜·溫圖任何像是出版編輯這樣的具體職位，反倒發明了一種中間角色；一九八三年，她以「創意總監」（Creative Director）出現在出版資訊欄，以前沒人用過這個頭銜。時任美國版《VOGUE》總編輯格蕾絲·米瑞貝拉怒火中燒，尤其是當溫圖開始在編輯會議上批評她時。後來溫圖接受產業雜誌《廣告週刊》（Adweek）採訪，該雜誌發表一篇過分煽情的人物介紹，盛讚她是出版界的創新者，更讓米瑞貝拉怒氣衝天。[522] 這篇文章將任何尷尬的事實都恰好遺漏，尤其是她沒有受過高等教育的部分⋯⋯只有

輕描淡寫地提到她對英國文學的熱愛。

　　既然安娜‧溫圖是時尚界的代言人，別人自然很容易批評她的每一個過錯，無論是多麼微小的失誤。不過，雖然溫圖已習慣因冷漠和磨人而招惹同事們的反感，卻還是不習慣處理後續結果。她的一意孤行在之前的工作可以得到想要的結果，但康泰納仕是家大公司，裡面都是大人物。來自四面八方的敵意強烈，每一位資深編輯、總監、經理和出版商，都在緊張得瑟瑟顫抖的權力之爭中左推右擠，競爭激烈，每個人都想從中分一杯羹。米瑞貝拉也許對溫圖的干涉感到憤恨，但那也不是溫圖的理想安排。利柏曼給她一個不太明確的職位，溫圖顯然不屬於任何部門，她可以阻礙別人的想法，但別人也可以削弱她。

　　溫圖習慣在規模相對小的時尚部門工作，所以傾向接管製作，但《VOGUE》是暢銷雜誌企業，拍攝是他們的專業，他們擁有龐大的團隊，而溫圖根本沒有管理這種規模的經驗。她自己的不合作態度讓事情變得更糟，最喜歡的伎倆是公然無視米

瑞貝拉，巴結利柏曼。成功惹惱米瑞貝拉後，反過來米瑞貝拉又給利柏曼找麻煩。這種無窮無盡的爭鬥錯綜複雜，令人費解，而且持續不休，外界不禁納悶這裡究竟是不是有成效的工作環境。

　　到最後，因為敵意不斷升級，利柏曼不得不禁止溫圖再碰時裝單元。要溫圖遠離自己最愛的主題服裝，對她造成很大的壓力。當時《VOGUE》雜誌多名員工表示，看過她淚流滿面，或者發現她坐在辦公桌前，對著話筒另一端的未來丈夫大衛‧夏佛（David Shaffer）啜泣。[523] 夏佛是兒童精神科醫生，這點至少讓他成為很好的傾聽者；儘管大多數專家認為他的貢獻遠不只這些，暗指他比起情人，更像是她的私人生活教練。在夏佛的鼓勵下，溫圖非常努力地向同事們表明她是認真的。但同時期的另一篇矛盾報導卻指稱，溫圖不但沒哭，反而是位暴君，把所有辦公室的牆壁換成透明玻璃，因為她無法忍受屬下關起門來竊竊私語。[524] 這個版本的報導刊登在《紐約時報雜誌》（*New York Times Magazine*），內容引述她的話

說，除了她自己藏在瀏海和墨鏡後面的臉，她似乎不喜歡任何隱藏起來的東西。

不管有沒有牆，溫圖都渴望努力得到回報。毫無疑問，她在等待米瑞貝拉被趕走，把總編輯職位移交出去。甚至在康泰納仕內部，人們也開始認為她遲早會成為美國版《VOGUE》的下一位總編輯，然而，萬萬沒想到是英國版《VOGUE》先落到她手中。當時任布洛克雜誌總編輯碧雅翠絲·米勒宣布退休計畫時，利柏曼看到了機會，可以在不損失人才的情況下，把這位針鋒相對的「門生」調走。由於不受同事歡迎，溫圖不得不接受康泰納仕替她安排的新計畫，但抉擇很難。現在是她配偶的夏佛必須留在紐約工作，但幾個月前剛出生的小兒子不得不隨她一起去。許多第一次當母親的人可能會放棄，但堅持是溫圖性格的關鍵成分。她短暫任職該職位期間，將以踐躪英國版《VOGUE》的「核武溫圖」（Nuclear Wintour）形象印在人們的記憶中，從某些方面來看，這並不公允。

安娜·溫圖與美國版《VOGUE》

如果紐約是雲霄飛車，那麼倫敦一定看起來像是交通堵塞。在溫圖看來，英國版《VOGUE》跟不上時尚，碧雅翠絲·米勒幾乎是老古板。一九八五年接手時，溫圖顯然對這份前衛的刊物和其慵懶的作風不以為然。她的工作是成為女性風格的典範，但她似乎不相信英國首都有什麼風格。紐約集結所有的速度與停頓！飆速與滑行！喇叭聲刺耳的黃色計程車；年輕小伙子在人行道橫衝直撞；每個人眼裡都閃爍著野心的光芒。一大群剛踏入職場的娘子軍，她們拿著星巴克的杯子行進。她們頂著墊肩、髮膠和希望作為盔甲；但想進入企業結構，她們需要的不僅僅這些。溫圖渴望為喧囂紐約的女性裝扮，現在卻不得不開始面試倫敦分公司的成員，看看是否有她認為值得留任的人才。

她沒過多久就著手改革，首先廢除從一開始就持續沿用的暱稱「布洛克」。如同美國人伍爾曼·柴斯當年一樣，溫圖發現歐洲人的工作習慣令人震驚。她自己細緻入微的排程眾所皆

知：溫圖凌晨四五點起床，擠出一小時打網球，然後弄頭髮、化妝，每天早上八點進到《VOGUE》辦公室。525 換作一九八〇年代的紐約，當她走進辦公室時，裡面早已坐滿了。倫敦一位同事想起溫圖當時多麼沮喪，說道：「我真不知道安娜怎麼撐過來的。這裡沒有活躍熱烈的氣氛，沒有決心毅力，所有事情都被認為『不可能』或『喔，我不這麼認為』，大多問題的解決方案都是『嗯，先喝杯茶吧』。」

後來擔任美國版《VOGUE》創意總監這一崇高職位的葛蕾絲・柯丁頓，是溫圖少數在英國提拔的人之一。就在柯丁頓接任時尚總監的同時，辦公室也迎來全面翻新。牆壁漆成白色，裝設玻璃隔間，遭蟲蛀的辦公桌換成柯比意（Le Corbusier）鋼製工作桌，拆掉舊地毯，鋪上淺色地板，以搭配新上司的風格。526 事實上，這就是溫圖的整體計畫：採取現代化和美國化。城堡系列組照消失了；再見了斜紋軟呢；雜誌裡的奇怪英文註釋已刪掉；沒有諷刺的幽默；沒有多愁善感的怪念頭。現在有重複性和規律性，527 還有乾淨、外表專業的健壯女力照片，528 意在表達柴契爾時代下的英國職業婦女。

下一步要整頓的是《VOGUE》雜誌的撰稿人。在她的首期雜誌上，出版資訊欄已經少了兩位時尚編輯，一位居家生活編輯、負責特稿的副編輯、營養編輯和餐廳評論員。不久後，劇評人米爾頓・舒爾曼（Milton Shulman）和他妻子、特稿編輯德魯希拉・比佛斯（Drusilla Beyfus）遭解雇，影評人亞歷山大・沃克（Alex Walker）也被裁掉。他們全是溫圖家族的親朋好友，也是安娜父親查爾斯・溫圖在《標準晚報》的老同事。雖然解聘從小就認識她的記者似乎相當殘酷，但對一位欲擺脫前任名單並引進自己人的編輯來說並不殘酷。溫圖遵循的是歷史悠久的慣例，不過可以理解，那些被開除的人非常生氣。

甚至連那些留下來的人也不開心，或者說不想鬧翻，最後也禮貌性地找個藉口開脫。葛蕾絲・柯丁頓就是其中一位，她於一九八七年離開，成為 CK 品牌（Calvin Klein）的設計總監。另一位資深職員莉茲・蒂爾貝

里斯 (Liz Tilberis) 也準備叛逃。她是碧雅翠絲·米勒時代最早《VOGUE》選秀競賽的獲勝者之一，讓每個人都感到滿意，因此一直留任，一九七四年當上時尚編輯，一九八四年成為執行時尚編輯。出乎意料之外，溫圖升她官又加她薪，但編輯部的敵意越來越深，連她都應付不過來。據她所說，儘管溫圖領導時期帶來不少經濟上的好處，但溫圖的行為舉止讓人非常討厭，使得蒂爾貝里斯的氣喘開始在員工會議上發作。529 溫圖的美國式工作方針（更努力、樂趣更少）讓人厭煩，從操作角度來看，溫圖執行的工作制度無疑合乎邏輯，卻疏遠了每個人。如果溫圖會哄人會認錯，那事情就好辦多了，但她不會。

最後，在《VOGUE》備受推崇的蒂爾貝里斯收到了雷夫·羅倫 (Ralph Lauren) 的工作邀約，並決定接受。在此期間，溫圖越來越焦躁不安，正在爭取回到紐約的工作崗位，打給利柏曼和紐豪斯的電話也越來越頻繁，越來越急迫。情況更糟的是，無論是發行量還是廣告，都沒有任何明顯的改善，因此引起更多的不滿，因為她底

下員工覺得這種繁忙費力的新工作制度沒有任何成效。同時，英國媒體正以大肆抨擊溫圖為樂。他們戲稱英國版《VOGUE》雜誌這段時期為「不滿的溫圖」和「核武溫圖」。《私家偵探》(Private Eye) 不斷收到從《VOGUE》辦公室洩露的消息，以見獵心喜的口吻報導她的付費方案和想要完全掌控內容的細節。530 珠寶設計師湯姆·賓斯 (Tom Binns) 設計了一款徽章，上面寫著「VAGUE VOGUE VOMIT」（含糊的 Vogue 令人作嘔），如果傳言屬實，《時尚週刊》(Fashion Weekly) 的造型編輯湯姆·歐德懷爾 (Thom O'Dwyer) 也配戴了一枚。連他父親的《標準晚報》也指出，她「習慣性衝撞編輯部，彷彿她們是磚牆般，留下一個破爛的洞和香奈兒的氣味」。

溫圖在英國版《VOGUE》陷入困境的速度之快，令紐豪斯和利柏曼意識到，他們必須迅速採取行動，以免失去這位愛將。一九八七年，他們決定將《居家與園藝》交給她，匆匆砍掉原本的總編輯路易·葛洛普 (Louis Gropp)。這是一本不太起眼的室內裝潢雜誌，但至少可以回到美國。溫圖

厭倦被流放到倫敦，也疲於經營遠距離的婚姻，後者尤其困難，因為她剛生下了第二胎。儘管如此，在《居家與園藝》的工作是另一個溫圖特色，複製了她以前不受歡迎的方法，包含大規模裁員、徹底改革工作型態、以及據說毀掉了價值數百萬美元的委託作品。

溫圖將品牌名稱縮短成「H&G」，並調整廣告形式，將廣告宣傳組照變成華麗的時尚場景，內頁突然充斥著美腿名模而不是居家用品。評論家對此語帶嘲諷起了「居家與服飾」（House & Garment）和「浮華椅子」（Vanity Chair）的綽號。傳統訂閱戶和廣告商覺得受到曲解，銷售額因此大幅下滑。《紐約時報》再次發難，嘲笑溫圖想把時尚、設計與居家擺飾相提並論。531 在今天看來，考量到許多服裝品牌（米索尼、凡賽斯、雷夫羅倫等）都涉足利潤豐厚的室內設計領域，溫圖的構想其實非常有前瞻性，只是當時並未獲得好評。該文章真正告訴我們的是，安娜‧溫圖渴望待在《VOGUE》的想法人盡皆知；該作者說她在《H&G》的任期，是當上《VOGUE》總編輯這個「遠征旅途」中的另一阻礙。

僅持續八個月，溫圖任期結束時，《H&G》已經元氣大傷，不得不停止發行。沒關係，一九八八年六月，她被宣布成為美國版《VOGUE》的新總編輯。對於一直執著於此的米瑞貝拉來說，這是特別痛苦的時刻。有天，她回到家，看到臉色蒼白的丈夫，在康泰納仕總部的那種不信任感與背叛出賣的氣氛終於達到頂點。他剛看到一則新聞，宣布安娜‧溫圖成為米瑞貝拉的接班人，米瑞貝拉覺得一定是搞錯了，打電話給《VOGUE》老闆，結果卻證實她真的被裁員，而且是透過電視得知這個消息。

這種讓人錯愕的裁員法將成為士毅‧紐豪斯的招牌動作。接下來十年，他將為自己贏得殘酷、有時看似隨意解雇的名聲。米瑞貝拉擔任《VOGUE》雜誌總編輯長達十七年，總年資是該數字的兩倍多，但現在她的氣數已盡，康泰納仕出版集團不會再承認她了。對安娜‧溫圖來說，這段升遷之路不容易，但她終於走到了。

CHAPTER 12

Dying for the Dress

Politics in Fashion and Unfashionable Politics

觸碰敏感話題

時尚政治與過時政治

巴黎攝影師：藝術與情色

雜誌編輯的工作充滿聲望與個人榮譽。有些編輯享受與《VOGUE》合作來一舉成名，其他編輯則更喜歡當導師和引導者，為有創意的項目和創意人士提供一個平台，在幕後指揮，但從不走到舞台中央。從一九六八到八七年領導法國版《VOGUE》雜誌的弗朗辛‧克雷森 (Francine Crescent)，即屬於第二類。

克雷森謹慎行事，幾乎從不接受採訪，也非常低調，從未出現在美國版《VOGUE》雜誌上，她擁有堅強的性格，能夠在美國雇主和法國廣告商之間保持平衡。然而，她的謹慎並沒有延伸到她的穿衣品味：克雷森喜歡衝突感，用金絲雀黃西裝抵銷她保守的金髮。532 後來，她嫁給肥胖的義大利花花公子、前舞男馬西莫‧加吉 (Massimo Gargia)，但最讓人印象深刻的，是她的時尚攝影贊助人角色。

從早期開始，經典的產品攝影（向潛在買家清楚展示服裝）和富有情調的時尚大片（營造出一種氛圍，引導讀者進入令人嚮往的世界）之間就一直展開激烈的鬥爭。不同編輯對於怎樣才能賣出更多服裝有不同的看法，一方認為產品攝影比較真實，是向讀者展示他們將得到什麼的一種方式；另一方則認為，女性購買衣服不是為了衣服本身，而是為了衣服帶來的內涵——美麗、品味或某種生活風格。

弗朗辛‧克雷森的優勢在於能夠挑選最有才華的攝影師，並給予極大的自由度。在她的支持下，像漢姆特‧紐頓和蓋‧伯丁 (Guy Bourdin) 之類的傳奇人物將攝影發展成一門成熟的藝術。在那個年代，權力掌握在形象包裝者的手中：克雷森很少下指導棋，只有告訴攝影師必須拍攝多少頁，任由他們發揮概念和聘僱團隊人員。這樣的自由統治使紐頓得以探索性慾的陰暗面，創作出帶有 BDSM（綑綁、支配、施虐與受虐）色彩的作品，外套披在肩上，把衣服弄皺、撕破或以俯垂的肢體遮掩，呈現出複雜的性心理蒙太奇。例如一九七五年，他拍攝了他最著名的時尚大片之一，展示著一位頂著後梳油頭的模特兒，身穿

YSL 男裝。533 其中一個具挑釁意味的畫面中，另一名女模站在街上，全裸上鏡，看起來無比脆弱。他的作品通常以帶光澤的黑白照片處理，融合了變裝國王、性別模糊、束縛和戀物癖，因而贏得了「怪癖之王」（King of Kink）的稱號。534 漢姆特・紐頓坦承受到六〇年代末期和七〇年代所謂 A 片黃金時代的影響，但據說他的模特兒討厭這類工作，一坐下來就感到沮喪和筋疲力盡。

這個時代法國版《VOGUE》的第二位超級巨星是蓋・伯丁，深受超現實主義的感染。他在荒涼的景色、鐵軌、或空蕩蕩的游泳池裡拍攝女鞋，這種啟發性手法創造出一種不可思議的緊張和懸念，讓人聯想起電影劇情或犯罪現場。在後期的作品中，伯丁徹底拋棄了女性身體，借重暴力暗示。在一張著名的照片中，他把一雙粉紅色的鞋子放在人行道上，旁邊是用粉筆畫的屍體輪廓和血跡；535 在另張照片，單隻紅色楔型涼鞋立在一個滲出血跡的插座旁邊。536 這些引人注目的照片都是巧妙的時尚廣告：讓人們目光直盯著產品。

紐頓和伯丁是在對他們周圍的景觀做出回應，把當代的主題變成藝術表現。色情描寫正以一種前所未有的方式進入主流市場，影像製作者開始注意到使用露骨性愛題材提高電影銷量的吸引力。同樣的，恐怖與剝削也在螢光幕上出現，讓廣大追求廉價刺激感的觀眾著迷。

儘管弗朗辛・克雷森因對攝影的大膽支持而受到敬重，但貶低她的編輯也沒有少過。尤其是瓊恩・茱麗葉・巴克（Joan Juliet Buck，一九九四年成為法國版《VOGUE》總編輯）的傲慢評價，她在回憶錄中屢次將克雷森和她領導時期的雜誌貼上平庸、懦弱、空洞以及毫無新意的標籤。537 她刻意強調那裡不受歡迎，聲稱設計師和雜誌工作人員都討厭在那裡工作。538 但值得一提的是，瓊恩・茱麗葉・巴克應徵《VOGUE》工作時被克雷森拒絕過。

無論如何，這裡是個舒適的工作環境，許多員工一起成長。從溫斯頓・邱吉爾的孫女到好幾位早期的超級名模，所有顯赫貴族的後代，所有涉獵

高訂服、前藝術家的繆思女神都在這裡洗禮過。這群人傾向於保守又色彩鮮明的法國人，尤其是在一九七〇年代法國害怕美國化之後。他們在大飯店裡拍攝時裝照片，辦公室到處是拉布拉多犬、可卡犬和臘腸狗，窩在辦公桌底下的籃子打盹。在日益政治化的法國，他們迴避選邊站。後來出現一位具政治意識的編輯，她把焦點從法國問題轉移到真正的全球時尚雜誌。

巴黎騷動：種族主義與精神

法國版《VOGUE》前總編輯兼作家的科隆比・普林格（Colombe Pringle）認為，有機會糾正錯誤時，就必須嘗試。幾十年前發生的一件事，深深印在她的腦海裡，這件事與一位作家兼編輯同行有關。她告訴我，「在法國發生過一樁醜聞……相當令人震驚的事情。」[539] 她指的是艾德蒙・查理魯斯突然離開康泰納仕集團，據說是因為她試圖讓黑人模特兒登上雜誌封面。那是一九六六年的事情了，「美國版《VOGUE》也不會讓黑人女性登上封面，英國版《VOGUE》也不會，因為當時社會風氣就是這樣。所以我想，在我的首期雜誌裡會邀請一位黑人女性！」[540] 她用沙啞、低沉洪亮的笑聲打斷這句話。接著又若有所思地說：「妳看我是用艾德蒙・查理魯斯的辦公室，非常漂亮的小辦公室。」[541]

普林格說這些話的時候已經是一九八七年了，但她的立場仍然被視為激進派。即使想要聘請黑人模特兒，市場上也很少見，從製作人角度來看，忽略少數族群背景的申請者是有其商業意義的，因為現階段法國版《VOGUE》尚未採用黑人模特兒當封面，也許以後也不會，美麗的標準只認可白人和纖瘦。想到這些，普林格開始祕密策畫著。為了避免上級提出任何令人不快的問題，並確保她的訊息產生更大影響，她把這個想法留到聖誕節。法國版《VOGUE》從一九七〇年代開始，就有邀請客座編輯共同創作十二月號特刊的傳統，名單上的貢獻者，個個是傳奇：一九七一年是薩爾瓦多・達利；一九七二年費德里柯・費里尼（Federico Fellini）；一九七三年是瑪

琳‧黛德麗；一九七四年是亞佛列德‧希區考克（Alfred Hitchcock）。需要再列嗎？這幾期封面將以往「亮麗女孩推銷時裝」的模式換成時下轟動社會的議題事件，使冬季號更顯高尚脫俗，沒有任何雜誌能夠接觸到這樣的傑出人物。

　　普林格知道節慶版是他們最重視的，無論在廣告還是代表性的貢獻者方面，她認為一個傑出有實力的黑人可以當作漏洞，解決禁止黑人封面明星的不成文規定。普林格選擇非裔美國聲樂女高音，芭芭拉‧韓翠克絲（Barbara Hendricks）來擔任女主角，她畢業於茱麗亞音樂學院（Juilliard），兩人原本就認識，所以很容易聯繫到她。「她感到非常高興、驚訝且榮幸。」普林格回憶說。542 這期雜誌是對抗時尚界種族歧視的一次勝利，完成艾德蒙‧查理魯斯的心願，也滿足普林格的個人期望。韓翠克絲在封面上顯得尊貴，身穿紅搭皇家紫的飄逸垂掛服裝，呈現威嚴的女神形象。543 她的姿態堅定，眉頭微蹙，抹上紅色唇膏，戴著閃亮的頭飾，從她身後延伸出來的「VOGUE」採用金色大寫字

體。韓翠克絲以輝煌的尊嚴現身；她的力量沒有因為被迫傻笑和穿著最新流行服裝而減弱。

　　普林格也沒有昏庸到誤以為單憑這期雜誌，就足以讓黑人面孔成為時尚刊物的常態。為了讓事情繼續下去，她與時尚編輯艾琳‧希爾萬尼（Irène Silvagni，過去和她從《ELLE》跳到法國版《VOGUE》的同夥與朋友），聘請當年十八歲的娜歐蜜‧坎貝爾（Naomi Campbell）擔綱一九八八年八月的封面人物。544 甚至在那時，有一位頂尖設計師揚言說，如果審查坎貝爾就要撤掉廣告，她的康泰納仕老闆們才讓這期雜誌發行。時尚經常被當成一種政治工具：在集會上進行聲援，與某些群體結盟，然而，我們使用衣服的方式不一定與時尚媒體的目的有關聯，時尚產業更是出了名的經常掩蓋生活中不方便的真相。時尚是我們喜歡逃避的一種幻覺，但如果可以成為社會運動的催化劑，而不只是副作用呢？關於時尚是否具有、或者應該具有政治性的爭議，仍在持續進行。但我們應該記住，《VOGUE》那些具開創性的編輯們，他們挑戰精

品雜誌的使命，偶爾還為此付出高昂代價。

我問普林格，她是怎麼確保每年聖誕節都有顯赫名人為《VOGUE》增添光彩的，她停下來思考了一下。「我非常固執，」她最後補一句：「非這樣不可。」[545] 一九八七年芭芭拉·韓翠克絲特刊之後的下一期，由亞洲導演黑澤明擔任客座編輯，她為此在日本渡過了「瘋狂」的幾個星期。[546] 接著，她請來大提琴大師姆斯蒂斯拉夫·羅斯托波維奇 (Mstislav Rostropovich)。馬丁·史柯西斯 (Martin Scorsese) 是一九九〇年特刊，在看過他影視同行黑澤明的成果之後，就更容易說服他了。能邀到西班牙畫家、藝術理論家安東尼·塔皮埃 (Antoni Tàpies)，普林格表示「很幸運」，她是透過畢卡索的兒子，和碰巧在同家陶瓷工作室而聯繫上他。[547]「我就是結交朋友」，她沉思著：「只要有了開頭，就可以繼續拓展圈子。」[548] 這就是如何運用六度人脈發揮優勢的經驗談。一九九二年，普林格更超越自我，邀請到第十四世達賴喇嘛尊者擔任客座編輯。

「達賴喇嘛太令人讚嘆了。」普林格表示。[549] 有趣的是，達賴喇嘛居然是透過時尚界精英間錯綜複雜的關係網聯繫上的。備受敬畏的美國版《VOGUE》前總編輯黛安娜·佛里蘭，她的孫子尼可拉斯·佛里蘭 (Nicholas Vreeland) 是普林格的好友，也是一名正式的藏傳佛教僧侶。自從他在八〇年代中期皈依佛門走入寺廟後，普林格與她的丈夫便養成經常與尼可拉斯·佛里蘭討論靈性的習慣，普林格的丈夫甚至花時間在印度跟隨他宗師的教誨。所以早在瑜珈和冥想流行於西方世界之前，他們已經接觸到這些。經尼可拉斯·佛里蘭的提點，普林格和她的出版商、波蘭皇室後裔尚·波尼亞托夫斯基 (Prince Jean Poniatowski)，在達賴喇嘛訪問史特拉斯堡 (Strasbourg) 期間去拜會他。

法國版《VOGUE》的兩位代表，發現自己身處一個滿屋都是僧侶和信徒的房間，他們正在持誦梵唱「OM」音。他們坐在兩張金色椅凳上，看著達賴喇嘛巡視。當時普林格懷有三個月身孕，忍受炎熱的天氣，拖著她

參與過編輯的所有《VOGUE》聖誕特刊。給他看完這些刊物之後，她望著他的眼，詢問尊者是否願意在即將到來的冬天客串雜誌編輯。他的回答是，「帶著一百個問題來達蘭薩拉（Dharamshala）吧」。[550] 他把日期訂在九月，普林格的第一反應是「糟糕，九月我就懷孕七個月了。」[551] 最終，懷孕並沒有阻止她繼續進行，她飛回辦公室，興高采烈地宣布：「我們邀到他了！」然後參加關於一個關於藏傳佛教的速成班，與僧侶交談，詢問可以的話人們會問他什麼問題。保險起見，普林格還請來法國著名政治記者亞歷山大・艾德勒（Alexandre Adler）協助草擬問題。「跟我來，」她說：「帶五十個關於中國的問題來。」[552]

經過漫長的飛行後，他們搭乘火車離開熙熙攘攘的大都市，進入岡格拉山谷（Kangra Valley）山區。陪同大腹便便的普林格一起前往的有藝術編輯、攝影師、她的友人艾德勒以及其他同事，總共六個人。他們被安排住在十四世達賴喇嘛兄弟的房子裡，一棟具有殖民地風格的老舊住宅，叫做「喀什米爾小屋」，普林格形容這裡「完全是波特小姐（Beatrix Potter，譯註：創作彼得兔的英國作家）的風格。到處都是小動物，還有英國玫瑰。太奇特了。」[553] 每天早上，他們都會走去與尊者和他的核心僧侶們交談。一連六天，法國版《VOGUE》的小小前哨部隊向他們提出關於自由、恐懼、敵人、自我、仇恨、墮胎、婦女、人權、以及很多關於政治的問題，之後，他們開始採訪。訪問他的醫生、記錄僧侶們的辯論、拍攝照片。普林格在禮品店發現一張卡片，上面印著十四世達賴喇嘛在喜馬拉雅雪峰前露齒而笑的俗氣肖像，頭上有一道彩虹。這張不太真實的照片反而喚起一種「瘋狂的和平與愛」，它將出現在法國版《VOGUE》的封面，代表著莊重優雅和嚴謹魅力的古老堡壘。[554] 普林格在最後一天提出最後一個問題：「尊者，為什麼要提一百個問題呢？」他驚訝地轉向她，回道：「喔！那只是個玩笑！」[555]

普林格毫不諱言，她把《VOGUE》雜誌當工具，以此挖掘自己感興趣的題材。我問她在訪問達賴喇嘛期間，有沒有把讀者和他們的需求放在心上，

普林格噗嗤一笑。「我根本沒想過這個！與一位精神領袖交談時，妳不能考慮《VOGUE》的讀者。556 妳可以談論美麗，我們曾經聊過這個，但談的層次要更深，必須如此。」557 雖然普林格聲稱其中確實涵蓋一些時尚內容，但她所指的那些文章仍然過於思想性和禪思，無法與大多數消費雜誌買！買！買！的購物心態相比。另一篇文章裡，她的朋友尼可拉斯‧佛里蘭將自己的衣服一層層脫下，由普林格的丈夫拍攝，以免普林格隨時臨產。558 該篇文章的標題很有趣，翻譯大致是「僧侶的美學法則」。雖然聽起來輕率，但該文對佛教徒的穿衣打扮習慣提供了豐富見解。

整體而言，這些時尚故事更多的是關於學會與妳所擁有的和平共處。對於法國版《VOGUE》的任何追隨者來說，這顯然與當前普遍盲目購買的情緒格格不入。美國股市飆升造就了大批雅痞族，歐洲經濟輕微衰退也沒有冷卻此刻蓄勢待發的貪婪。民眾還沒辭掉他們討厭的工作，重新接受皮拉提斯教練的培訓；他們嚷嚷要成為投資銀行家，爭取獎金紅利。那時候還沒有人學會選擇生活方式而非薪資收入。那年十二月，坐下來打開這本雜誌，打算在新年前夕瀏覽奢華設計師品牌服飾的人，一定難以理解這位西藏精神領袖的教誨。但罔顧《VOGUE》世界，普林格無疑是在玩火，她不是這本雜誌的所有人，只是被選中的代表。她喜歡探討重大議題、擁抱藝術、與壓迫性制度抗爭，這肯定讓法國康泰納仕的高層主管們緊張不安。

最後一根稻草：
曼德拉登上法國版《VOGUE》

在達賴喇嘛之後，接下來該往哪裡走是真正的問題。「我一度想到瑪丹娜……麥可‧傑克森也會很有意思。」她回憶說。559 這兩名人選似乎都比尼爾森‧曼德拉（Nelson Mandela）更有可能。他是南非首位黑人總統，反種族隔離的化身，畢生致力於人權運動和遭監禁近三十年，最終在一九九三年獲得諾貝爾和平獎。普林格思忖著：「我有點瘋了。」但無論瘋不瘋，她都完成了與尼爾森‧曼德拉本人合

作的驚奇壯舉。

她堅稱從不認為自己是政治人物，也無意引起爭端，但仔細研究曼德拉的事蹟後，她發現了一段遭到剝削踐踏的民族歷史，於是她放下筆，飛到了南非。

「我可以跟妳說，沒有人幫過我，」這是她的總結；談到《VOGUE》雜誌同事的反應，她說：「他們都認為不可能辦到，覺得很害怕。」560 在荒涼的南非，普林格必須一舉成功，在情勢緊張且紛擾的國家中，這是一項大膽無畏的任務。這裡與時裝秀伸展台或巴黎人的午餐時間相差十萬八千里，「就像集中營，令人恐懼。我當時真的震驚不已。」普林格回想。561 她去參觀城鎮，親眼目睹十分低劣的生活條件和種族隔離的悲慘後果。等到終於在約翰尼斯堡 (Johannesburg) 見到曼德拉時，她遞給他一本達賴喇嘛的特刊並說：「我想幫助你。」562

曼德拉答應了，普林格回到飯店房間，傳真給法國版《VOGUE》總部，興高采烈地宣布她的最新進展。她補上一句令人火大的指令，語氣強硬：「我也看過那些『鎮區』(Townships，譯註：指南非種族隔離時期的城鎮) 了，所以你們現在就說好或不好。」法國高層同意了，整整一週的時間，《VOGUE》雜誌的一小群人一直跟著曼德拉，邊寫邊拍攝。他們穿過荒野，參觀曼德拉的家，參加集會。他們在開普敦與曼德拉一起校訂，在他早上五點跑步回來的時候工作。這些集會活動讓普林格特別感動，體會到在一個只有十名白人的團體、周圍卻有五萬名黑人的感受，「那麼你就會明白，身為少數族群是什麼滋味了」。563

這樣製作而成的雜誌，讀起來並不輕鬆。內容刊登了關於聖公會宗教領袖戴斯蒙‧屠圖 (Desmond Tutu) 的文章，還有南非藝術家威利‧貝斯特 (Willie Bester) 的畫作，他的作品涉及傳統遺產、人類尊嚴和政府問責性。新聞攝影報導有篇題為「暴力」的全版文章，畫面中兩名婦女從汽車爆炸中逃離。564 另一篇標題「歡欣鼓舞，曼德拉自由了！」，裡頭有名南非民眾激動得跳起來，揮舞著小號，悲喜

交加、苦盡甘來，三百六十度全方位的報導。普林格甚至印出種族隔離制度的規定，以強烈黑白對比的文字區塊呈現，這些法律禁止不同人種之間聯姻或發生性關係，規定黑人不得靠近白人地盤，所有殘忍與瘋狂都寫入《VOGUE》雜誌。普林格邀請約翰尼斯堡在地人、藝術家湯米·莫茨瓦伊（Tommy Motswai）來繪製封面。天生聾啞的莫茨瓦伊是曼德拉的狂熱支持者，因而感動到熱淚盈眶，他最後創作出一幅藍色調的波普藝術（pop-art）作品，描繪出這位領袖笑容可掬、雙手合十祈禱的畫面。565 普林格坦承：「這不是《VOGUE》的封面。」

團隊在時裝週期間抵達巴黎，普林格抓緊機會，讓彼得·林德堡（Peter Lindbergh）按下快門拍攝當天的超模們，其中包含娜歐蜜·坎貝爾、克勞蒂亞·雪佛（Claudia Schiffer）和雅絲敏·豪里（Yasmeen Ghauri），她們全都笑嘻嘻的，比出代表和平的 V 手勢。她們身穿白色 T 恤，上面都有黑色字母，一字排開拼出「NELSON MANDELA」。566 這張引人注目的照片，以三折頁形式呈現，插在該期兩百五十多頁雜誌的後面。

如果說《VOGUE》同事們的反應有點冷淡，那與設計師品牌的冰冷敵意相比根本算不上什麼。「黑人共產主義革命？！登上《VOGUE》雜誌封面？！他們想撤掉廣告。」普林格告訴我。567 如果雜誌通篇都是關於平等的內容，突顯白人男性濫用權力的報導，他們怎麼鼓勵民眾在聖誕禮物上大買特買？普林格再次證明了自己的固執，她與專門從事非洲鑽石開採的企業巨頭戴比爾斯（De Beers）召開會議，一開口就批評。「聽著，我知道你們一直奴役黑人在你們的礦區開採鑽石……但曼德拉會當選的。」568 她直攻要害。「當時並沒有反種族主義的抗爭，很瘋狂，但我不後悔，我引以為傲。如果有什麼值得驕傲的，那就是這件事。」569

就在這本雜誌出版前後，曼德拉獲提名諾貝爾和平獎，讓法國版《VOGUE》的極化主題得到機構的認可。隨後，《星期日泰晤士報》（Sunday Times）以整篇的專題文章討論普林格的曼德拉特刊，稱這是時尚雜誌邁出

令人驚訝但值得讚揚的一步。570 但康泰納仕董事們不但沒有對普林格的能力加強信心，反而質疑她是否做得太超過了。

第一次接受召喚進到這個圈子時，普林格立刻意識到生活在《VOGUE》星球的優勢。《VOGUE》這個名字就像一個通關密碼，讓最牢不可破的門也能為之敞開。國家元首和大牌明星都願意與這本雜誌合作，可見其聲譽已經變得相當穩固，即使在時尚之外的領域亦是。《星期日泰晤士報》關於曼德拉特刊的報導指出，曼德拉和他的政治顧問願意與普林格合作，不是因為他們信任精品，而是信任《VOGUE》會呈現事實真相，《VOGUE》可以透過美麗意象展現政治的另一面。

非洲民族議會（African National Congress）願意參與還有另一個可能的解釋。大多數報紙都有明確的左右派立場，而時尚雜誌可以秉持更中立的態度。對普林格來說，她意識到讓女性讀者瞭解巴黎泡泡以外時事的機會，錯過這次可能就再也不會出現

了。於是她像突然被推上舞台的競選者，抓住了機會，充分利用康泰納仕的資源，深知一切終究會被發現，一切都會結束。「也許他們認為，『她不適合那本雜誌』，」普林格說：「我同意他們的看法。」571

雖然有些批評人士暗示普林格的時尚大片都千篇一律，但這些客座編輯的各期雜誌很快就變成收藏家的物品，每次上架都讓發行量翻倍，據說最高達到十萬份。572 然而購買十二月號雜誌的人未必是《VOGUE》的理想買家，尤其是如果他們每年只買一次的話。所以除了聖誕特刊，普林格在她七年任期內也曾嘗試全面改革刊物，努力改變調性，大量報導當代藝術、藝術家工作室和古典音樂家。她支持前衛的新興攝影師作品，例如彼得·林德堡，其擅長的黑白風格在當時還不是主流。雖然《VOGUE》以往歷史顯示，總編輯們可能因為過於文化性被釘上十字架，但普林格仍堅信自己走的是正確的道路。「現在每個人都和藝術家合作，與藝術家聯名設計手提包等……只有時尚是不夠的，你不能只是一直買東西，也要有夢想。」573

　　普林格的時尚編輯艾琳·希爾萬尼錯過了達賴喇嘛和尼爾森·曼德拉的特刊。康泰納仕高層認為她的時裝組照沒有清楚展示服裝，擔心廣告商反彈，所以即使她一直負責與保羅·羅佛西（Paolo Roversi）這樣的世界級攝影師簽約，也遭到公司開除。普林格的作法沒有得到「非常傳統」訂戶的認同，574 最後她推測，「我想一定是有些讀者說了什麼，因為《VOGUE》沒有留下我。」575 講到這裡，普林格陷入笑聲。她對自己被開除並不遺憾，不像其他編輯，她安然地全身而退，有一張夠花一年的遣散支票，讓她可以待在家，寫書，陪伴襁褓中的兒子。後來她重返新聞界，擔任《快訊週刊》（L'Express）的總編輯，《快訊週刊》是一家具政治傾向的法國知名刊物。在她看來，康泰納仕公司在處理她的解聘問題上表現得「非常優雅」，576 她也不貪戀時尚界的光鮮華麗。

CHAPTER 13

The Condé Nasties

Rise of the Celebrity Editors

康泰納仕集團成員

名人編輯的崛起

「核武溫圖」與
「百萬莉茲」的較勁

紐約社交行程盡是藝廊開幕式、戲劇演出、電影首映會以及募款活動，但沒有什麼比紐約大都會博物館舉辦的慈善晚宴（MET Gala）的邀請更令人嚮往。每年五月，隨著朦朧暮色垂落大都會藝術博物館的布雜藝術建築外牆，紅毯便就此敞開。榮獲奧斯卡獎的一線影星、國際大亨、科技界富豪、斑比眼超模們緩緩步上台階，老練的笑容在數百個鏡頭的閃光燈下永恆留駐，就連到場的媒體也必須一身晚禮服。實質上這是服裝學院（Costume Institute）年度時裝展的開幕晚會，主題也是著裝規範，讓名流和設計師有機會吸引全世界觀眾的注意力，努力超越彼此的裝扮。舉辦這場時尚盛宴的藝術館佈置得極致奢華，像是二〇〇六年的「盎格魯之狂」（AngloMania）主題，展場改造成英式花園，以蘋果樹作為圍籬，用了三萬五千朵水仙花，一萬兩千朵風信子，鋪設滿地的草皮。[577] 在二〇〇七年的「波列：時尚之王」（Poiret: King of Fashion）展上，入口兩側，在十八

英尺高的鳥籠裡放了兩隻活孔雀。[578] 二〇一五年，在「中國：鏡花水月」（China: Through the Looking Glass）展期間，六千根竹竿從波多黎各和夏威夷運來，排在走廊兩旁。[579]

服裝學院是大都會博物館唯一自行出資的策展部門，門票價格每人平均三萬美元，所以此展覽帶來的效益極大。根據《紐約時報》報導，自從安娜・溫圖自一九九〇年代後期永久加入以來，每年慈善晚宴募款已經超過一億四千五百萬美元。[580] 這場時尚盛宴始於一九四〇年代，原本是低調、著正式服裝招攬贊助的活動，但到了一九七〇年代，黛安娜・佛里蘭把募款場地從老舊過時的飯店餐廳搬到博物館中心，把這個夜晚變成安迪・沃荷、黛安娜・羅絲（Diana Ross）和雪兒（Cher）等名人的專屬活動。華爾街致富的成功故事激增，意味著多餘的現金正流向慈善事業，文藝機構突然間風靡雲湧。大都會博物館得益於與佛里蘭的合作，捐款紛至沓來。安娜・溫圖利用她前輩奠定的基礎，經過她的一番指導，這個地方性慈善之夜已經演變成一場由超級精英參加的

怪誕設計遊行，即使他們必須先得到溫圖的認可。主持大都會時尚盛宴只是溫圖監督和指導整個時尚產業的另一種方式，受到青睞的品牌可以得到推廣，反之其它品牌則被打入冷宮；仔細審核記者，嚴格管理媒體報導，有些得以批准，有些得列入黑名單。很多時候，由哪位設計師替哪位賓客設計服裝的最終決定權是在溫圖手中。如果說這個時尚盛宴有利於大都會博物館，那麼對《VOGUE》來說更有價值。

在溫圖成為實質主辦人之前，她只是博物館找來的總編輯，他們希望她主持一九九五年的慈善晚宴。一九八九年佛里蘭逝世後，服裝學院仍在適應摸索沒有她的情況，溫圖把握了這次機會，但第二年，一九九六年，他們改邀莉茲·蒂爾貝里斯。與溫圖一樣，蒂爾貝里斯是美國知名時尚雜誌《哈潑時尚》的總編輯，在《VOGUE》工作過。同樣是英國人，同樣野心十足，但溫圖只結交男性友人，蒂爾貝里斯則是交友廣闊。蒂爾貝里斯主持的那一年，她把 Dior 拉來當贊助商，剛買下 Dior 品牌的

法國富商伯納德·阿赫諾（Bernard Arnault，他後來開創了精品聯合企業 LVMH），最近高調任命約翰·加利亞諾（John Galliano）為藝術總監。在蒂爾貝里斯主持的大都會博物館慈善晚宴上，這位設計頑童首次展出他的禁忌（risqué）系列時裝，設計一款內衣風格的深藍絲質禮服，黑色蕾絲鑲邊，並由重磅貴賓、尊貴的威爾斯王妃黛安娜穿上它。八卦小報刊登的照片幾乎都是黛安娜王妃在莉茲·蒂爾貝里斯身旁，兩人低頭私語，嘻笑言歡。這兩位不太可能有交集的人是好朋友，而沒有什麼比邀到一位公主來妳的派對更令人難忘了。蒂爾貝里斯在這次大都會慈善晚宴上獲得的讚譽，讓溫圖主辦的那一年黯然失色，蒂爾貝里斯的前公關指出，兩人都在密切關注對方，並將這場時尚盛宴視為展現個人實力的平台。581

很少人記得美國版《VOGUE》總編輯安娜·溫圖與時任《哈潑時尚》莉茲·蒂爾貝里斯之間的競敵關係。她們曾在倫敦的《VOGUE》一起工作，兩人不是針鋒相對，就是勉為其難合作。但蒂爾貝里斯搬到紐約後，

對溫圖日漸增強的影響力構成了第一個真正的威脅。身為兩家遠近馳名的時尚雜誌總編輯，她們總是成為相互比較的對象，而且美國媒體竭盡所能推波助瀾，甚至不惜以聳動的文章報導子虛烏有的爭執。溫圖被認為個性冷漠、不討人喜歡，蒂爾貝里斯則是大家的寵兒，然而，儘管兩人性格截然不同，但她們都相當精明，深知形象包裝可以增加她們的價值。公眾形象會給她們更大的議價能力，甚至可以保護她們避免時尚界其他人經歷過的輕視，這就是編輯們成為名人的開始。

安娜・溫圖離開倫敦時，推薦蒂爾貝里斯成為自己在英國版的接班人，蒂爾貝里斯抓住這個機會坐上英國版《VOGUE》總編輯位置。她的目標是讓這個頭銜保持一種相對平靜的狀態，風格介於碧雅翠絲・米勒的編輯魅力 582 和溫圖的氣勢凌人、過於美國化之間。不過短短幾年後，她的作品開始吸引到紐約《哈潑時尚》雜誌的注意。《哈潑時尚》當時處境危險：廣告頁面在一九八〇年代中期已停滯不前，到一九八八年更大幅下降百分之十一。583 與此同時，《VOGUE》在米瑞貝拉的領導下，廣告頁面比美國其它月刊都還多，584 這對兩份曾經勢均力敵的刊物來說是巨大的差距。隨後《哈潑時尚》的發行量迅速下滑，被新推出的雜誌迎頭趕上，所以管理層不得不在雜誌完全淡出公眾視線之前，迅速採取行動。

一九九一年首次接洽蒂爾貝里斯，為避開媒體視線，她像偷渡者般在飛機進進出出，參加一系列保密到家的會議，最後與《哈潑時尚》的母公司赫斯特集團達成協議。蒂爾貝里斯想要改變，她想挑戰，擔任《哈潑時尚》的總編輯，她將回到與溫圖同個城市，但分處不同團隊。也許是知道這件事會引起騷動，也許是為了迎合群眾胃口，蒂爾貝里斯選擇在安娜・溫圖於紐約舉辦的盛大派對上首次亮相：一九九二年《VOGUE》一百週年慶祝活動。

溫圖一襲無袖象牙白連身長裙，主持了這場在紐約公共圖書館舉行的正式晚宴，這是她第一次沒戴太陽眼鏡。對溫圖而言，這一天是顛峰時

刻，在英國版《VOGUE》和《居家與園藝》一連串痛苦的總編輯工作已經結束，她在美國版《VOGUE》獲得她應有的位置，現在當了幾年總編輯後，她顯然已經走上成功的道路。在經典的發行一百週年紀念特刊封面上有十位超模，585 這些模特兒都是溫圖幫助她們一舉成名的，包含克莉絲蒂·特靈頓（Christy Turlington）、娜歐蜜·坎貝爾、辛蒂·克勞馥（Cindy Crawford）、克勞蒂亞·雪佛以及琳達·伊凡吉利斯塔（Linda Evangelista）。由派翠克·迪馬克利亞（Patrick Demarchelier）拍攝，她們都身穿純白的牛仔褲和襯衫。據說這是《VOGUE》雜誌迄今為止銷售最好的一期。

然而，當溫圖的百年紀念派對成為頭條新聞時，卻不得不與莉茲·蒂爾貝里斯分享鎂光燈，蒂爾貝里斯利用這次活動，宣告自己突然闖入時尚界的貴賓室。全世界都在等著看好戲，新聞媒體迅速爭相瘋狂報導，一部分是因為《VOGUE》與《哈潑時尚》之間的古老恩怨，另一部分是因為蒂爾貝里斯與溫圖是對比鮮明的勁敵。蒂爾貝里斯頭髮提早發白，頂著小精靈短髮，溫圖染成巧克力棕，留著鮑伯頭；蒂爾貝里斯臉頰豐腴，溫圖稜角分明；蒂爾貝里斯滿面笑容且平易近人，而溫圖個性陰沉冷漠。有篇文章這樣說：「一位有如皇室成員，另一位有如保姆；一位光顧高級時裝店，另一位會逛平價 Gap；一位時尚正確穿英碼四號，另一位自由奔放穿美規十四號；一位很酷，另一位很健談；一位人人稱羨，另一位人人喜歡；一位被稱為女王，另一位在追求她的王冠。」586

兩位總編輯在《VOGUE》週年慶派對的合影中，蒂爾貝里斯頂著白髮穿黑衣，溫圖則是頂著黑髮穿白衣。圖片說明這樣寫道：

王見王。最左邊身穿香奈兒晚宴套裝的是伊莉莎白·蒂爾貝里斯，剛從英國回來的她即將率領《哈潑時尚》；一旁穿傑佛里·比尼（Geoffrey Beene）設計鑲珠禮服的是安娜·溫圖，《VOGUE》的女皇。她們的武器是強顏歡笑，戰場在時尚雜誌頁面，當然，戰後獎賞是世界時尚之冠。蒂爾貝里斯是

赫斯特集團的最大希望，康泰納仕支持的溫圖則是從未遇過真正的挑戰者，她們兩人的較勁才剛要開始。[587]

確實，就回憶而言，許多同事喜歡蒂爾貝里斯的程度，就像他們討厭溫圖一樣。葛蕾絲・柯丁頓說：「和她工作很有趣，她是那種喜歡開玩笑的爽朗英國女孩」。[588]《哈潑時尚》員工史考特・巴丁格（Scott Baldinger）將她視為夢想中的媽媽型守護者，[589] 攝影師布魯斯・韋伯（Bruce Weber）說她極具感染力，「她會逗得你開心亂跳」。[590]

然而，在八〇年代末和九〇年代初期，溫圖代表的是時尚。漂亮的上班族女孩，擁有超級苗條、超級健美的身材。一九七〇年代米瑞貝拉的「職場必勝穿搭」（dress for success）理念，被打著健康和身體意識旗幟的新情色主義所取代。溫圖在美國版《VOGUE》的第一張封面頗具開創性，[591] 一九八八年十一月號的封面是模特兒米凱拉・貝爾庫（Michaela Bercu）的中景照片，她輕鬆愉快地在街上閒逛，眼睛笑得瞇起來，風吹拂著金色捲髮。她穿著一條五十美元的刷白牛仔褲和價值一萬美元克里斯汀・拉克魯瓦設計的鑲寶石針織衫，半露小腹。[592] 這張照片與完美、毫髮不差的攝影棚特寫鏡頭相差甚遠，連印刷廠都打來辦公室詢問是不是哪裡出錯了。該本雜誌一上市就引起轟動，因為以前還沒有人用高價單品混搭低價單品，形成一種「打扮樣式」。很時髦、很性感，幾乎是《VOGUE》有史以來最「街頭」的風格。

溫圖繼續打破常規，讓名人代替模特兒登上她的封面——從瑪丹娜開始，[593] 由此預見名人文化的發展。從南西・雷根（Nancy Reagan）的「政客幫」（power gang），到好萊塢的「新鼠黨」（brat pack，譯註：指好萊塢八〇年代的一群年輕演員），「時尚名人」剛剛成為一個眾所周知的概念。這些新誕生的名人，透過《名流富豪的生活風格》（*Lifestyles of the Rich and the Famous*）之類的電視節目和《人物》（*People*）等小報，讓外界認識自己。他們開放自己的生活，提供各大品牌一個新的銷售管道。如果凱特・摩絲（Kate Moss）穿了凱文克萊（Calvin

Klein) 的衣服,那麼消費者心裡會覺得,擁有凱文克萊品牌也可以像她一樣。溫圖知道如何駕馭這些慾望,並將其轉化成商機。

莉茲·蒂爾貝里斯為《哈潑時尚》操刀的第一張封面,與溫圖的審美觀完全相反——照片裡的琳達·伊凡吉利斯塔,身穿黑色鑲珠貼身上衣,用手肘遮住單邊眼睛。封面充分的留白,只有一個標題:「進入優雅時代」,594 呈現手法與《VOGUE》大相逕庭,讓媒體可以繼續報導激烈的競爭對立,《哈潑時尚》的銷量立即衝高。蒂爾貝里斯的作法重新確立《哈潑時尚》的藝術性,成為一份塑造獨特形象的刊物。創造雜誌性格的一項明顯方法,就是保持封面的一致,所以她確保了那種純粹的優雅感,但要完善新事業,蒂爾貝里斯需要人才,而最好的人才都在《VOGUE》。

蒂爾貝里斯開始接洽《VOGUE》的攝影師與模特兒時,康泰納仕出版集團立即下達指令。任何幫《哈潑時尚》工作的人,都不會再收到任何國家《VOGUE》雜誌的委託。有一次,

蒂爾貝里斯飛到巴黎,迫不及待要攝影師彼得·林德堡趕緊簽下合約,結果在機場遇到也有同樣念頭的士毅·紐豪斯。蒂爾貝里斯捕獲了林德堡和派翠克·迪馬克利亞,但沒有簽到史蒂芬·梅塞爾(Steven Meisel),因為兩百萬美元的報酬讓他繼續留在《VOGUE》。595 蒂爾貝里斯與溫圖共事過,知道怎麼利用她的弱點來對付她:溫圖喜歡掌控,但攝影師喜歡創作自由,可以讓他們表達自我的承諾是一大誘惑。在這些人才爭奪戰中,兩位總編輯不斷提高賭注,隨之而來的報價也讓業主們難以招架。據說蒂爾貝里斯與溫圖都超支了數百萬美元的預算。596 雖然兩人天差地別,但也有相似之處,她們都是野心蓬勃的傳奇雜誌總編輯。

《VOGUE》每個專題都經過精心設計,每個月都是一個聲明,必須引人注目。多虧了溫圖,現在這些雜誌都是達到史詩級的作品。康泰納仕的英國總經理尼古拉斯·柯爾里奇(Nicholas Coleridge)對《新政治家》(New Statesman)雜誌說:「這裡的一切都是大新聞。」該文章接著尖酸

刻薄地將康泰納仕的名人錄稱為探索「瘋狂富豪生活形式」的出版物。597 主流媒體都沒有什麼好評，一篇報導美國版《VOGUE》發行一百週年紀念活動的專欄文章，嘲笑這些賓客是「癮君子」（mention junkies），598「康泰納仕集團成員」（Condé Nasties）則是稱呼在康泰納仕集團底下的員工。當美國經歷一九九〇年代初期的經濟衰退時，把精力和現金浪費在如此不必要的事情上，令人反感。

在一九九二年紐約時裝週期間的一次採訪中，蒂爾貝里斯承認對自己受到的關注感到驚訝。599 在倫敦，沒有人知道她的名字；在美國，走在街上會被認出。隨著時尚在一九八〇年代變得更加主流，名人文化現象日益成熟，雜誌總編輯意外成為眾人矚目的焦點，蒂爾貝里斯經歷了這個時代的早期階段。由於她的巨大努力，《哈潑時尚》於一九九三年贏得兩項美國國家雜誌獎（National Magazine Awards），但第一年尾聲，蒂爾貝里斯被診斷出患有卵巢癌。儘管自己的生命即將走向盡頭，她還是繼續為佈滿灰塵的刊物注入活力，無數次的化療都是她在腿上擺著編輯版面和圖片的過程中完成的。她在一九九九年四月病逝。

獲任《哈潑時尚》總編輯時，蒂爾貝里斯告訴記者，《VOGUE》是棘手的競爭對象。600 競爭的念頭透露出一種想擊敗所有人，攀上流行時尚巔峰的慾望。溫圖在《VOGUE》雜誌刊登令人意外的死亡消息中也談到競爭，稱讚那是激勵她們做得更好的動力。這是她對蒂爾貝里斯逝世備感惋惜的部分，她甚至反覆提到：「莉茲是可敬的對手，即使病入膏肓，她也能製作出一本讓我們保持警惕的雜誌」和「我會想念她這位傑出的競爭對手。」601

時尚媒體間的角逐

媒體領域還有其它複雜難題。在美國競爭激烈的時尚出版界其實有四本高級精品刊物，不是只有兩本，它們都在努力調整步伐。疲軟的經濟和似乎一夜之間湧現的競爭對手，讓康泰納仕集團徹夜難眠。一九八五年源自於法國的《ELLE》一進入美國市場

就掀起轟動。以輕快、隨意、輕時尚的風格在短短幾個月內獲得超過八十萬的發行量，壓倒在蒂爾貝里斯領導下尚未革新的《哈潑時尚》。602 到了一九九二年，這個數字上升到九十三萬五千份，僅次於《VOGUE》（仍以驚人的一百二十萬份發行量遙遙領先）。603 儘管如此，《ELLE》的突飛猛進仍讓他們感到不安。事情發展得太快，《哈潑時尚》開始追趕它們的時候，康泰納仕內部已經拉起警報，接著還有米瑞貝拉的問題。

溫圖的前任總編輯格蕾絲・米瑞貝拉雖然被解聘，成為《VOGUE》棄兒，但她仍是時尚領域的頂尖人物，人脈相當廣泛。媒體大亨魯伯・梅鐸（Rupert Murdoch）找到她，準備出版一份具有競爭力的雜誌，名稱就叫《Mirabella》。這本雜誌以精明世故、嚴肅的語調，迎合輕熟女讀者的口味，於一九八九年上架發行。雖然《Mirabella》的市占率最小，發行量只有四十萬份，604 卻是新聞界和讀者圈最有聲望的刊物。格蕾絲・米瑞貝拉和她的《Mirabella》雜誌從未像其它刊物那樣受到指責、嘲笑或批評。

《Mirabella》帶來的另一個問題是，它挖走大量經過《VOGUE》培訓的專業人才，包含編輯、美術和撰稿人，因為許多員工都離職，追隨他們的老領導加入她的新公司。一九九二年，廣告預算爭奪戰異常激烈，這一年被稱為「大整頓」之年，605 關於誰將退出競爭行列的預測，鋪天蓋地而來。許多人認為是《Mirabella》，因為市占率最低，但它又那麼廣受歡迎，沒有人願意看到它停刊，也有人說，如果蒂爾貝里斯沒有發揮作用，《哈潑時尚》可能一年內就會終止。在這場殘酷競爭之中，失敗者將被淘汰，勝利者將獲得加冕。

作為市場的領先者，嚴格來說《VOGUE》沒什麼好擔心的，但這樣仍無法阻止管理層受到激烈的衝擊。現在亞歷山大・利柏曼成了文化沙皇，606 透過培養康泰納仕出版集團億萬富豪老闆士毅・紐豪斯的彆扭個性，他在公司獲得巨大的立足之地。一九六二年，他說服自己的老闆和門徒，使他們明顯偏離紐豪斯的一貫管理風格，現在所有編輯都聽命於編輯總監，而不是讓各雜誌總編輯擁

有創作控制權。利柏曼提名自己擔任這個控制和統一所有康泰納仕資產的角色。到了一九九○年初期，他已經八十歲了，自視甚高、極度自滿、性急易怒、難相處又表裡不一。他仍然與士毅・紐豪斯共同管理著公司，紐豪斯承認他們的公司結構「不複雜」：607 紐豪斯是老闆，利柏曼是編輯總監，貝爾納・萊瑟是公司總裁。這個三位老男人的組合，每年出版數以千計針對年輕女性讀者的刊物。

紐豪斯一直是優柔寡斷的領導人，只有利柏曼在他身邊當軍師，然後單憑市場研究、統計和調查來瞭解讀者資訊，但隨著他的導演椅越坐越自在，開始發展出作家湯瑪斯・邁爾（Thomas Maier）所說的「紐豪斯概念」（Newhouse Concept）。608 這個概念主張雜誌製作的每一個環節都要有稅後淨利，代表一切都要提高利潤。所以，表面上康泰納仕繼續出版充滿魔幻的精美藝術雜誌，但背後傳達給讀者的訊息不是風格，而是「購買」。今天我們稱這種不間斷的置入為「原生廣告」（native advertising）。

不久之後，廣告變成業配（又稱廣編），產品置入在時尚大片中變成常態，模糊了公關活動與真實報導之間的界線。現在我們認為這種作法隨處可見，但在一九八○和九○年代被視為是操縱消費者的低劣手法，利用《VOGUE》的聲譽來獲取經濟利益。多年來，美國新聞專業記者協會（Society of Professional Journalists）一直迴避這種「混用」的方式，609 但對紐豪斯、利柏曼、溫圖以及其他康泰納仕高層而言，道德規範已經和束腹一樣過時了。《VOGUE》外部的競爭態勢也就那樣，但內部的競爭卻更加激烈且陰險。

紐豪斯家族仍握有康泰納仕出版集團，也因此擁有《VOGUE》雜誌，這個家族瀰漫著神祕色彩。士毅・紐豪斯從他父親那裡繼承了這些耀眼的資產，在中年步入精品出版產業。他天生喜歡保密，他雇用家族成員，拒絕回答關於個人生活的問題，從紐豪斯控股公司旗下不同子公司的多個帳戶支薪給備受關注的編輯們。610 他對於隱私的需求程度甚至誇張到在天亮以前抵達辦公室，穿著襪子走

動就不會有人聽到他的聲音。從他的傳記作者到前門徒蒂娜‧布朗 (Tina Brown)，不只一人稱他「奧古斯都皇帝」。611 他是霸主，是贊助人，是最終的決定者，康泰納仕就是他的古羅馬。

一九九〇年代，紐豪斯家族擁有約一百二十億美元的個人財富。處於這個生活在紐豪斯屋簷下的黃金年代，編輯們可望拿到六位數的薪水，外加汽車、司機、以及包含美容護膚和每日餐廳伙食在內的津貼。溫圖在英國版《VOGUE》工作時，公司支付她搭乘協和號 (Concorde) 飛機前往紐約見丈夫的所有費用，治裝費每年約兩萬五千到五萬美元。有傳言指出，如果有一位編輯不喜歡他們辦公室的格局擺設，紐豪斯就會聘請風水大師重新布置，612 還有國外旅行經費補貼，包含入住五星級飯店，公司更提供員工無息抵押貸款，幫助他們晉升有房階級。在外人看來，「康泰納仕集團成員」是荒謬、被慣壞的人，也是毫無節制的象徵。但花在他們身上的錢不全然是浪費：如果指望他的代表們與社會精英打成一片，那麼得花費更多錢才能跟有錢人家比排場、比闊氣。在紐約，你會碰到唐娜凱倫集團成員、唐納川普集團成員、洛克菲勒家族、羅斯柴爾德家族，編輯們不只需要聚會邀請函，還得在這個上流圈子結交必要的朋友。許多人後來感嘆，他們從不知道自己擁有過多麼美好的生活；但這種生活只是借來的。士毅‧紐豪斯能多快伸出他的慷慨之手，收回這些好處就有多快，康泰納仕的裁員行動就像報銷單一樣多。

士毅‧紐豪斯的解聘風格已經成了傳說。《時代》雜誌不動聲色地突然出擊，在一九九〇年一篇人物側寫中刊登一組紐豪斯編輯的頭像照片；613《紐約》週刊也以「裁員至日」(The Sacking Solstice) 為題，614 提供他開除員工的時間表。其中一件裁員引發的悲劇發生在瑪格麗特‧蔡斯 (Margaret Case) 身上，她從埃德娜‧伍爾曼‧柴斯時代以來一直擔任社會版編輯。工作四十多年後的某天早上，她來到自己的辦公室，發現搬運工人正在移動她的物品。這對她而言是一種侮辱，從此一蹶不振，最後從公園大道的自家窗戶跳樓，結束自己

的生命……這個出口比她不得不從士毅・紐豪斯門口走出來更有尊嚴。

面對裁員的利刃何時落下的恐懼，在眾多美元和精品百貨巴尼斯禮物卡環境下營造出一種不安的氣氛。讓各部門主管總是在問，「我們表現得夠好嗎？管理高層滿意嗎？」雖然裁員動機明顯出自於利潤考量，但士毅・紐豪斯有幾位可以豁免財務虧損罪名的愛將，例如，溫圖似乎沒有因為《居家與園藝》停刊而受到任何影響。很多人說他非常在乎身分地位，熱愛奢侈精品，但格蕾絲・米瑞貝拉在《VOGUE》的成功之處，靠的是讓時尚變得平易近人。所以規則究竟是什麼？想在內部競爭保持領先，關鍵在於辨別並承認一些利柏曼與紐豪斯的手段。康泰納仕另一位超級巨星蒂娜・布朗表示，「管理式競爭」（Managed Competition）是根本，615 這表示公司暗鬥會在幕後不斷上演，必要時還會煽風點火，火上加油；據說這能讓員工更賣力工作。在康泰納仕公司之外，安娜・溫圖有莉茲・蒂爾貝里斯當對手，公司之內則是蒂娜・布朗，她於一九八三年重振了《浮

華世界》。

身為紐豪斯的另一位寵兒，布朗乍看之下與溫圖有著驚人地相似之處。她們都來自英國，出身特權背景，都在三十多歲的時候嫁給比自己年長、深受敬重的男性。蒂娜・布朗是個作風大膽的金髮女人，在英國編輯頂級生活雜誌《Tatler》時就引起轟動。她的特色是把高雅和低俗文化的內容混在一起，這麼一來，歌蒂・韓（Goldie Hawn）的八卦專欄就可以與戈巴契夫的政治調查文章並列，這種作法與溫圖將廉價時尚和昂貴時尚結合的風格並非完全不同，兩種方式都被認為是激進的作為。與溫圖一樣，布朗可能會被形容為「冷漠」和「刻薄」，616 主要區別似乎在於，溫圖是個沉著安靜、蓄勢待發的人，布朗則是行事高調、愛慕虛榮的人。

新聞媒體喜歡讓溫圖和布朗相互對立，就像溫圖與蒂爾貝里斯之間的競爭一樣，從《紐約時報》到《芝加哥論壇報》，再到《華盛頓郵報》的頭版新聞，都圍繞著紐豪斯雜誌這兩大象徵的話題。617 大眾媒體以溫圖、布朗

和蒂爾貝里斯為例，討論「英國入侵」美國出版業。《間諜》(Spy) 雜誌一則人物側寫的標題是：「美國出版業如何被口音迷人而牙口不好的人所接管。」618 溫圖與布朗表現出敵意的同時，討好她們的老闆，也迎合了媒體和八卦群眾，她們每天在同一個午餐地點坐在不同的桌子。

上述所有關注都對每位總編輯產生了副作用。她們身為各自率領雜誌的代表而一舉成名，但也因為成為強勢的人物，最終使自己的光環蓋過了出版物，這些雜誌分別成為布朗和溫圖的化身。《VOGUE》被簡化成苗條曲線、運動風、性感、精明的雜誌；《浮華世界》則是八卦和高級文化，風格大膽、聰明、健壯結實。不過，儘管布朗憑藉《浮華世界》的巨大成功，看起來是康泰納仕集團的明顯領先者，但她無法像溫圖那樣機靈地討好紐豪斯和利柏曼。隨著歲月流逝，布朗的笑容在她的名人朋友們面前顯得越來越狂躁，而溫圖正在幕後嶄露頭角。利柏曼八十多歲了，關於誰將成為他接班人的猜測吵得沸沸揚揚。

一九九四年一月，最後公司任命三十五歲的金童、英國出生的詹姆斯·杜魯門 (James Truman) 接替亞歷山大·利柏曼，擔任編輯總監這個令人垂涎的位置。報紙媒體對此次接班安排一反常態地保持沉默，沒有人有興趣解讀這樣的結果：一位相對缺乏經驗的男性新人，反而比兩位資歷比他多將近二十年的女性先獲得晉升。溫圖將繼續等待下次機會，但布朗不再受到青睞，最終成為康泰納仕的另一名受害者，後來於一九九二年跳槽到《紐約客》(The New Yorker) 雜誌。

CHAPTER 14

Addicted to Vogue

A Condé Nast Cautionary Tale

對《VOGUE》上癮

康泰納仕的警世寓言

在法國版《VOGUE》的美國人

法國版《VOGUE》必須恢復秩序。一個重要版本再次變了調：科隆比‧普林格製作了一些煽動人心的聖誕特刊，任憑時尚單元枯萎、乏人問津、無人打理。這在時裝之都是無法接受的事；法國版《VOGUE》的編輯必須安撫、說服、吸引和哄誘大型設計公司，玩弄時尚自我的遊戲。普林格沒興趣搞這種迎合討好的作法，像是積極的公關人員不停送花到辦公室，大小品牌禮物源源不絕湧入，輕柔地鼓勵雜誌撰寫對他們有利的報導，然後在時髦的午餐地點還會用甜言蜜語達成友好的交易。如今康泰納仕的任務，就是要找到一位更願意與這座時尚之城友好相處的人。

依常理判斷，挑一位已經出現在他們書裡的人是不錯的選擇，而瓊恩‧茉麗葉‧巴克屬於《VOGUE》想像不到的特權領域。她出身豪門，能夠接受英國版《VOGUE》以向來不高的薪水聘用，在公司工作的時間也夠久，與主管們關係密切。因此，由她擔任法國版《VOGUE》的總編輯，要

比把賭注押在另一位可能忠誠於其它地方的新人身上更保險。

巴克是好萊塢製片與他超級名模妻子的女兒，在巴黎郊區一棟粉色豪宅裡長大的美國女孩。洛琳‧白考兒（Lauren Bacall）和彼得‧奧圖（Peter O'Toole）等巨星都是她童年時期餐桌上的賓客，她第一位最好的朋友是安潔莉卡‧休斯頓（Anjelica Huston）。她十七歲的時候，遇到了湯姆‧沃爾夫（Tom Wolfe），沃爾夫以她為題材，撰寫了一篇題為「倫敦社交界少女的生活與難題」（The Life & Hard Times of a Teenage London Society Girl）的文章。她搬到紐約希望離他更近，二十歲從大學輟學，成為《Glamour》雜誌的評論家。自那時起，她的事業像滾雪球般越滾越大。

巴克從事國際性且多產的工作，經常與新聞界巨頭打交道。她在二十三歲時成為英國版《VOGUE》的特稿編輯，接著到安迪‧沃荷創辦的《Interview》雜誌擔任倫敦特派記者，《女裝日報》（Womens'Wear Daily）在倫敦和羅馬的特派員，《倫敦觀察家

報》(*London Observer*)的副總編輯，以及美國版《VOGUE》、《紐約客》和《浮華世界》的特約編輯。忙碌而魔幻的歲月令人陶醉，盡是飛行、瘋狂的派對、實驗性的戀愛情事。她和唐納‧蘇德蘭 (Donald Sutherland) 有過一段情，李歐納‧柯恩 (Leonard Cohen) 要她和他一起私奔。她一生的朋友有賈桂琳‧甘迺迪 (Jackie Kennedy)、伊夫‧聖羅蘭、海倫‧羅夏 (Hélène Rochas)、卡爾‧拉格斐 (Karl Lagerfeld)。她的回憶錄可以說是充斥著各大洲社會名流、時尚人士、政治界和娛樂界精英的故事；頻頻提到大人物的名字，以至於整個段落差點變成名單清冊。儘管出身名門，但她的成功除了運氣，還有天分。巴克過去是（現在仍然是）一位多才多藝、幽默風趣的成功作家，法國版《VOGUE》讓她有機會更廣泛地探索自己古怪的風格和創造力。

一九九四年，瓊恩‧茱麗葉‧巴克簽下合約，開始擔任法國版《VOGUE》的總編輯。她必須取悅具有商業思維的紐豪斯家族，還得管理一個難以駕馭、接受度低的團隊，學習裁員與增員。巴克對於曾拒絕錄用自己的法國版總編輯弗朗辛‧克雷森懷恨在心，經常對她的平庸乏味、不表態立場說三道四。但現在，巴克不得不培養她的制式微笑作為必要之惡，這是她抵禦公關人員、新品牌、舊品牌、模特兒經紀公司、新興攝影師、知名攝影師、作家、造型師以及其他認出她是《VOGUE》總編輯而窮追不捨的人大量湧現的唯一盾牌。

以前就有人為這個職位來找巴克。法國版《VOGUE》的出版商尚‧波尼亞托夫斯基曾在馬克西姆餐廳與她共進午餐，當時馬克西姆餐廳還不紅。她以前一直過著無拘無束的生活，擔任自由作家，接接委託案，寫寫小說，晚上與見多識廣的知識分子享受愜意的晚餐。憑藉深厚的人脈，她可以隨時借用高級訂製服，而且定期為美國版《VOGUE》和《浮華世界》撰寫關於法國文化報導文章已經讓她心滿意足，所以那時候她拒絕了那份工作邀約。

幾年後回到紐約，她的個人生活發生了一連串勞心費神的事，對於浮

華世界的幻想也逐漸破滅，讓她開始感到厭煩。「我熬過一個又一個充滿腎上腺素的雜誌截稿日，」[619] 巴克寫道：「總是祈禱發生個什麼事情，把我從撰稿地獄循環解放出來，然後花錢買新衣去參加熟悉的派對。」[620] 莉茲·蒂爾貝里斯離開英國版《VOGUE》後，巴克打給士毅·紐豪斯爭取這份工作，結果已經有人接手。紐豪斯對於她竟對編輯工作感興趣相當驚訝，巴克表示她非常想離開紐約。[621] 這件消息必定是命中標的，因為不久後，安娜·溫圖便聯繫巴克，提醒她等待康泰納仕國際集團總裁喬納森·紐豪斯 (Jonathan Newhouse) 的來電。[622] 他們安排了一次會面，巴克要求寄給她一年份過期的法國版《VOGUE》雜誌。她在飯店房間熬了一整晚，瀏覽、評論，並在頁面上註記。[623] 見到喬納森·紐豪斯時，她強調該雜誌的最大缺點之一是漢姆特·紐頓充滿性愛色彩風格的照片，在她看來，女性應該得到更多的尊重。[624] 隨後沉默了六個月，紐豪斯打來，邀請她擔任總編輯。

如同其他突然被推到《VOGUE》總編輯聚光燈下的人一樣，這份工作的現實面讓巴克極為震驚，開始出現重重阻礙。首先，她必須清理舊員工，建立一支新團隊，針對這個問題，喬納森·紐豪斯提出一個奇怪的解決方案：從其它康泰納仕利益集團挖人。[625] 因此，藝術總監唐納德·施耐德 (Donald Schneider) 來自德國版《VOGUE》，時尚編輯包含巴黎的寵兒——卡琳·洛菲德 (Carine Roitfeld) 和黛爾芬·特蘭頓 (Delphine Treanton)，她們待過《Glamour》雜誌。這個不斷變化的聯盟引起了自身問題的連鎖反應，法國員工不信任她，偷偷挖苦她是美國人，暗示她沒有權利教法國女人怎麼做。他們懷疑她是安娜·溫圖的間諜，跟她講話用英文而非法文，即使她說得很流利。

她被安排到的空間是狹窄的次等房，好幾天都沒有人找張椅子給她，害得她只能不舒服地在桌上辦公。員工們的藐視加劇了原本重建雜誌秩序的困難程度，巴克會犯下大錯也不奇怪。有一位她已經預計開除好幾天的藝術總監頻頻搞失蹤，後來終於在人來人往的樓梯上，毫不客氣地解雇對方，眾人對此事議論紛紛，說這是非

常失禮的行為，擺明顯示出美國人欠缺教養。626 另一件事若不是惡意針對她，也是非常荒謬。巴克一直在她的辦公室點雪松線香，試圖淨化空間中的壞能量，結果這時候人資主管出現，聞來聞去，暗示有人在這裡抽大麻。627 巴克覺得尷尬，所以沒有承認是她點的雪松；她覺得自己在正式開工之前，就有人想盡辦法要趕她走。

與此同時，人才們一如既往以自我為中心，自尊需要得到安撫。巴克講述與馬里歐·泰斯蒂諾 (Mario Testino) 之間令人厭煩的事件，他需要有人不斷給予肯定，容易感到沮喪，無論她多忙，泰斯蒂諾總是坐在她的辦公室裡，一定要強調他是《VOGUE》的典範。628 因為法國版《VOGUE》的預算很少，即使是超級攝影師也不能指望獲得高額報酬，所以只能利用賄賂、甜言蜜語、當神一樣對待，某程度來說是他們每次都幫了巴克一個大忙。然後，巴黎豪門世家不斷送禮賄賂她，在她面前獻吻、握手、恭維，卻在她背後散播謠言。滿懷惡意的溪流在走廊間肆無忌憚流淌，破壞了人與人的關係，滋養了不

愉快的氣氛。儘管如此，巴克仍必須每月出一本雜誌，她的私人生活化為烏有，就跟其他許多編輯一樣，她只想起沒完沒了的工作循環，每天上班十八個小時。多年來，她所記得的就是每天結束後，筋疲力竭地昏睡過去，幾個小時後醒來重新開始。629

震驚時尚界的醜聞

巴克的總編輯生涯一開始之所以不順，某部分是因為她的國籍。在發行《VOGUE》雜誌的二十七個國家裡，巴黎版《VOGUE》是唯一以城市而非國家命名的版本。巴黎認為自己不僅是法國首都，也是時尚之都，一直守護著自己作為高級訂製服發源地的地位。

這個國家也以其豐富的美食好酒、優美高雅的語言以及經典的文學作品聞名遐邇。還有其它文化特色，包括巴黎的風俗習慣：la conversation（交談對話）。十八世紀，能言善辯的討論在咖啡館、社交沙龍和私人住宅中盛行起來，機智靈敏、措辭優雅和

淵博學識顯示出發言者受過教育，也能展現出他的智慧。這項文化看似與現在毫無關聯，實則不然，時至今日，哲學依然是法國課程的必修科目，從小教導學生如何培養思想，法國一直抱持這樣的態度，批判性社會參與的能力是文明指標。結果巴黎自詡為高級文化的中心，而巴黎人是天生的優雅品味創造者。理論上，巴黎就像《VOGUE》本身，代表著精英中的精英，但實際上，這個迴聲室的限制早已扼殺掉任何原創性，徒留巴黎人被他們的勢利所孤立。

矛盾的是，巴克將該雜誌的身分恢復成更真實的法國人模樣。定義巴黎時尚的精髓，即活潑的自然美和從容不迫的酷，面臨到消失的危機。這個國家正經歷政治極化的階段，對左翼或右翼政黨的忠誠度使民眾分裂。巴克認為，在她來之前，法國版《VOGUE》曾希望專注於女性內衣以迴避這些戰爭，讓自己在政治上更加中立，西裝夾克和修身窄裙代表不知羞恥的保守右派，設計師品牌牛仔褲和仿舊的 Burberry 大衣是香檳社會主義者（champagne socialist）的標誌，630 任何類型的衣服似乎都挾帶著延伸涵義，所以時尚單元只好把模特兒身上的衣服扒光。回顧當上總編輯之前的幾期雜誌，巴克認為法國版《VOGUE》比其它版本更浮誇、更厚實、更密集，光鮮亮麗但實際上空洞乏味，631 所以巴克以此為使命，把巴黎版《VOGUE》改造成法國的化身，如實反映法國的偉大成就。632

一九九四年九月，巴克製作的首期雜誌是對法國女性的頌歌，「La Femme Française」（法國女人）。633 封面是簡單明瞭的宣言，體態勻稱的模特兒頂著蓬亂濃密的黑髮，穿上剪裁寬鬆的黑色長褲套裝，對著讀者微笑，性感撩人的噘嘴和 S&M 的感覺消失無蹤。演員克莉絲汀·史考特·湯瑪斯（Kristin Scott Thomas）在特別報導現身，還有詼諧幽默的星座分析和透過與法國女性「類型」連結所呈現的單品服飾，西蒙·波娃（Simone de Beauvoir）的頭巾，珍·柏金（Jane Birkin）的運動鞋，香奈兒的珍珠項鍊，碧姬·芭杜（Brigitte Bardot）的托高胸罩，諸如此類。整座城市的報攤兩側都掛上九月號的封面海報，據巴

克所說，本期雜誌的銷量超過平常的銷量，但時不時會有人對這個主題竊竊私語或莫名其妙大笑。[634] 過了很久以後，才有人告訴巴克，「La Femme Française」像是對極右翼的號召，封面甚至看起來像是極右翼政黨民族陣線（National Front）的廣告。[635] 她努力保持政治中立的嘗試就到此為止。

隨著十二月即將到來，巴克必須開始考慮極為重要的客座編輯，但要找到一位媲美尼爾森‧曼德拉的人幾乎不可能。最後，巴克決定取消找人客串編輯的聖誕特刊，改由內部製作，邀請多位貢獻者參與，並在可行的情況下與攝影師共同策劃。

巴克為一九九四年十二月號選定的主題是「Cinéma」（電影）。[636] 在雜誌裡面，他們追溯從盧米埃兄弟（Lumière brothers）開始的電影史，將轟動巨片變成時尚故事。她成功在其團隊中，激起了一股瘋狂興奮的情緒。蒂埃里‧穆格勒（Thierry Mugler）同意寄來他在一場秀上使用過的金屬機器人服裝，但遭到美國海關扣押。攝影師安立奎‧巴杜勒斯古（Enrique Badulescu）和一位編輯設法在紐約中央車站（Grand Central Terminal）進行非法拍攝，但後來發現底片不小心放在陽光下而毀損。團隊重新設計了身穿白色毛皮的龐德女郎，並惡搞電影，從科幻驚悚片《銀翼殺手》到尚‧雷諾瓦（Jean Renoir）的華麗劇情片《遊戲規則》（*The Rules of the Game*），由馬里歐‧泰斯蒂諾和伊莎貝拉‧羅塞里尼（Isabella Rossellini）所拍攝。巴克聲稱，她把成果給回到紐約的士毅‧紐豪斯看時，他驚詫不已，[637] 這是她的原話。

瓊恩‧茱麗葉‧巴克製作的版本充滿趣味。與最佳編輯一樣，她有一種跳脫框架思考的本能，能夠重新包裝舊想法，讓它們重新煥發光彩，但她似乎總是因厄運和不知所措的複雜情況而受阻。一九九五年的聖誕特刊歡慶法國版《VOGUE》發行七十五週年，並發表檔案資料庫的懷舊素材，[638] 但當他們對外在慶祝過去時，巴克和美國出生的出版商加德納‧貝朗格（Gardner Bellanger）卻私下與律師會面，討論它們的未來。[639] 當時法國發生嚴重的經濟危機，各家雜誌也逐漸

消失。《VOGUE》試圖找到一些久負盛名的新失業者，也討論自家公司裡面有哪些人可以在不直接開除的情況下趕走。

有傳聞指出，法國版《VOGUE》恐將成為這次危機的眾多受害者之一。雖然結果不是，但有其它四本法國康泰納仕出版的雜誌停刊，包含法國版《Glamour》。巴克、貝朗格及其他資深員工忙著讓自己看起來快樂有自信，這樣廣告商才不會緊張到想撤掉他們的廣告頁面。640 然而，每次驚險度過風暴，寒風又會從某個新方向吹來，烏雲將再次聚集在他們的上空。員工不斷流動使制度難以就位，然後美國版《VOGUE》總有優先權也是個問題。假設他們突然決定想要法國版《VOGUE》已經在使用的一條裙子、一則名人採訪或一位攝影師，法國團隊只能放棄並從頭規劃。641

一九九六年十二月，巴克開始處理音樂話題，試圖為法國版《VOGUE》添加點九〇年代瑞舞文化（rave culture）的前衛元素，但期望落空。642 一九九七年九月，巴克委託別

人採訪當時已經七十多歲的知名老鴇克勞德夫人（Madame Claude），她首創「應召女郎」（call girl）一詞，因為克勞德夫人以前經常直接提供服務給客人，而不是靠經營妓院。643 她旗下女孩只為上流人士服務，言談舉止經過特別訓練，教她們永遠不要噴香水，以免在男客人衣服留下氣味，並隨身攜帶一頂假髮，避免赴約前沒時間去美髮店。這些內容引起許多男性熟人的竊竊私語，他們突然好奇巴克是否對狂歡派對或性愛俱樂部感興趣。

千禧年即將來臨之際，巴克正在為一九九九年十二月到二〇〇〇年一月那期雜誌絞盡腦汁。她選定量子物理學為主題，644 雜誌成品是場引人入勝的實驗。有一件帕科・拉巴納（Paco Rabanne）的塑膠鱗片禮服，用來模仿最早的脊椎動物；雷夫・羅倫的鱷魚皮夾克象徵第一隻爬行動物；浪漫春天（Primavera）女神裝則標誌著智人的到來。他們拍攝景觀設計師查爾斯・詹克斯（Charles Jencks）的量子花園（quantum garden），運用複製與視覺錯亂的手法。只不過，這次又是前進一步倒退兩步的情況。接受

《華爾街日報》採訪這期具有科學色彩的雜誌（正式命名為「未來檔案庫」〔Archives of the Future〕）時，記者問她是否經常與巴黎設計師廝混。結果巴克不小心說出一句輕蔑的話，引起大家反感，巴黎人又開始在背後嘀嘀咕咕。645

到目前為止，自從她擔任總編輯以來，付費發行量幾乎成長一倍，從一九九四年的六萬本增加到十二萬本。646 從一九九八到九九年，廣告銷售額激增百分之十六，647 但巴克的工作依然沒有變得比較輕鬆，馬里歐・泰斯蒂諾走了，也有更多員工離職。由於傑出造型師卡琳・洛菲德也去新的地方發展，時尚單元因而失去創造力，然後變質。巴克對理智與有趣的議題很有一套，選擇的主題廣泛，從戲劇到科學都有。這種作法的風險在於，可能過一段時間後看起來太嘘頭性，讓廣告商感到失望，他們只想看到自家衣服可以正常展示出來。後來貝克與出版商加德納・貝朗格發生衝突，問題因而變得更加複雜。

巴克接下總編輯職務時，帶了另一位住在巴黎的美國人加德納・貝朗格加入公司。貝朗格曾任美國《VOGUE》的歐洲聯合出版商，精明能幹，事事親力親為，對於康泰納仕瞭若指掌。她們早期共同渡過難關，逆勢搏鬥，在許多顛簸的道路上堅持下去。關於這段時期，巴克寫道：「有些日子感覺像是加德納與我背靠著背，手持長劍擊退敵人。」648 但幾年時間過去，她們的親密關係開始下滑，兩人轉成拔劍相向。

到了一九九九年，貝朗格升格為法國康泰納仕公司的總裁，似乎已對權力癡狂成極。巴克開始與一位精明務實的銀行家約會，對方是喬納森・紐豪斯最好的朋友，這段新關係給了她虛假的安全感，以為現在公司會對她忠誠，遺憾的是，這種自信感代表她與貝朗格的衝突加劇，門被重重甩上，然後傳來她們尖銳刺耳的咒罵聲，甚至還有勒索和威脅，兩人的關係再也維持不下去。

在下次米蘭時裝週之前遇到喬納森・紐豪斯時，巴克已恢復單身。如同我們都心知肚明的情況，她一定知

道自己的前任會告訴朋友關於他們分手的細節——尤其當前任的最好朋友之一剛好是妳的老闆時，更不容易應對。巴克與紐豪斯的會面相當短暫，紐豪斯勸巴克休個假，兩個月。巴克拒絕，但紐豪斯堅持不讓步，他想要她在總編輯頭銜正式移交給別人之前，去亞利桑那州待一陣子，據說是為了讓她靜養。巴克感到驚訝且困惑，詢問為什麼，紐豪斯對此表示，因為不希望她落得跟他一位倫敦編輯一樣的下場，一九九五年參加狂歡派對後吸食古柯鹼過量致死。巴克震驚不已，她提醒紐豪斯，自己沒有吸毒，甚至不會喝酒。在戒毒所的強制停留應該是免除巴克職務的過渡期，可能趁她離開且失去聯繫的時候決定如何處理法國版《VOGUE》。紐豪斯告訴她，如果她拒絕前往，就視同辭職，將拿不到遣散費，而巴克需要這筆錢，因為她得照顧患有躁鬱症的年邁父親。

在土桑市（Tucson）外圍的治療中心卡頓伍德（Cottonwood），巴克的嬌蘭除臭劑因含有酒精遭沒收，並提供尿液檢體，接著是血液檢體。649 第二天，中心說她必須離開，因為各項檢查結果都正常，但她卻強調自己必須奉命堅持下去。即使躲在毒癮者和整天當眾哭泣的自殺未遂者當中，巴克也能聽到一些從舊圈子那裡傳來的流言蜚語。650 巴黎四處謠傳，她在米蘭時裝秀上打了貝朗格——起初只是笑話，因為貝朗格豐唇豐過頭，但沒見過她的八卦人士卻把這個故事當真了。還有傳聞說，巴克被抓時桌上擺著注射器——但那只是義大利一家水療中心送她的幾小瓶海水，目的是平衡她餐後的電解質。甚至有傳言指稱她和貝朗格是同性戀，巴克覺得這個說法不過是想諷刺她的短髮。651 與此同時，紐豪斯仍然不願解釋為什麼她必須接受戒毒復健，自己的律師也質疑她所說的每句話。652

巴克在沒有理由待下去的互助團體中徘徊，頓悟到一件事，她對《VOGUE》上癮了，就像她的同院病友對古柯鹼上癮一樣。653 突然間，這種紙醉金迷的生活與所有光鮮亮麗的附屬品，對她來說只不過是種毒品。654 雖然關於時尚是「毒藥」的理論可能有哲學討論的空間，但一位國際性職業女性向一屋子對毒性物質有成癮

問題的人叨絮這些想法似乎顯得虛偽，儘管巴克經歷了一場真正的嚴峻磨難。康泰納仕和其代表們殘酷、善於擺布、目中無人。喬納森‧紐豪斯寫信給在戒毒中心的她，字裡行間夾雜著傲慢的評判：「我以妳的雇主和非常關心妳的友人身分寫信給妳⋯⋯我希望妳過著健康的生活，不要做出可能傷害妳身心健康的行為（我能理解妳抽菸，也能接受這點）。」655

然而，時間過去了，巴黎來了一位新的總編輯，貝朗格被發現是幕後指使者，並於二〇〇二年遭開除。流言蜚語繼續流傳，最後，最難以置信的是，巴克居然又開始為美國版《VOGUE》撰稿。和解？經濟上的需要？缺乏自豪感？又或許毒品理論真的有點道理。巴克的「奢華即毒藥」啟示確實有些價值性，她的經歷如同警世故事，告誡那些癡迷於財富和時尚誘惑的人。她在《VOGUE》核心圈子過著安逸舒適的生活，五星級酒店套房和高級訂製服應有盡有，而這些享受仍需要付出代價。這份工作困難重重，讓人筋疲力竭又身心俱疲，結果只因為燒幾根雪松線香、與同事鬧翻，

就進了戒毒中心，簡直離譜。也許她的故事應該拿來當作現代寓言，並以那句古老名言作結：「金玉其外，敗絮其中」。然而，巴克並沒有記取教訓。

搬回美國後，她發誓要用那筆可觀的遣散費讓自己遠離紛擾，但在新墨西哥州渡過一段平靜的日子後，她回到紐約，開始慢慢接受安娜‧溫圖的委託，起先有點內疚，後來受到經濟衰退影響，轉為心懷感激。二〇一〇年十二月，她接到一項有點不尋常的任務：採訪敘利亞第一夫人阿斯瑪‧阿塞德（Asma al-Assad）。不確定中東獨裁政權與時尚有何關聯性，巴克詢問了組稿編輯，據說對方形容這項任務是振奮人心的機會，與一位優雅、英國出生的第一夫人暢談文化與博物館。656 巴克也想看看巴邁拉（Palmyra）古城遺跡，覺得這是千載難逢的機會，於是接下這項工作。

結果這趟差旅換來一篇題為「沙漠一朵紅玫瑰」（A Rose in the Desert）的極盡吹捧報導，以敬畏的語氣描述這位獨裁者配偶的美貌、魅力、年輕、吸引力與活力。657 內文

稱敘利亞是中東最安全的國家，阿斯瑪‧阿塞德則是工作勤奮的前投資銀行家，新使命是拯救敘利亞孩童。658 二〇一一年二月，該篇報導發表於 Vogue.com；三月刊登在美國版《VOGUE》雜誌、名為「權力」的特刊上。同月，敘利亞起義爆發，屬於阿拉伯之春（Arab Spring）的一部分，迫使一個專制壓迫政權的真相浮出檯面，主要以極端腐敗、大規模殺戮、虐待兒童而聞名……但《VOGUE》不久前才稱這個由家族統治的政權「極度民主」。659

《VOGUE》雜誌罕見採訪這位備受矚目的殺人犯妻子，社會大眾表示震驚與不解，康泰納仕也遭受前所未見的猛烈抨擊。到了五月，該篇報導從網站上消失，不久後發表了一篇專業的官方道歉文。現在要找到該篇報導的副本相當困難，因為《VOGUE》決心消除失誤的痕跡，儘管各個部落格還是繼續轉貼證據，但感受到最強烈反彈的是巴克，而非康泰納仕。公司要求巴克在這項醜聞爆發時別發表任何評論，她被蒙在鼓裡，決策都在她不知情的會議上做

出。660 她忍受網路上仇恨的洪流，與公司的合約在年底被迫終止。661 她與《VOGUE》長達四十年的合作關係，最後卻走向棘手尷尬的盡頭。

在《新聞週刊》（Newsweek）一篇最初題為「阿塞德夫人欺騙我」的長文中，巴克試圖闡述自己的觀點。662 她坦承自己容易受騙，太過天真，想要訪問敘利亞，卻不理解自己該做多少準備工作。663 很遺憾，未解的謎團依然存在。巴克聲稱自己在旅途中一直遭跟蹤，但從未說過為什麼沒有對此提出質疑；她似乎從未想過，為什麼這位英國出生的受訪者會嫁進一個造成上千人死亡的家族裡。《新聞週刊》的文章透露出一位習慣不假思索美化她採訪對象的作家。巴克給人不食人間煙火的印象，顯然她認為自己是康泰納仕冷酷管理下的受害者，她承認自己本來不該接下這項任務，覺得遭到老闆背叛，他們不但沒有承擔責任，反而和她切割關係。可見，巴克為她在《VOGUE》耀眼的幾十年付出了巨大代價——因為沒有天底下沒有白吃的午餐。

CHAPTER 15

The Digital Curveball

Fretting, Restructuring, Franchising

突如其來的數位化

焦慮、改組、經銷權

時尚雜誌與網際網路

自二○○○年我們都在思考新千禧年的曙光以來，世界已經發生許多大事。有少數幾個人猜到未來走向，即我們都知道的微軟比爾·蓋茲、亞馬遜傑夫·貝佐斯、蘋果史蒂夫·賈伯斯，但對一般人而言，網路世界是一個未知領域。網際網路誕生於一九九○年代，所以在二○○○年代初期，網路仍處於最早的萌芽階段。自此以後網路發展的速度之快，讓我們見證一個多麼獨特的歷史時刻。網際網路對我們的生活方式帶來無限深遠的影響，超乎我們的想像，而重要組成之一就是相互連結性。

二○○四年臉書問世，推特於二○○六年誕生，Instagram 在二○一○年上線。隨著二○○七年 iPhone 與二○一○年 iPad 的推出，我們的溝通方式因智慧科技變得更加複雜，現在我們都把電腦放在褲子的後口袋。在時尚產業方面，製造業的進步代表生產服裝的速度更快、時間更短，有了網路，服裝也能以閃電般的速度銷售和運輸，這點在電商的崛起下尤為明顯。Net-a-Porter 是娜塔莉·馬斯奈特（Natalie Massenet）於二○○○年成立的一家銷售高級服飾的網路商店，針對大眾市場提供平價產品的 ASOS 也在同年崛起。以前沒人對這種模式抱持太大的信心，為什麼要在無法見到實品或試穿的情況下買衣服呢？然而，到了二○一四年二月，Net-a-Porter 的營業額達到五億英鎊，每月有六百萬名用戶使用。664 二○一三年，ASOS 的營業額接近七億七千萬英鎊，到了二○一四年底，有九百一十萬名活躍用戶。665 消費者購買服飾、瀏覽打折商品以及發現新品牌的方式從此改變，如果品牌可以在網路上經營自家的追隨者，並透過社群媒體進行銷售，那麼時尚雜誌該何去何從？如今，紙張油墨一乾，印刷時效就過了，所以廣告商漸漸把傳統媒體的預算轉移到網紅身上。

因此，神祕的時尚產業被迫開放，史上第一次允許消費者進入幕後。時尚攝影師尼克·奈特（Nick Knight）於二○○○成立時尚網站 SHOWstudio，在這方面發揮了重要的作用。奈特意識到數位媒體的潛

力，希望透過擴大可及性範圍來挑戰時尚傳播。SHOWstudio 提供我們一些關於日常營運的最早見解，比方說經營工作室、設計一個服裝系列和拍攝照片的重要細節，以及任何有助於加速解開時尚神祕面紗的事物。

在他的 SHOWstudio 嘗試中，最受歡迎的有「動感時尚」（Moving Fashion），666 一個透過電影短片而非冰冷不動的圖像來重新檢視衣服的系列，還有「服裝的聲音」（The Sound of Clothes）667，觀察衣服發出的聲響。上述這些都是出奇簡單、具有催眠魔力的聲音和剪輯影片。雖然 SHOWstudio.com 最終還是接受廣告（通常有廣告代表商業優先於藝術），但在探索科技創造可能性方面仍是創新之舉。該網站平台持續提供實驗性的時尚拍攝和舉辦座談會，告訴我們奈特打算繼續他的改革運動，讓這個產業大眾化，他發明的「形象影片」（fashion film）已經受到各家雜誌和品牌採用。結果，現在任何地方任何人都感受得到時尚界的一部份，這在以前是不可能辦到的事。

如果說社群媒體和另類傳達時尚故事的方法帶來了競爭，也只是剛開始。另一股不知道從哪裡崛出、讓時尚出版媒體黯然失色的浪潮，就是部落格網誌。第一批重要的時尚部落客出現在二〇〇〇年代中期，但當時主流媒體冷眼相待。二〇〇四年，來自菲律賓的網頁開發工程師布萊恩・揚保（Bryan Yambao）開始經營「Bryanboy」部落格；二〇〇五年，馬柏榮（Kevin Ma）首推「Hypebeast」部落格；蘇西・劉（Susie Lau）靠著「Style Bubble」在這個領域闖出名號。有一陣子，沒有人注意到這些興奮、容易引起共鳴的外來者聲音，他們在街頭拍下自己的照片，對著那些只能透過照片看到、只能夢想穿在身上的服裝評頭論足。直到二〇〇八年，《紐約時報》還指稱《VOGUE》仍壟斷奢侈精品的廣告預算，但不久後，有人提出一個構想：部落客熱愛時尚，擁有數千甚至數百萬的忠實粉絲，而且渴望成為時尚產業的一份子，品牌業者可以繞過雜誌，透過這些新的素人來獲得他們想要的受眾……這項策略將動搖時尚出版業作為潮流風格最後仲裁者的地位。

轉折點是一位鬼靈精怪的芝加哥人。有些人可能還記得，十三歲部落客妲薇‧蓋文森（Tavi Gevinson）飛到巴黎觀看 Dior 時裝秀時引起的轟動，身材嬌小的她在頭上戴著巨大蝴蝶結，擋住旁人觀看時裝秀的視線，激怒經驗豐富的編輯和時裝專家。蓋文森從十一歲開始在網路分享自己的看法，外界普遍認為她是部落客世代的代表。許多記者對這種高風險的公關活動心煩意亂，認為他們職業生涯累積下來的經驗，因為一個孩子分享在免費網頁上的幾行字就被抹殺。儘管如此，蓋文森仍繼續出現在時裝秀前排，甚至二〇一〇年受邀擔任美國時裝設計師協會（Council of Fashion Designers of America, CFDA）某個獎項的評委。

這個世代被稱為「無知者」（know-nothings）668，他們心甘情願讓飢渴的公關人員硬塞進這個圈子，公關人員決心不惜代價推廣自家品牌。隨著這些青春期前的奇才，新的詞彙出現了，現在最重要的是：能見度、顧客轉換率、參與度、追隨者人數、點擊付費式廣告、聯盟行銷廣告。

今天，業內高層會招募部落客，在國際時裝週上座位安排在安娜‧溫圖等人旁邊。以前在臥室裡翻閱雜誌、在論壇上分享想法的孩子們，現在已經變成小型商業人士，透過與街頭品牌和精品零售業者的合作贊助貼文來賺取鉅額收入。到了二〇一〇年代中期，專業媒體代言人對於部落客的敵意不再侷限於辦公室，開始溢散到公眾視野。在二〇一六年米蘭時裝週期間，《VOGUE》雜誌一些資深員工發起運動，猛烈抨擊部落客現象，緊張氣氛持續好長一段時間，康泰納仕女巫團真的豁出去了。

《VOGUE》數位創意總監莎莉‧辛格（Sally Singer）當時寫道：「提醒那些每小時都要更換從頭到腳付費穿搭的部落客：請停下來，另謀出路。你們正預示著時尚的死亡。」669Vogue.com 的首席評論家莎拉‧毛爾（Sarah Mower）補述：「當你好幾次看到她們挺而走險站在時裝秀外面、在車流中、甚至冒著意外風險扭腰擺臀，希望被捕捉到身影，就為這些女孩感到可悲。」670 批評仍持續著。「VOGUE 伸展台」（Vogue Runway）

總監妮可‧費爾普斯 (Nicole Phelps) 表示：「不光是為穿著借來的衣服在鏡頭前精心打扮的女性感到難過，看到這麼多品牌參與也是令人痛心。」671 Vogue.com 的時尚新聞編輯亞歷珊德勒‧柯迪尼亞 (Alessandra Codinha) 稱付費廣告露出「令人尷尬」，又說：「這個似乎不是在歌頌什麼真實風格，而是當你查看社群媒體內容時突然出現，看起來很可笑、擺弄姿勢、在座位上滑文、消失、換裝、不斷重複。」672 她甚至說，從時尚部落客身上找尋風格就像「去脫衣舞孃俱樂部找尋愛情一樣。當然，這些風格都大同小異，但與真正的時尚差得遠了。」673

到處都是措詞強硬的話，但誰又能責怪他們？想像一下，工作好幾年，鍛鍊自己的專業技能，卻平白無故被那些你認為可能是希望快速賺錢的業餘愛好者隨意取代，使人備感屈辱，更煩的是，部落客不再是「局外人」，他們已經被納入這個領域。起初他們以「真實素人」的身分吸引觀眾，但現在他們的「真理之聲」地位已經受損。部落客已經發展成多元的銷售管道，身為網紅和影像部落客，這

些人永遠都在兜售商品，在道德上幾乎與那些發表商業品牌贊助文章的雜誌沒有什麼區別。對《VOGUE》而言，這些網路平台帶來的真正影響是稀釋焦點。

大約在二十一世紀剛過第一個十年的時候，關於印刷產業已死的哀嚎聲四起，時尚雜誌在這個美麗新世界沒有立足之地。由於對注意力縮短感到恐慌，許多出版刊物在編輯方面採取「得來速」作法，試圖與數位媒體競爭。康泰納仕旗下那些不斷膨脹的高級資產投資組合，讓他們擔憂不已，於二〇〇九年聘請麥肯錫公司逐一調查資產，找出造成紐豪資財產流失的罪魁禍首。後來有幾篇諷刺性文章以幸災樂禍的標題刊出，例如「康泰納仕、麥肯錫與無限夢想的凋零」674 和「康泰納仕聘請麥肯錫，員工遭受打擊」675 等。顯然旁觀者（尤其是其它媒體業者）希望見到這間公司受挫。可悲的是，麥肯錫助長了這個風氣，因為他們製作了一份在當時廣泛認為最無知的報告，被外界嘲笑由此證明管理顧問對媒體一無所知。《大西洋月刊》(The Atlantic) 設法取得了這份早

期備忘錄的草稿,並在各地記者和讀者的嘆息聲中興高采烈地轉發:

基於垂直的相互連結性和最大化影響力的利益,我們只是想分享一些初步的觀察╱問題。希望這些問題看起來不太明顯:

1. 作者群在雜誌製作過程中的角色似乎值得檢視。他們在做什麼?為什麼這麼多位?

……

4. 公司考慮過使用全球資訊網(World Wide Web)作為雜誌平台嗎?

676

然而,儘管作者對雜誌來說是多餘的這種建議似乎很可笑,但現在變得越來越真實。書面文字正讓位給照片,而照片正逐漸讓位給剪輯影片、GIF動態圖和瘋狂轉傳的迷因,曾經飽受詬病的部落客獲聘為永久員工或定期撰寫專欄。如果麥肯錫不明白雜誌為什麼需要作者,他們也難以理解出版公司為什麼需要雜誌。那一年,他們建議紐豪斯家族砍掉四本雜誌以減少開支,此後,從《居家與園藝》、《Portfolio》、《Glamour》 到《Teen

Vogue》,許多紙本雜誌都受到衝擊,康泰納仕不斷擴張的政策突然打了倒退檔。

從一九七五年到二○一○年,《VOGUE》又推出十二個版本:一九七五年巴西版《VOGUE》,一九七九年德國版《VOGUE》,一九八八年西班牙版《VOGUE》,一九九六年推出《VOGUE》韓國版和臺灣版、一九九八年俄羅斯版《VOGUE》,一九九九年是《VOGUE》日本版和墨西哥版,接著是二○○二年的葡萄牙版《VOGUE》,二○○五年中國版《VOGUE》,二○○七年印度版《VOGUE》,後來二○一○年則是土耳其版《VOGUE》。不久後,《VOGUE》雜誌出現在新興經濟體成了一國財政狀況的晴雨表:國家越富裕,《VOGUE》就越可能進入這個市場。蘇聯解體後的俄羅斯或經濟發展後的土耳其,一旦壯大的中產階級成功崛起,瞧!《VOGUE》就會大舉進軍,吸引新進富豪。雖然後來推出速度已經放緩,但新版本持續湧現,包含:二○一二年荷蘭版《VOGUE》,二○一三年《VOGUE》

泰國版和烏克蘭版，二〇一六年阿拉伯版《VOGUE》，二〇一八年推出《VOGUE》的波蘭版和捷克斯洛伐克版，二〇一九年香港版《VOGUE》和二〇二〇年重新發刊的新加坡版《VOGUE》（譯註：一九九四年推出三年後停刊）。

康泰納仕集團沒有將這種成長規模複製到其它刊物上。《VOGUE》是他們的一流雜誌，也是建立康泰納仕聲譽的基礎，所以現在是時候捨棄規模較小的刊物，全力讓《VOGUE》發揮出最佳表現了。

《VOGUE》提高其知名度並參與政治

《穿著 Prada 的惡魔》於二〇〇六年上映時，梅莉‧史翠普所飾演的可怕時尚總編輯米蘭達‧普瑞斯特利（Miranda Priestly）讓觀眾激動不已。她頂著一頭銀灰色髮型、從黑框眼鏡上方露出武裝的銳利眼神，犀利簡潔的名言，梅莉‧史翠普完美詮釋出時尚編輯這個角色，該部電影把一

家時尚雜誌的內部運作變成有趣的浪漫喜劇。片中講述安‧海瑟薇（Anne Hathaway）所飾演的小助理，必須周旋於冷漠上司強加給她的無盡考驗，在過程中發現自我。說穿了，這不過是一部關於找到自己使命與蛻變成長的簡單故事，只是套上了 Prada，就變成轟動影壇的曠世鉅作。在 IMDB 網站排名，該片是梅莉‧史翠普票房收入第二高的電影。[677] 而且，該片是根據《VOGUE》前助理，蘿倫‧薇絲柏格（Lauren Weisberger）的都會女性文學「影射小說」（roman-à-clef）改編，從此鞏固了安娜‧溫圖的名氣，現在人人都稱她是時尚女魔頭。

安娜‧溫圖發現到公眾情緒的變化，甚至可能注意到操作公關的機會。繼《穿著 Prada 的惡魔》之後是《時尚惡魔的聖經》（*The September Issue*），這是一部跟拍溫圖與其他工作人員製作美國版《VOGUE》二〇〇七年九月號的紀錄片。該片於二〇〇九年首映，內容聚焦於嚴謹的溫圖與充滿活力的葛蕾絲‧柯丁頓之間的合作關係，打開了更多時尚大門。創意總監柯丁頓大放異彩，無論是在走廊怒

氣沖沖地咒罵溫圖不同意的攝影作品，還是嚴肅坐著，緊抿嘴唇，不以為然，沉默以對。又是一個老掉牙的主題：個性衝突。觀眾們帶著窺視的欣喜感，紛紛回到戲院觀賞更多時尚雜誌的滑稽之舉。從未接受過採訪的溫圖變得更平易近人；柯丁頓在自傳中堅稱，該片過度強調兩人之間的磨擦，為戲劇效果刻意剪輯。678 溫圖和柯丁頓對於她們的日常生活呈現在大眾眼前的感覺完全不同。無論如何，從《穿著 Prada 的惡魔》到《時尚惡魔的聖經》，現在時尚界人士在主流社會的知名度上升到新的高度，而《VOGUE》員工，尤其是安娜・溫圖，成為人們最關注的人物。

安娜・溫圖經常被拍到，卻鮮少曝光，據說她像紅海一樣把人群分開。679 耳下內彎短髮，骨架單薄，戴著與世隔絕的墨鏡；細高跟鞋的咔嗒聲，啜飲一口星巴克。溫圖的知名度是由那個絕對不會認錯的特徵、從曼哈頓到梅菲爾的閒言閒語、現任與前任同事的宿仇積怨、以及排山倒海而來的負面報導，層層建立起來的。從冷若冰霜 680 到凜如寒雪 681，從惡魔

到撒旦 682，沒有哪個不是別人給她貼上的標籤，她不可能像梅莉・史翠普所飾演的角色形象那樣的單一。溫圖的職業生涯中遭受到許多尖酸刻薄的批評，一九九五年在某餐廳吃飯，一位反皮草的抗議人士高呼：「皮草巫婆！」然後把一隻死掉的浣熊扔進她的餐盤裡，二〇〇五年走進一場時裝秀時，有人拿豆腐派狠狠砸在她臉上（她一本正經地回說：「我想那是有機的」）。683 十年間，她遇過無數起事件，假血、送到她辦公桌的長蛆動物內臟包裹、684 騷擾、近距離攻擊，長達十年的時間要忍受這些不人道的行徑。

但溫圖從未抓狂失控、從未失去理智、從未服用處方藥被八卦媒體TMZ知道、從未被拍到從戒毒中心跑出來、從未見到她眼眶泛淚、從來沒有崩潰過。話雖如此，但溫圖已經遭侵蝕，她被鏨刻成一個卡通版的自己。她是我們都愛恨交加的喜劇反派，容易辨認的標誌性外表，讓任何人戴上假髮和墨鏡，坐在她的前排位置就可以模仿她。我們對她的又愛又恨，已經來到恨意消失殆盡、愛意變

成盲目崇拜的程度。她確實是名人，知名度和碧昂絲與金・卡戴珊一樣高，媲美貓王和瑪麗蓮・夢露，堪比麥可・傑克森和伊莉莎白女王。你說，有誰不認識安娜・溫圖？

擔任美國版《VOGUE》總編輯的第四個十年裡，溫圖是這本雜誌史上任職時間第二長的總編輯（埃德娜・伍爾曼・柴斯仍是在位最久的）。回首一九八〇年代後期，士毅・紐豪斯和亞歷山大・利柏曼就很喜歡她，因為她似乎象徵了《VOGUE》，不過他們無法在有生之年見到她成為時尚雜誌會行走、會說話的化身。現在時代精神的一部分是不斷增加她周圍神話的層次，她的聲望是《VOGUE》歷久不衰的部分原因，當我們的文化焦點從信任大品牌轉移到信任名人和電視人物等個體時，這一點尤其重要。雖然溫圖的形象有所削弱，但她似乎不太可能像人們所說的那樣荒謬。她執掌的雜誌發表過各式各樣的文章，從唐娜・塔特（Donna Tartt）685 的政治文到關於「海洛因時尚」趨勢的長篇文章，配上令人欽佩的負責任語氣和溫柔告誡，686 許多人說她把雜誌

同化成可識別的模板，硬要其它版本《VOGUE》採納，而且自從二〇一三年獲任藝術總監以來，康泰納仕旗下其它雜誌也是如此。品牌識別度是廣泛使用、備受稱讚的商業策略，她延續了士毅・紐豪斯和亞歷山大・利柏曼的精神遺產，他們都熱衷於追求議題和基調的一致性。在一九八〇年代的繁榮時期，這是出色的策略，但現在不再那麼盛行，因為人們逐漸轉向小眾刊物，更注重個人化、企業色彩沒那麼重的出版品。

商業頭腦一直是安娜・溫圖的超強特質之一：從推廣讓名人登上封面，到危機時刻保持巨頭康泰納仕持續運轉，但這個企業集團仍得承受經濟大衰退（Great Recession）的考驗——即二〇〇〇年代末到二〇一〇年代初的經濟衰退時期。訂閱數不確定，報攤銷售更不確定，數位媒體開始接管市場，各地高層主管還在絞盡腦汁思考如何賺錢。

康泰納仕國際集團拓展了餐飲服務事業，並透過一些高調的夥伴關係，授權其主要資產的名稱。

二〇〇三年，Vogue Café 在莫斯科亮相，提供社交熱愛人士一個品嚐少量歐風沙拉和炫耀勞力士的場所。二〇一三年，Vogue Café 到杜拜購物中心展店，這裡有號稱全世界最大的鞋店，接著烏克蘭、沙烏地阿拉伯和葡萄牙都有 Vogue Café，土耳其有一家 Vogue Restaurant，馬來西亞有一家 Vogue Lounge。確實有點淡化 Vogue 標籤的意味，而且這幾間都位於新興市場，注入新的資金。康泰納仕或許是擔心 Vogue Café 的概念在美國和歐洲大部分地區會讓人覺得俗氣，然而該公司為了慶祝英國版《VOGUE》一百歲生日，曾在倫敦開設快閃店試水溫。他們的全球營收不斷壯大，包含一個廣告分支機構、在紐約和倫敦的創意經紀公司、各種會議、活動以及利用自己資產的授權部門，重點明確擺在商業和利用《VOGUE》遺產，以維持他們文化影響力的大本營。康泰納仕可以透過為某個品牌建立行銷活動來獲得報酬，然後向該品牌收取在雜誌露出的廣告費，簡直是天才。

開發多種收入來源並不是安娜・溫圖的工作，但有明確線索指出她參與其中。二〇一一年，《女裝日報》報導指出，多虧女神卡卡 (Lady Gaga) 的封面加持（當時她的《天生完美》〔Born This Way〕專輯正值巔峰時期），《VOGUE》在美國的銷量激增了十萬份。[687] 實際上，《VOGUE》的銷量上升了近百分之十三，而那時整個出版產業的銷量卻下降了百分之九・二，[688] 他們幾乎是唯一有利潤的時尚雜誌。雖然在許多評論人士看來，女神卡卡似乎不夠時尚，但他們可能沒抓到重點，因為女神卡卡代表的是商業廣告。

困難時期有助於鞏固勢力，因為弱者會自動淘汰退出戰場。正如《VOGUE》有能力讓珍妮佛・安妮斯頓 (Jennifer Aniston) 這類票房保證的影星登上封面一樣，他們也有辦法超越競爭對手的預算和自家的版面。溫圖在印刷業陷入蕭條之際推出了「Fashion's Night Out」活動，《VOGUE》與市長的會議談成後，將紐約市列為夥伴，其贊助的購物活動包含免費飲料、名人亮相、派對以及大幅降價的設計師服飾，目的是提振經濟衰退後的消費買氣。當時銷售低

迷、民眾不太消費，溫圖的參與，再次為一系列活動注入了活力。支持整個時尚產業是《VOGUE》一直在做的事；這有助於鼓勵他們所寫的世界，也是與設計師和其他人才建立穩固關係的好方法。

溫圖在維護《VOGUE》影響力的方面投入更多。約翰·加利亞諾、麥可·寇斯（Michael Kors）以及馬克·雅各布斯（Marc Jacobs）等設計師，時尚大片若沒有她給予的支持，他們可能不會飛黃騰達。有報導指出，溫圖甚至向參議員說明國際紡織品貿易與關稅的影響。689 她讓希拉蕊·柯林頓登上封面，是首位登上《VOGUE》封面的第一夫人，事實上，溫圖是政界的重要人物，她為歐巴馬的連任競選募集了五十多萬美元（因而列入最高贊助人名單），拍攝宣傳片，並在自宅舉辦募款活動。蜜雪兒·歐巴馬（Michelle Obama）三度登上《VOGUE》封面，據說溫圖還為她的公開亮相設計造型，她與白宮的關係甚至發展到討論合作舉辦時尚工作坊的程度，690 還有傳聞說她將榮獲大使頭銜。

在溫圖帶領下，《VOGUE》毫不避諱表示其政治偏好傾向民主黨。二〇一六年，他們支持希拉蕊·柯林頓而非唐納·川普，這是《VOGUE》第一次在大選中選邊站。691 溫圖可能有許多特點，但最重要的是，她完全證明了時尚產業有多少軟實力，據估計，二〇一七年時尚產業的軟實力價值兩兆四千億美元。692 時尚的影響力竟讓她這位《VOGUE》掌門人，足以撼動美國這個全球經濟和軍事超級強國的總統大選，值得我們深思。

CHAPTER 16

From 'Porno Chic' to 'Parisienne Chic'

Selling Stereotypes

「色情時尚」走到「巴黎女子時尚」

銷售刻板印象

二〇〇〇年代：挑戰審美標準

一九九〇年代和二〇〇〇年代早期依然專注於提倡苗條身材，營養不良的體型，憔悴消瘦的臉蛋，[693] 即使瘦到肋骨根根分明，封面上的年輕女孩依舊露出開心或性感的笑容。女性雜誌經常出現有毒的潛台詞：女人來這裡完全是為了取悅男人。如何勾起慾望的專欄大受歡迎，結果整個世代的女孩都接受時尚雜誌的指導。女人應該性感誘人，但不能太容易到手，應該自由奔放但不能狂野，應該充滿自信但不愛出風頭。無論法律在女性方面有何改變，社會都讓人感受到真正的競爭壓力。

卡琳·洛菲德在千禧年接任法國版《VOGUE》總編輯，她把一本雜誌拼湊成「莫洛托夫雞尾酒」（Molotov cocktail，即汽油彈、燃燒彈），一種荒謬、明顯性暗示、時而冒犯的感官衝擊。作為女人的各種全新樣貌，終於從為性解放奮鬥的性戰爭中開鑿而出。[694] 洛菲德在《VOGUE》雜誌對高級時尚、各種性的詮釋大獲成功，也造成非常兩極化的評論。這次當然是實驗性質；似乎展現出所有女性可能的形象。幾乎見不到舊主流媒體上的「女孩」，而許多新版本的女性特質在頁面上閃閃發光，示意我們迎向未來。

二〇一一年接替洛菲德總編輯職務至今的伊曼紐爾·奧特（Emmanuelle Alt），發現自己面臨的環境局勢與過去截然不同（譯註：奧特已於二〇二一年五月離職，現任總編輯為尤金妮·托吐〔Eugénie Trochu〕）。二〇〇〇年代初期，女性需要展現自己的性存在（sexual being，譯註：係指人以有性的個體存在）並重新找回自己的情慾，到了二〇一〇年代，女性已經開始轉向自我滿足。她們從想要獲得物質財富，到越來越常消費數位流行事物和重視知識。多樣性、增能賦權、身體自主和社會包容，是這個時代的代名詞。

因此，奧特所提供的雜誌產品必須帶來自我意識、認同感和態度。隨著科技漸漸操縱我們的認知、挖掘我們的不安全感，我們需要比以往更有判斷力。奧特的返璞歸真作法，強

調母性、自信、簡單穿搭、自然衰老的過程、權利機會與教育，讓法國版《VOGUE》盡量貼近了真實生活。我們需要得到鼓舞和鼓勵，至於人類生物學的真相，如生育或變老，則需要徹底得到接納和正常看待。

然而，即使是健康的形象和身分認同，也會變成新的刻板印象。作為社會與其願景的真實寫照，時尚雜誌正在滿足一種需求，某些評論家開始認為，時尚媒體的從業人員不再是記者，而是銷售員，雖然是代表《VOGUE》品牌的大使，但他們也必須打造自己的品牌。洛菲德和奧特在當上總編輯之前有段很長的造型師生涯，雖然洛菲德的風格是限制級，而奧特是普遍級，但她們都精通視覺編碼，知道如何描繪社會價值，《VOGUE》回應周圍世界的方式，一直是它成功的關鍵。

瓊恩・茱麗葉・巴克準備接任法版《VOGUE》總編輯位置時，有人建議她挖角卡琳・洛菲德，這位身形修長、英氣濃眉、臉帶雀斑的造型師在法國《ELLE》工作了十五年。見面

時，巴克直覺感受到洛菲德總有一天會取代自己成為總編輯……她的直覺沒錯。695 二〇〇一年，洛菲德正式被任命法國版《VOGUE》總編輯時，已經成為業界另一位神話般的人物。在《觀察家報》看來，她像是「巴黎吸血鬼……以身穿黑色套裝、開高衩窄裙和超高細跟鞋著稱」。696 其它評論則是「風情萬種，頹廢，憂鬱」。697 她的重要地位足以登上時尚權威商業評論平台 BoF（The Business of Fashion）的全球五百位時尚領袖名單，他們形容她的風格是「總是穿高跟鞋」和「頂著夜貓子髮型和妝容」。698《金融時報》說她是「帶有一點施虐色彩的編輯」，699 不過在所有的描述中，她絲毫沒有健康的幽默感。她在採訪時拒絕浮誇的讚美，反而喜歡說自己長得像頹廢至極的龐克傳奇伊吉・帕普（Iggy Pop）。700

如果她的聲望是依靠搖滾惡女（femme fatale）的形象，那是因為她在編輯工作和服裝選擇方面都忠實描繪出這種美學。後來公司發送的一份備忘錄歡迎卡琳・洛菲德加入公司，並指派她擔任法國康泰納仕集團

的創意總監。在她的管理下，法國版《VOGUE》聲稱其重點是讓雜誌再次成為真正的法國雜誌——儘管與巴克的優雅理性版本完全不同。巴克帶領法國版《VOGUE》的核心原則是，努力不懈推廣法國文化，渴望激發女性的智慧。巴克反對一頁頁的蕾絲內衣，她擔憂的正是洛菲德所代表的那種「法國特色」：落入性感俗套。[701]她覺得如果沒有自己的影響，法國版《VOGUE》就會走回露奶頭和叼香菸的老路。[702] 事實證明確實如此，只是以最意想不到的方式。洛菲德執掌的十年間，在雜誌上刊登過許多難登大雅之堂的照片，其中不少引起了國際憤怒。

果然正如巴克害怕的那樣，叼菸橋段立即重出江湖。二〇〇三年夏天出了一版暢銷的封面，影星蘇菲・瑪索（Sophie Marceau）斜著眼、豐滿美唇銜著一根細長涼菸的特寫鏡頭。[703]二〇〇九年四月拍攝了一組題為「禁止吸菸」的時尚大片，畫面聚焦在模特兒莉莉・唐納森（Lily Donaldson）扮鬼臉、把弄嬰兒玩偶上。[704] 模特兒扮演一位準媽媽，挺著假孕肚，同時也穿著既性感又稚氣的服裝。有一張照片顯示，她身上的粉白格紋摺邊圍裙勉強遮住隆起的孕肚，長度正好到內褲線，大多數照片都是全身照，使人注意到她露出的長腿。評論人士對這種不太溫柔婉約的母親形象發動攻勢，主要是批評標題的那張照片，畫面是這位準媽媽正在抽菸。

袒胸露乳回歸成為普遍主題，有時會出現令人極度震撼的詭異場景，像是有個女人爬上桌子，將一把大剪刀插進金魚缸裡的時尚照片。[705]二〇〇七年，洛菲德發表了一組作品，模特兒凱倫・艾臣（Karen Elson）看起來無精打采，雪白光滑的四肢被盤繞的亮面黑繩和複雜的繩結綑綁起來。[706] 蒼白的肌膚在陰暗的背景下形成鮮明對比，耀眼的紅色捲髮為她增添唯一的色彩。雖然模樣倦怠，她的四肢擺放位置還是參考了 BDSM 的實際作法：手腕綁在背後，或綁住雙臂吊在頭上，或將雙手綁在胯前。這個系列由大衛・西姆斯（David Sims）拍攝，最初刊登在法國版《VOGUE》十二月／一月的日曆上，結果迴響糟糕透頂，不僅女性主義者反彈，訂閱

戶也是。辦公室電話接二連三地響，怨聲連連。對此洛菲德只是聳聳肩，她稱之為「誘惑的綑綁」。707

另一組拍攝，致敬法國性感偶像和昔日的戀人塞吉・甘斯柏（Serge Gainsbourg）與珍・柏金，照片以性愛和香菸為特色。二〇一〇年五月，由馬里歐・泰斯蒂諾拍攝的「La Decadanse」，名模黛莉亞・維寶莉（Daria Werbowy）與藝術家法蘭切斯克・維佐利（Francesco Vezzoli）在十多頁火辣的照片裡互相挑逗愛撫。708 在某間擺放著一九七〇年代鋼管家具的不起眼辦公室場景，他一身石灰色西裝，她則穿著帶有金屬感的灰裙，沒多久便褪去，露出鴿灰色內衣和極薄透的灰絲襪。在沒有其它顏色的情況下，絲綢、壓克力、皮革、尼龍，這些材質的效果明顯增強。所有的拉扯頭髮、拱背、撕裂衣服（女方的）動作，都成功地讓人看起來既真實又極具戲劇性。

二〇一〇年十月，泰瑞・李察遜（Terry Richardson）拍攝了故事「Festine」（大致翻成「盛宴」）。709

顯然這個系列是對食慾這個概念的發揮，運用了二元對立。穿戴吸睛珠寶、渾身魅力的美人，在一盤盤美食面前完全變成穴居女人，激烈咬著手裡抓的生牛肉、用手搓揉番茄義大利麵，吞下一整條魷魚。這次聘請模特兒克莉絲朵・萊恩（Crystal Renn），她曾是厭食症患者，後來變成大尺碼名模，連她的自傳書名都叫《飢餓》。拍攝這種主題似乎有點讓人不舒服，但如果克莉絲朵・萊恩覺得受到冒犯，她大概也不會接下這次委託。

更具爭議性的是二〇〇九年「Spécial Top Models」那期。710 該期雜誌定調成向模特兒界最優秀的人致敬，裡面卻沒有一位黑人，令人感到驚訝的失策。更糟糕的是，裡面一組十四頁荷蘭名模蘿拉・史東（Lara Stone）拍攝的廣告，皮膚卻完全塗黑……顯然他們把她的白皮膚塗成棕色時，沒人想到要問任何問題。法國版《VOGUE》在表現少數種族議題方面，向來關係緊張，而這段插曲一點幫助都沒有。

法國版《VOGUE》聲稱對黑臉

爭議一無所知，如果以為發行量較小可能不會有人注意到，那麼他們肯定是忘記我們身處於網路世代。抗議活動的爆發，點燃了反對法國版《VOGUE》對種族議題不敏感的火炬，透過部落格和社群媒體，甚至是正規新聞管道和報紙，傳遍世界各地。在 CNN 的報導中，一名客座專家說得沒錯，雖然黑人面孔主要與美國歷史有關，但並不構成任何拍攝這種作品的正當理由。[711] 以為歐洲人對殖民地不人道的話題一無所知，荒謬可笑，況且，如果法國編輯團隊真的這麼天真無知，那拍攝這些畫面的美國攝影師史蒂文·卡萊恩（Steven Klein）應該也能夠告訴他們這是多麼冒犯的舉動。這些拍攝都是由洛菲德親自設計的。

超模扮成黑人還不是洛菲德最引人詬病的作品。在二〇一〇年十二月至翌年一月號，法國版《VOGUE》刊登了一組長達四十頁璀璨奪目的時尚大片，呈現眾多名品禮物，提供讀者和他們心愛的人一種聖誕節購物指南。[712] 裡面有海瑞溫斯頓（Harry Winston）和其它如卡地亞和寶詩龍（Boucheron）等頂級珠寶商的綠寶石；Christian Louboutin 設計的豹紋水晶穆勒高跟鞋；從浪凡到瓦倫提諾等設計師的晚禮服，其中寶曼（Balmain）設計的金色亮面連身裙特別引人注目。對於行銷奢華精品的時尚雜誌來說，這些都是常見的內容，一群女模擺出經典姿勢，噘起嘴撩人，頭頂花俏髮型，濃妝豔抹和修剪整齊的紅甲。不尋常的是，這些女模全是兒童，據報導年紀最小只有六歲。

比看到稚嫩臉蛋抹上煙燻眼影、唇彩和腮紅的小女孩們更讓人不舒服的，是這組作品的潛台詞。題為「Cadeaux」（禮物）的作品給讀者留下不安的印象，好像這些孩子是送給成年觀眾的禮物。她們擺放的姿勢沒有讓這部作品變好一點，照片裡，有的仰臥在沙發上、有的斜趴在虎皮上、或者躺在裝飾華麗的樹下，周圍都是包裝好的禮盒，她們抬頭看著鏡頭，表情冷酷無笑容。

網路的譴責聲浪立即湧現，批評更是露骨直接。例如，部落客潔妮·賈丁（Xeni Jardin）以「Pedocouture」

為題寫道,「這組時尚廣告把兒童模特兒裝扮得與蕩婦有點相似」。[713] 一名用戶在 Frockwriter 平台發文說:「這才不是小女孩的扮家家酒!而是藉由讓小女孩穿得像妓女、擺出情色誘惑姿勢來推銷奢華服飾。」[714] 另一名 Frockwriter 用戶評論:「如果這些表情加上那種服裝/妝容,出自於一名夜店的成年女子,那麼傳達的訊息就很明顯。不能只是因為表現這種肢體語言的是孩子,就把它與常見的含義區分開來。」[715]

但對「Cadeaux」更分析性的解讀可以提供更多思考脈絡。一位來自英國的部落客觀察到,在一個消費者社會中,女性必須看起來像青春期少女,成人服飾才能賣得出去,現在孩子被扯進來也許是我們自己的「錯」。[716] 一位替女性主義部落格「Jezebel」撰文的前模特兒則認為,這是「對於時尚界愛好年輕女孩這種不健康觀念的惡搞與批評,並非認可或美化它」。[717] 或許洛菲德真的是希望突顯這個世界樂於利用少女優勢的虛偽,但如果對象只是年輕個幾歲,就會感到深刻的道德憤慨。

文化學者利馬(Reimer)、托森柏格(Tosenberger)和沃德克(Wodtke)指稱,其實這整份節慶刊物旨在挑戰和諷刺時尚界對於美的狹隘觀念,[718] 他們透過檢視三項主要專題拍攝得出這個結論。首先是「Cadeaux」,提出關於剝削年輕人的複雜問題。排在雜誌中間的是「Forever Love」,拍攝一對白髮蒼蒼、皺紋明顯的老夫婦,陶醉地互相撫摸,彼此法式激吻,同時身上戴滿精美珠寶。[719] 這裡與主流時尚媒體見不到年長男女性形成對比,主流媒體往往以美化年輕人為主。

最後具挑釁意味的時尚大片惡搞了計畫性的整型手術。「La Panthère Ose」上演了令人極度不安的故事,中年婦女身穿動物紋衣服,暗示她是專找小鮮肉的熟女,做完各種整容手術恢復中,被一群男孩玩物伺候著,還用海綿幫她洗澡。[720] 臉和身體都纏著繃帶,但她在每個畫面中都經過精心安排,秀出眾多設計師名品。癱坐在輪椅上時,腳穿 Gianvito Rossi 的叢林綠涼鞋,套著 Azzedine Alaïa 的斑馬紋大衣。痛苦地躺在床上,軀幹打了石膏,臉被蒙住,嘴唇有血塊結痂,

一名追求者用香奈兒五號香水輕觸她，愛馬仕提包擺在旁邊。昂貴的巨大寶石鑽飾在沒有包紮到的身體部位閃爍發光，戒飾塞進手指，厚重手鐲掛在虛弱的手腕上。雖然可能是匿名虛構的故事，但在現代社會也是顯眼的刻板印象：無數女性願意冒著給外科醫生開刀的風險，不惜一切去達成不可能的審美標準。

這則照片故事引起民眾注意到財富與性感、風格與痛苦之間的複雜關係。或許這會讓人開始問道，我們是怎麼學會欣賞香奈兒、Gucci、寶格麗的美，卻否定和貶低我們本身的自然美？我們的血肉之軀永遠無法被石頭、金屬礦物、奶油般柔軟的羊絨或皮革製品所取代。從「La Panthère Ose」最深的層次來看，可以將其解讀成時尚受害者的警世寓言。

約莫在她讓人印象深刻的執掌生涯過半之際，洛菲德接受過一次採訪，有位記者相當諂媚地說：「妳其實正在重新定義巴黎，對嗎？」721

這個首都於九〇年代和〇〇年代

初期確實正在重拾文化的莊嚴。修繕工程可見林蔭大道改頭換面，巴黎大皇宮（Grand Palais）也得以翻修。隨著這股活力的注入，巴黎一些享譽盛名的時尚品牌也開始復興。紀梵希（Givenchy）、巴黎世家（Balenciaga）、浪凡以及迪奧都任命了年輕的創意總監，他們的使命是將舊世界的遺產轉變成新的設計。與湯姆・福特（Tom Ford）的高調合作意味著，洛菲德協助定義了過度性化（Hyper-Sexualised）的新 Gucci，並設計一九九〇年代洛杉磯的「騷貨造型」。所以洛菲德的風格在這段期間首度被稱為「色情時尚」（porno chic），這樣的經歷讓她贏得其他時尚領袖和即將成為超級明星的新秀們的認可，有了一定的威望，她也將這種威望傳到法國版《VOGUE》。

「色情時尚」這個詞彙是隨著社會逐漸性化而浮現的，從一九六〇年代開始，立法和媒體對於裸露的規定開始放鬆。它指的是主流文化的「色情化」，由於時尚的裸露與色情圖片之間的界線漸漸被打破，劃清界線並不容易。洛菲德更喜歡把自己的作品

稱為「情慾時尚」（erotic chic），但她承認「色情時尚」比較容易脫口而出。722 這兩者的區別很微妙：她的解釋是「情慾」保留了一點神秘和誘惑，但「色情」沒有保留任何想像空間。這些定義有其道理在，但洛菲德在發表模特兒克莉絲朵・萊恩的陰毛正面全裸照時，很難認為她是採用情慾的柔和手法。723

從洛菲德的作品中挑出幾個極端的例子並不難，但其中也有可取之處，不容忽視。她的採訪者在討論「重新定義巴黎」時，他們真正的意思是洛菲德的包容性。因為傳統巴黎人的審美觀非常固定，但洛菲德在她的法國版《VOGUE》中經常探索和擁抱不同事物。她不害怕刊出老人、年輕人、大尺碼或性別模糊的圖片，探索禁忌方面，她當然毫不猶豫，無論這些禁忌是與性別、性向有關還是純粹情色，一些她設計的時尚大片在以前被認為丟臉，現在會受到鼓掌歡迎。二〇〇七年有一張封面呈現的是，派對企劃安德烈 J（Andre J）穿著綠松色迷你短裙和高跟裸靴，724 讓一個留著黑鬍子的男模特兒擺出女性姿態，邊笑邊嬉鬧，在當時是想像不到的大膽行徑。雖然不是很久以前，但是在《魯保羅變裝皇后秀》（RuPaul's Drag Race）這類電視節目讓變裝皇后變得正常化之前，那時候安德烈 J 還被稱為變性人和異裝癖。

洛菲德可以說是靠驚嚇值（shock value）交易的，她之前承認過喜歡扮演挑釁者的角色。725 法國版《VOGUE》曾經被認為是「愛慕虛榮」的雜誌，是洛菲德讓它變得性感起來，因為她的圖像具有真正的美感和審美吸引力，在許多尖銳的主題上都能僥倖成功，還有她的個人崇拜。我們用來總結某種特殊魅力的流行語都適用在洛菲德身上，例如「潮女」（it girl）、「驚艷亮點」（wow factor）、「名人魅力」（star power）。美國版《VOGUE》多次介紹到她也並非巧合，有人甚至說她是一九九九年和二〇〇一年的專欄寵兒，被譽為「造型師中的造型師」726、「自帶光芒的人」727、「最搶眼的風景」728 以及「對過去十年數百萬女性爭相穿戴的服飾造成了決定性影響」。729

她與攝影師的關係更融洽，在名人間更受歡迎。在她任職期間，客座編輯重返法國版《VOGUE》，有一線巨星和超級名模，都是從她那份似乎取之不盡的耀眼朋友名單中所挑選出來的。其中包含潘妮洛普‧克魯茲（Penélope Cruz）、凱特‧摩絲、蘇菲亞‧柯波拉（Sofia Coppola）、夏洛特‧甘斯伯格（Charlotte Gainsbourg），當然，還有她的閨蜜湯姆‧福特。客座專題給人一種相簿感，版面編排讓人想起女學生的剪貼簿，把平凡的生活細節變成偷窺的素材。洛菲德能夠將她的人類主體本質轉移到物質產品，例如，蘇菲亞‧柯波拉的封面拍攝就像她的電影一樣優雅、夢幻而孤獨。

洛菲德領導的體制利潤豐厚，時尚雜誌的版面突然被廣告填滿，發行量上漲，據報導，二〇〇一到〇五年間，發行量飆升了百分之四十，喬納森‧紐豪斯自然引以為豪。[730] 然而，洛菲德聲稱至少花了兩年時間才實現商業轉機；再花三年時間才滿意收到的廣告速度，即使是《VOGUE》，銷售廣告版面也很困難，而在法國這種小市場見效的辦法到了美國就失效

了。值得讚許的是，儘管康泰納仕是企業集團，但他們承認這點並允許卡琳‧洛菲德這樣的形象包裝者擁有一定的創作自由。

雖然在美國備受崇拜，但試圖移植像洛菲德這樣堅定的巴黎人是不可能的。她的法國版《VOGUE》所面對的是一群雜食性觀眾，自尊心尚未被消費主義摧毀，也沒有不安到去買雜誌叫他們買的任何東西。所以雜誌不用太迎合潮流趨勢，反而更能致力於讓一切成為高級時尚，而這很明顯是前造型師所編輯的雜誌。

卡琳‧洛菲德在什麼情況下離開法國版《VOGUE》的，當然是機密，官方正式聲明是她請辭，但這個通常是大公司在談判遣散費會用的說詞。[731] 許多評論家都認定是她刊出「Cadeaux」那組照片後遭開除（或被迫請辭），有傳言主要的廣告商因反感而威脅要撤掉廣告。[732] 與此同時，洛菲德表示已經考慮離開一段時間，因為總編輯工作已做滿十年。[733] 也有其他人說康泰納仕厭倦她私下承接大型時裝公司的諮詢業務，但她堅決

否認。734 如果是真的，這樣等於賄賂，因為她可以鼓勵品牌製作她要宣傳的服裝。什麼是惡意的流言蜚語，什麼是洛菲德濫用權力（如有的話），難以區分，但被巴黎世家列入黑名單肯定是康泰納仕在她任期內尤其明顯的尷尬之一。無論如何，法國版《VOGUE》極度排外，多半是提拔自己的愛將，而不願費心去挖掘新人才，這是他們經常遇到的批評。735 往往接獲委託的是少數已經出名的攝影師，要在《VOGUE》出版資訊欄找到新的名字比大海撈針還難。

在離職後的一次採訪中，她說自己的自由越來越少，政治正確的壓力也越來越大，736 無論什麼原因，看來卡琳・洛菲德與《VOGUE》已經不適合彼此了。自此以後，她從出書到成為紀錄片題材完成了所有事情。洛菲德留住她的知名好友，甚至繼續大張旗鼓推出自己的雜誌，如同所有在時尚界成名的人，她知道怎麼宣傳自己，儘管她假裝對品牌推廣一無所知，737 但仍繼續利用自己的名人魅力，甚至假裝自己是第一個在《VOGUE》雜誌打破禁忌的人。738

二〇一〇年代：訂定健康的標準

《VOGUE》法國總部在聖奧諾雷市郊路（Rue du Faubourg Saint-Honoré）56 號 A，位於巴黎第八區，是巴黎時裝店和精品店密度最高的街道。往前走個幾步，你會看到愛馬仕旗艦店，緊接在後是新古典風格建築的克里雍酒店（Hôtel de Crillon），璀璨輝煌，《VOGUE》坐落在此真的是適得其所。

二〇一一年年中，這裡的六樓有動靜。一位充滿傳奇色彩與活力的總編輯騰出位置，由另一位相對謹慎低調的時尚總監取而代之。與卡琳・洛菲德一樣，伊曼紐爾・奧特也在《Elle》工作過，而且與卡琳・洛菲德一樣，伊曼紐爾・奧特也是二〇〇〇年加入法國版《VOGUE》。十多年來，她把洛菲德的想法傾注於雜誌版面，在時尚部門一路從助理、造型師、編輯，做到總監。她製作過無數的靜態拍攝，無窮無盡的通告單到簡報；在「色情時尚」的輝煌時代，一直隨時協助享樂主義系列的拍攝工作。她熟悉所有流程，而現在她掌握了主導權。

卡琳‧洛菲德掌管這間辦公室時，這裡依舊純白一片，白色書架空蕩蕩的，她的臉部巨大特寫和水鑽骷髏頭是唯一的裝飾品，739 碰巧奧特也帶來一個裝飾用骷髏頭，空間維持得超級簡約，只有零星擺放著藝術書籍、香氛蠟燭和一個她十九歲時與閨蜜卡拉‧布魯尼（Carla Bruni Sarkozy）的合照相框，她希望訪客知道，她認識有權有勢的人。她是普遍認為接下總編輯位置的安全人選，在公司任職已久，洛菲德離職後可以無縫接軌，但兩人已經不再講話了。

奧特的背景是造型，與洛菲德一樣，相似之處僅此而已，因為她們的審美觀完全相反（儘管她們的辦公室擺設想法雷同）。奧特提倡「自然」（au naturel）態度；走簡單低調男孩風的牛仔褲、西裝外套、素面 T 恤，講求鞋子的實用性。在採訪中，她的立場是自信與舒適度使女人有吸引力，踩著無敵高的跟鞋搖搖晃晃或穿上緊身套裝扭扭捏捏，一點都不酷。

無所謂，反正時尚界在這兩位總編輯前後任職約十年期間已經翻天覆地。預測者不斷恐嚇銷售可能下滑，當網路世代開始吃掉雜誌讀者時，各家刊物都驚慌得張口結舌，整個產業面臨更多的變化。到了二〇一二年，時尚已是價值超過一兆美元的全球產業，740 從貿易密集度來看，這樣的產業價值讓時尚成為全球第二大經濟活動。線上零售業正在崛起，發展出分散型的全球商業大街；這個趨勢反映在全球書報攤上，出版業者急忙建立數位管道，以應對紙媒發行量的下滑。像《VOGUE》這樣的全球品牌不得不重新配置業務，並鞏固主導地位 —— 迅速採取行動對抗部落客日益增加的影響力。二〇一九年接受《VOGUE BUSINESS》採訪時，奧特的評語很貼切：「以前我為一家雜誌工作，現在我為一個品牌工作。」741

雖然定義法國版《VOGUE》可能會是問題，但能否達成期望也是問題。試著在網路或報章雜誌上找看看，有沒有哪一篇報導、部落客文章、留言評論、甚至是標題，不把奧特當成行走、講話的法國代表的。《電訊報》呼喊：「有誰比她更法式？」；StyleCaster 網站說：「她是道道地地的

巴黎人」；時尚產經媒體 BoF 評述，她「體現巴黎人的時尚」。

探討法式精神（Frenchness）的觀念是很重要的，因為這為她的 Vogue.fr 網站吸引了眾多的線上讀者，也讓他們 Twitter 主頁上的追隨者人數不斷增加（二○二○年，追隨者人數約兩百四十萬，對於一份紙本發行量不到二十萬的雜誌來說，是非常高的數字）。[742] 顯然這個 Twitter 頁面使用的語言是英文，他們迎合的不是當地讀者，而是渴望成為 VOGUE 巴黎夢的國際讀者。網路或許已經讓整個產業擺脫地理位置的束縛，但若有什麼影響的話，那就是網路更進一步鞏固全世界對法國首都和高級訂製服歷史的迷戀。雖然奧特表示，她很自豪從紐約到馬德里都能遇到與法國版《VOGUE》非常契合的人，但一定也會有對這種抱持法式刻板印象感到厭煩的時候。[743] 有次採訪被問到，「妳需要多顧及法國版《VOGUE》的法式精神？」奧特的回答很誠實：

真好笑，我不確定法國女性對自己的看法是不是與世界其它地方一樣：那些關於法國女人從不發胖的書籍，好像我們有什麼神奇的新陳代謝系統似的。那只是幻想！這本《VOGUE》的特別之處在於……我們用城市來命名巴黎版《VOGUE》。每個人對巴黎女人都有一個清楚的概念。[744]

追求日益成長的國際讀者，對於奧特領導的《VOGUE》產生了某程度的中和效果，政治正確已經成為一股無法違背的力量，所以任何洛菲德將女性身體當成性客體的處理方式都不可能採用。這些變化也可能是公司政策改變的結果：法國版《VOGUE》不能再出現飲酒抽菸的畫面，但她們保留裸露上身的許可，巴黎版《VOGUE》的創意總監稱讚奧特更商業化 [745]，也因為對性身體的描繪更加合情合理而受到媒體推崇，然而，還是有些評論家批評奧特過於傾向主流。一篇發表在文化部落格的深度文章說她製作的首期雜誌「令人大失所望」[746]，接著情緒激昂地討論奧特的時尚大片選擇，以及其在更廣泛社會框架下的意義：

在這場為女性身體奮戰的全球戰

役中，卡琳・洛菲德是我的直布羅陀巨巖，是為世界各地女性奮戰的巾幗英雄，尤其是在保守潮流開始把矛頭指向女性的美國。

巴黎版《VOGUE》現在是國際性出版刊物，可以提升法國在全世界對女性解放的影響力和態度，特別是如果康泰納仕願意考慮那些不可能的部分，並以多種語言在網路發行的話。

我不需要伊曼紐爾・奧特來告訴我女性的真實日常，我需要她告訴女人們擺脫困境的方法。[747]

雖然見解深入，但這是有爭議的觀點。法國絕非女性權利的領導者，此外，奧特重視真實的表現，在女性形象自然化這方面付出了許多，並且歌頌各種樣貌的女性特質。

二〇一二年十一月號出現了三位知名的超級名模，照片中她們穿著同色系的藍色刷白牛仔褲和清爽的白襯衫：二十幾歲的達莉亞・沃波依（Daria Werbowy）、四十多歲的史蒂芬妮・西摩（Stephanie Seymour）、六十幾歲的勞倫・赫頓（Lauren Hutton）——每個人都看起來嫵媚動人，毫不刻

意。標題寫著：「二十到六十，風華正茂」。傳遞的訊息非常明顯：年齡不重要。

家庭概念也涵蓋了進去，並受到讚賞，且特別關注母親與孩童，這是另一個時尚界經常認為過於雜亂的主題。重視法國人最喜愛的面孔，流露出令人欽佩的民族自豪感，他們向以下人士致敬：退休的偶像、貴族、卡爾・拉格斐的繆思女神伊內絲・法桑琪（Inès de la Fressange，二〇一四年特刊的客座編輯）[748]；前童星、香奈兒代言人凡妮莎・帕拉迪斯（Vanessa Paradis）[749]；奧斯卡得獎影后瑪莉詠・柯蒂亞（Marion Cotillard）。

忠於巴黎版《VOGUE》突破社會界線的傳統，奧特也打破常規，讓首位跨性別模特兒、巴西長腿黑髮美女瓦倫蒂娜・桑派歐（Valentina Sampaio）登上封面。[750] 奧特稱讚桑派歐是「偶像」和「美人」，她在「總編的話」中寫道，她希望更加包容的時代即將來臨。[751] 由墨特與馬可斯（Mert and Marcus）操刀拍攝，於二〇一七年三月發行，奧特再次證明

她將這本法國出版物視為全球雜誌。該期雜誌在川普總統推翻保障跨性別學生政策的同一週上架。她最新一次涉足身分認同政治是二〇一九年二月號的中性議題,整本雜誌都在頌讚中性化風格。

身為形象包裝者和造型師,奧特懷念更多的參與。當她接下總編輯位置,她向自己承諾仍會每期發表一篇時尚報導,但有時根本辦不到。752 她說現在一場拍攝至少二十人參與,相當於一部小電影的製作團隊,753 這與二〇〇〇年代早期,M／M 創意二人組馬提亞斯·奧古斯提尼亞克(Mathias Augustyniak)與麥克·安姆薩拉格(Michael Amzalag)擔任藝術指導的情況截然不同。以前拍攝是非正式的實驗性質,那時候還是新手的奧特曾失態提醒 M／M 二人組參考《VOGUE》檔案資料庫,但他們不屑這種利用資源獲取靈感的想法。然而,這些檔案資料是無價的,否則從漢姆特·紐頓到諾曼·帕金森等傳奇人物的影響都是一種罪過,這些攝影師開發出來的風格、藝術筆觸和視覺線索仍然是時尚攝影的核心。在現今時尚界,這些現場拍攝技巧被遺忘了,對話往往圍繞著平面造型、修圖和後期製作,不過這又是一個趨勢問題:現在正流行承襲傳統。當然,奧特(現在是上司,不再是菜鳥)可以讓其他員工對於《VOGUE》的珍藏規模印象深刻,並鼓勵他們發展自己的藝術感,而不是只懂得使用 Photoshop 等圖像軟體。「我希望周圍的人知道他們多麼幸運……這是一份禮物,沒有其它雜誌能夠呈現出來。《VOGUE》有種與眾不同的感覺……每天都感受得到,而且具有歷史意義。」754

奧特的有趣之處在於,她完美詮釋出《VOGUE》員工的形象,她按照公司規定行事,但又以自己的方式進行顛覆。與美國版《VOGUE》龐大的發行量相比,法國版《VOGUE》可能小巫見大巫,但仍坐擁令人莫名崇拜的地位。坐在法國時尚階層的頂端,她的工作是讓「巴黎女人」具體化,那麼在二十一世紀,「巴黎女人」的特質究竟是什麼?不是虛榮,因為奧特不喜歡坐在前排受到關注;不是永保青春,因為奧特拒絕把青春包裝成商品,販賣給年長女性,而是選擇將成

熟表現成令人嚮往的目標；不是優雅，
因為奧特願意大聲斥責不公、提倡平
等。她不貪婪也不崇拜名人；空洞的
偶像崇拜在這裡被包容性取代，在一
個媒體狂熱的世界裡，這就是顛覆。

　　即將迎來伊曼紐爾・奧特執掌傳
奇雜誌十週年之際，巴黎代表著時尚，
奧特必須翻譯這個訊息，並詮釋給世
界各地。到目前為止，奧特擔任總編
輯的時間已經夠長，她對於法式精神、
時尚和巴黎版《VOGUE》的定義已經
廣為人知。她透過一種創造性冒險又
保持平易近人的方式來表達，這點需
要在過去和現在之間取得微妙的平衡；
協調檔案資料的重要性和注入新血的
必要性；吸引新的線上追隨者的同時
也取悅老派訂閱戶。只有一種特質是
真正合乎巴黎女人的特性，也具有歷
史性，那就是排外。當喬納森・紐豪
斯告知編輯們，在《VOGUE》職責之
外接案違反公司政策 [755]，奧特一副毫
無疑問的樣子回說：她完全屬於巴黎
版《VOGUE》。[756]

CHAPTER 17

'Vogue Will Always Be Vogue'

Right Now and What Next

「Vogue 永遠是 Vogue」

現在與下一步

從舒爾曼到恩寧佛

在英國，一場鉅變即將來臨。這個版本過去歷史上以古怪的英國癖著稱，令人驚訝，但美感又讓人賞心悅目。有點不按常理出牌，有點浪漫，有點奇怪，而那些年代早已逝去。雖然安娜・溫圖經常被認為是一九八〇年代中期，在她任內扼殺英國版《VOGUE》個性的罪魁禍首，但事實是溫圖與她的接班人蒂爾貝里斯領導的雜誌仍保有光芒與高雅，一點舊世界的魅力和明顯八〇年代舞蹈的影響。但莉茲・蒂爾貝里斯被赫斯特集團挖角後，移駕到美國的《哈潑時尚》，讓英國版《VOGUE》成為古怪、獨一無二傑作的最後遺風也被永久抹去了。一九九二年，亞歷山德拉・舒爾曼接任英國版《VOGUE》總編輯，一直任職到二〇一七年。她的任期是倫敦辦公室所有總編輯當中最久的，總共二十五年，佔該版本壽命的四分之一。

大眾起初對舒爾曼很熱情，因為她似乎相對務實，腳踏實地，在過度美化修飾的產業裡是一座常態化精神堡壘。比起活力四射的魅力，她更喜歡凌亂的頭髮和樸實的衣服，假裝並非扮演時尚編輯的角色。與採訪者聊到她對烤雞的熱愛 757，無法抗拒牛角餐包 758，並以解嘲方式敘述年輕時被開除的次數 759。媒體顯然很喜歡舒爾曼，因為她既不會太瘦，也不是傳統意義上的美女。

這樣長久且穩定的任期，使舒爾曼成為公認時尚界的中流砥柱和《VOGUE》的英國代表，所以當她以渴望體驗不同人生為由請辭時，真是讓眾人驚愕不已。她遞交辭呈後，過去在時尚雜誌的歲月突然被拿出來重新審視，而這次得到的結論不太友善。不一樣的時代已經到來，這個時代抨擊她的雜誌沒有包容性 760，指責她「任人唯親」 761。

舒爾曼於二〇一七年宣布即將離職之後，超模娜歐蜜・坎貝爾在 Twitter 發了一張當年《VOGUE》編輯部成員的照片，畫面裡五十多人的團隊中沒一個有色人種。762 坎貝爾指責舒爾曼缺乏多樣性，並表示她希望新的管理層能帶來不一樣的未來。進

一步調查顯示，自二〇〇二年以來，舒爾曼只讓兩位黑人模特兒獨挑封面大樑，但凱特・摩絲共有三十七次。她在一九九〇年代的封面往往以女明星和模特兒的頭部特寫為主，背景簡單，頭髮往外吹的過時造型，看起來像是《女性健康》（Women's Health）雜誌而非《VOGUE》雜誌。二〇〇〇年代早期開始有點靈魂，運用一些派對元素，例如二〇〇三年五月號，凱特・摩絲以大衛・鮑伊（David Bowie）閃電妝登上封面 763，以及艾爾頓・強（Elton John）與伊莉莎白・赫莉（Elizabeth Hurley）在繽紛碎紙花雨下拍攝的新年前夕封面 764，但不久後，除了少數例外，又回歸千篇一律的拍攝，直到她任期結束。

她也因為專找極瘦女孩拍攝時妝，遭受從右派《旁觀者》（Spectator）到左派《衛報》（Guardian）等報章雜誌的譴責。對舒爾曼來說可能沒那麼糟糕，只是她在各種採訪中公開表示，對於外界討論自己的時尚大片選擇感到「厭煩」，並堅稱讀者並不想看到「真正的女人」來代言時尚。765 她二〇一四年甚至在 BBC 廣播二台的節目上說，女性想看自己可以去照鏡子，不必花錢買一本雜誌裡面全是和她們長很像的模特兒。766

一九九〇年代，外界指責她帶動「海洛因時尚」（heroin chic）、黑眼圈病態美造型的流行，連通常對體重議題漠不關心的時尚廣告商都嚇到撤掉廣告。國內飲食失調的情況上升，灌輸女性不切實際的期望，都怪罪到《VOGUE》頭上。舒爾曼對此也無動於衷，表示幾乎沒人跟她說過，她們不吃東西是因為她的雜誌。767 另一方面，《VOGUE》本來就是容易遭受攻擊的目標，作為全球最知名的時尚雜誌，《VOGUE》經常因為任何關於女性或身材形象的負面趨勢而背負罵名，這些指控也難以找到確鑿的罪證。

至於她自己的形象，舒爾曼本身也是女性期望的受害者，她從小就因為體重飽受批評，在成為公眾人物的許多年裡，幾乎每篇報導都提過她的身材，然而，我們很難同情一位可以影響社會觀點的女人。舒爾曼試圖為自己辯解，她說她的英國版

《VOGUE》雜誌從未發表飲食建議或任何關於整型手術的內容，但簡單搜尋一下 Vogue.co.uk 網站，就會發現事實並非如她所言。768 通常節食技巧只是偽裝成「模特兒的健康建議」，769 封面上的幾個標語，尤其是在一九九〇年代，按照我們現今標準來看都是極度違反女性主義的。一九九六年一張封面標語是「別因為我瘦而討厭我」770；二〇〇〇年另一張封面則寫道「怎麼吃才會瘦」（Eat Fat, Get Thin）771。然而，同樣值得注意的是，骨感纖瘦的理想在一九九〇年代達到顛峰。越瘦越好是那十年的口號，從電視節目到廣告再到電影，嬌小女人的形象到處擴散，而《VOGUE》反映出了當時的審美標準。對舒爾曼來說，遺憾的是，人們用二〇一〇年代的鏡頭標準來評判她的作品，而不是放在當初構思的歷史框架裡。

二〇一七年越多人審視她的職業生涯，舒爾曼收到批評也就越多。結果出現一些特別惡毒的文章，比方說以筆名「Pea Priestly」為《旁觀者》撰寫的文章，題為「平庸、愚蠢和牆頭草，是亞歷山德拉‧舒爾曼領導

《VOGUE》時期的定義」（Alexandra Shulman's reign at Vogue will be defined by mediocrity, idiocy and flip-flops），開頭這樣寫道：

亞歷山德拉‧舒爾曼從《VOGUE》離職之後，外界對她流露的愛意實在感人；英國哀悼這位和藹可親的領導人離開，形容她「樸實無華」和「非常英式風格」（指她超重和上流階級）。雖然我相信她是非常親切的女士，但讚美一位幾乎沒有時間梳頭、出門前忙著狂飲紅酒都無暇照鏡子的時尚編輯，還是有點反常。身為英國時尚界的頭號代表，她的責任是讓自己看起來體面像樣，拿出有意思的作品，她卻沒一項做到。772

這篇文章絕對不是唯一的，類似的批評多達上百篇，社群媒體平台上面數千則評論也傾向人格詆毀。雖然舒爾曼拒絕承擔風險，但也別忘記她對於發行量和營收大幅提升負有責任，這要歸功於她長期領導所鞏固的穩定時期。不管怎樣，旁觀者渴望改變，關於接班人的謠言甚囂塵上，愛德華‧恩寧佛就是在這波國際熱潮中

走進舞台。

二〇一七年時尚界的熱門話題，就是英國版《VOGUE》的新秀，每個人都屏息等待接班人的宣布，恩寧佛一獲選，眾人一片歡呼。他是第一位擔任該職位的非白人和公開同性戀者，也是英國版史上第一位男性總編輯。恩寧佛的造型師生涯漫長而美好，他從《W》雜誌跳到《VOGUE》，他在《W》雜誌以前衛的視覺效果聞名。在接下總編輯一職之前，他已經當過義大利版《VOGUE》的特約編輯，美國版《VOGUE》的特約時尚編輯，也是康泰納仕集團的紅人。許多人都以為這次會從公司內部提拔，這個頭銜將由舒爾曼底下的切爾西女孩雀屏中選。

在舒爾曼時期，《VOGUE》再次被指控特別優待有錢人家的女孩們。舒爾曼成為總編輯之前，公司才取消了工作申請表上的「私人收入」問題；以前所有申請人都必須填寫表格交給人力資源部，說明在哪裡求學，並透漏信託或至親每月給她們零用錢的確切數字。雖然舒爾曼看起來像「普通

人」，但實際上她是劇評家米爾頓·舒爾曼和記者希拉·比佛斯（兩人都被安娜溫圖從《VOGUE》開除）的女兒，在貝爾格拉維亞區（Belgravia，譯註：倫敦最高級富有的地區）長大，就讀聖保羅女子中學（St Paul's Girls' School）。

康泰納仕集團當時盛行裙帶關係，舒爾曼也從中獲益。她在《GQ》（康泰納仕集團的另一份雜誌）從事編輯時，來了一位新的編輯總監尼古拉斯·柯爾里奇。柯爾里奇早已認識亞歷山德拉·舒爾曼一段時間，他年輕時就認識她的妹妹妮寇拉（Nicola），以前還聘請她為他工作，所以蒂爾貝里斯騰出英國版《VOGUE》雜誌的座位後，他便把這個位置交給了亞歷山德拉·舒爾曼。據說這種小圈子的氛圍一直存在於《VOGUE》，所以許多人希望直率談論自己多元性的愛德華·恩寧佛可以驅散這種氛圍。

如同其它新管理層經常發生的那樣，在恩寧佛接任後的幾個月內，一連串的紛爭與裁員接踵而至，上流社會的女孩們大批出走，出版資訊欄上

的名人大批湧入。恩寧佛邀娜歐蜜·坎貝爾、凱特·摩絲以及史蒂夫·麥奎恩 (Steve McQueen) 擔任特約編輯。在這段期間遭資遣的艾蜜莉·雪菲爾德 (Emily Sheffield) 回憶，當時辦公室內新舊派之間的鬥爭相當激烈，甚至延燒到大眾視野。773 雪菲爾德是舒爾曼的副總編輯，其父是雷金納德·雪菲爾德爵士 (Reginald Sheffield)，其姊是英國前首相大衛·卡麥隆 (David Cameron) 的妻子珊曼莎·卡麥隆 (Samantha Cameron)。其中一些「資遣」成為大新聞，最轟動的是露辛達·錢伯斯 (Lucinda Chambers) 遭解雇後的採訪，她在英國版《VOGUE》工作三十六年，該篇訪談發表在《Vestoj》小眾平台上。774 這篇廣為流傳的訪談報導極其坦率。錢伯斯大膽承認自己被開除 (而不是用「資遣」這個詞)，並抨擊這個如此注重外表的產業，別人還勸她對開除一事說謊以挽回顏面。她甚至說「時尚把妳嚼爛後再吐出來」，並表示「老實說，我很多年沒看《VOGUE》了」。775 她繼續反思時尚媒體，解釋自己的觀點，認為媒體帶給消費者更多焦慮，而非賦予力量：

令人遺憾，雜誌已經失去它們曾經擁有的權威性，它們的功能性不復存在。在時尚界，我們總是努力讓人們購買他們不需要的東西。我們不需要更多的包包、襯衫或鞋子，所以我們誘騙、恐嚇或鼓勵人們繼續購買。我知道時尚雜誌是要讓人嚮往的，但為什麼不能既讓人嚮往又具功能性？那才是我想看的那種時尚雜誌。776

恩寧佛的粉絲會認為這種說法有諷刺意味：因為恩寧佛領導的《VOGUE》(錢伯斯不在其中)，目標正是成為那種雜誌。

恩寧佛在他的首篇「總編的話」中向我們介紹了「你們的全新《VOGUE》」(#NewVogue 誕生)，二〇一七年十二月號旨在歌頌英國，儘管這陣子因脫歐動盪不安。777 封面是英國出生的混血模特兒阿德沃·艾波阿 (Adwoa Aboah) 包著粉橘色絲質頭巾，配上閃爍鑽石垂墜式耳環，這種美麗復古風格強烈喚起一九五〇年代的魅力。778 左邊標題不是鞋子或季節性商品，而是列出英國各個領域的權勢人物，從政壇代表倫敦市市

長薩迪克・汗 (Sadiq Khan)，到文學代表莎娣・史密斯 (Zadie Smith) 和塞爾曼・魯西迪 (Salman Rushdie)，再到音樂代表英倫 Grime 音樂藝術家 Skepta，以及包含卡拉・迪樂芬妮、娜歐蜜・坎貝爾和凱特・摩絲在內常見的時尚皇室人物。本期雜誌充斥著大人物的「務實」專題：約翰・加利亞諾在象堡區 (Elephant and Castle) 趕十二號公車 779，維多利亞・貝克漢 (Victoria Beckham) 秀出在她孩子臥室的照片談論關於霸凌 780。某些專題顯然是為了展現《VOGUE》的反傳統建制 (anti-establishment) 和膽識，莎娣・史密斯把女王視為「明顯的下層中產階級」(distinctly lower middle-class)，並嘲諷地稱呼她為「溫莎夫人」而非殿下 (HRH)。781 其它部分，塞爾曼・魯西迪撰寫關於一個多重信仰家庭的聖誕節 782，Skepta 則討論英國黑人的生活經驗 783。這些更具衝擊性的對話都被小狗、穿著香奈兒拍攝的少女珍・坎貝爾 784，以及卡拉與芭碧・迪樂芬妮的陳腔濫調狂想曲給沖淡了。785 倫敦市市長與「南倫敦同鄉」（注意，這裡用詞不是全球超模）娜歐蜜・坎貝爾暢談他們的成長經過。786

這期雜誌投注巨大而令人欽佩的努力，為《VOGUE》帶來新的訊息，特別著重在包容性和明顯超過時尚標準範圍的話題。恩寧佛在「總編的話」中談到了英國人：「有一點我們肯定都會同意：我們都是有才華的一群人。」787 透過追溯像維多利亞・貝克漢和娜歐蜜・坎貝爾這類超級明星的早期生活和出生地，恩寧佛顯然是在努力推廣無論你來自何方，有才華的人都能克服一切困難或取得成功，這是一種對於舒爾曼推崇錢財和美麗只是因為他們有錢又有美貌的反擊。然而，如果這些努力都沒有一絲裙帶關係存在的話，或許會讓人備感真誠。

恩寧佛的封面明星阿德沃・艾波阿在媒體描述下是迦納模特兒和活動家，可是經常有個被忽略的事實，她的父母是人脈廣闊的時尚業內人士，她母親卡蜜拉・羅瑟 (Camilla Lowther) 是前模特兒和子爵之女，經營一家頂尖人才經紀公司。除了貴族血統，艾波阿還有一個優勢，那就是她是康泰納仕國際集團董事長喬納森・紐豪斯妻子，羅尼・庫克・紐豪斯 (Ronnie Cooke Newhouse) 的義

女，簡單來說，她與《VOGUE》所有者的家族關係相當密切。按這樣來說，她比舒爾曼的任何員工、甚至是出現在英國版《VOGUE》雜誌的一線影星都更有特權。同時，超模卡拉・迪樂芬妮和伊迪・坎貝爾 (Edie Campbell) 是尼古拉斯・柯爾里奇的義女，他現在是康泰納仕國際集團的總裁。因此，即使它是 #NewVogue，本質上仍然是《VOGUE》，如同記者潔絲・卡特納－莫雷 (Jess Cartner-Morley) 敏銳地評論，「《VOGUE》已死，《VOGUE》萬歲。」788

自首期以來，恩寧佛繼續展示他對多樣性的承諾，但他也遇到了麻煩。當他第二張封面出現白人明星泰勒絲 (Taylor Swift) 789 時，旁觀者不為所動，二〇一八年二月，第三張封面出現瑪格・羅比 (Margot Robbie) 和妮可・基嫚 (Nicole Kidman)，並搭上「為什麼要談論種族」的標語，旁觀者更是無動於衷。790 社群媒體出現大量諷刺的評論，表示對恩寧佛感到失望，他做完第一期意涵強烈的封面之後，顯然又回歸《VOGUE》標準套路。後來二〇一八年五月號封面，再度燃起人們對恩寧佛的信心，他的封面有九位開創性、風格迥異的模特兒，從受歡迎的大尺碼模特兒芭洛瑪・艾爾賽斯 (Paloma Elsesser)，到戴著頭巾拍攝的模特兒哈麗瑪・阿登 (Halima Aden)，791 這幾位女性突破傳統模特兒產業的模式，並代表少數民族。二〇一八年八月號，歐普拉高調亮相 792；充滿正能量的歌手和身體自愛 (body-positivity) 提倡者麗珠 (Lizzo)，在二〇一九年十二月的封面大放異彩 793；蕾哈娜 (Rihanna) 兩度佔據封面位置，她在二〇二〇年的封面受到高度讚賞，因為這是英國版《VOGUE》史上第一次女性以嘻哈頭巾 (durag) 登上封面。794

恩寧佛似乎想盡可能拿到各種「第一次」，但這點並不難做到，因為這份雜誌很多內容都非常保守。也許從他首期雜誌以來最引人注目的是二〇一九年九月號，這期雜誌的客座編輯是當時剛成為薩賽克斯公爵夫人 (Duchess of Sussex) 的梅根・馬克爾 (Meghan Markle)。由於「改變的力量」這個誇大自負的標題，馬克爾的雜誌後來證明引起了強烈分歧。表

面上，馬克爾宣稱的信仰與恩寧佛在《VOGUE》的使命宣言一致，馬克爾選擇的主題是行動主義，封面有十五位提倡慈善或與慈善有關的人物。切割成十六格的畫面中有一格採用鏡面效果，意在讓《VOGUE》讀者從中看到自己，進入對話，也成為一股「改變的力量」。

但這個封面錯過了一個展現非名人或者納入女性企業家或科學家的機會，我們只看到常見的名人面孔，其中有六位影星、三位模特兒。阿德沃‧艾波阿再度出現，看不到外卡人選，也沒有讓人大開眼界的見解，只是一個我們聽過上百遍的名人清單，只是她們在這裡以社會正義鬥士之名出現。就連雜誌內容，特約撰稿人也是在社群媒體平台擁有大批追隨者的人物，例如作家麥特‧海格（Matt Haig），他在這期刊物發表的內容是一首充滿髒話的愚蠢詩詞，即使是留下第十六格空白的鏡子招式，看起來很高明，卻是偷來的概念。《時代》雜誌在二〇〇六年製作年度風雲人物是「你」時就用過相同手法，完全感覺不出來馬克爾是在尋找和獎勵開創性的

活動家，反而更像是她把任何有大舞台的人都扔進來，只是為了顯示她可以吸引他們來。

撇開封面不談，馬克爾當初就因為決定與《VOGUE》合作，面臨嚴厲的批評。雖然其他皇室成員以前也有客串過其它刊物的編輯，但問題似乎出在馬克爾沒有保持政治中立。身為白金漢宮的代表，這點對她的子民來說並不公平，因為每個人都可能持有不同的觀點，這會讓情況更加複雜，因為許多社會活動是由大企業贊助，而這些企業之間可能立場相互矛盾，或者與我們的執政體系不同。也有人說，《VOGUE》不是合適的平台：看到女權主義緊鄰售價超過兩千英鎊、專為過度節食而身材嬌小女性所設計的 Gucci 裙子，還是令人不舒服；就像在時裝業是全球污染最嚴重的產業之一時，很難談論永續性一樣。馬克爾在她的引言中坦承這點：

這裡有點需要提醒大家注意：這是一份雜誌，畢竟仍是一門生意。我說明這點是為了做好期望管理：每個單元都會有必要的廣告成分，因此，

雖然我相信你們在大多數頁面感受得到我的用心,但請明白,有些元素是伴隨版面而來的。795

　　馬克爾的雜誌銷售一空,這讓康泰納仕集團獲得不錯的淨利,而這份可以說服公爵夫人與之合作的刊物也享有很高的聲望。英國版《VOGUE》與皇室成員的合作由來已久,包含邀請凱特王妃(Kate Middleton)擔任創刊一百週年的封面人物。然而,馬克爾的特刊還是無法稱為徹頭徹尾的勝利,而且在英國大眾眼中,這本雜誌甚至可能是釘在她棺材上的最後一根釘子。圍繞這期雜誌的強烈行銷攻勢,撲滅不了評論家們認為馬克爾在出版上的嘗試參雜炫耀道德訊號和自戀的感覺。關於恩寧佛在與公爵夫人的薄荷茶祕密會議上躲躲藏藏的描述,進一步削弱了為平等而戰的正統性,馬克爾本人則與蜜雪兒・歐巴馬進行最高機密會面,以上種種都以神秘兮兮的語氣轉述,彷彿他們在討論全球經濟的各種細節,而不是在處理時尚月刊的幾頁紙。796 這樣的菁英背景不符合欲解決階級歧視之類議題的刊物。再一次,我們又回到了一份排外性雜誌試圖擁抱包容性的難題上。至少恩寧佛與馬克爾使用同樣的「覺醒」語調,這已成為新《VOGUE》的主打特色。恩寧佛代表著新的主流,身處於一個所有事物(尤其是時尚)都變得高度政治化的世界。

　　恩寧佛必須應對棘手難解的當代局面:這是一個充斥社群媒體「按讚」的世界,其正當性來自於未經證實的良善理由、大眾觀點壓倒可靠事實、有理想的年輕人尋求推翻有經驗的專業人士,同時也是企業與個人都急於宣揚其道德價值觀的時刻,但有時候與他們在幕後運作的方式相抵觸。這不是容易理解的年代,他二〇一七年才接下這個職位,必然有些需要磨合的問題,恩寧佛正在制定策略讓《VOGUE》改採更透明的運作方式,偶爾在題材上的偽善可能只是暫時的弊病。恩寧佛鼓吹包容性,但他的許多愛將都與康泰納仕主管關係深厚。他的封面通常由《VOGUE》的資深攝影師掌鏡,例如史蒂芬・梅塞爾(服務約三十年)、馬里歐・泰斯蒂諾(二十五年)以及余爾根・特勒(Juergen Teller,二十五年)。到目

前為止，在他參與過的三十期雜誌中，只有兩個封面由五十歲以下的攝影師拍攝，只有一個封面讓先前沒有《VOGUE》資歷的相對新手攝影來掌鏡。至少在攝影方面，顯然比起新人，恩寧佛更喜歡資深人才，比起多樣性，更偏愛重複性。唯一例外是出生於倫敦、奈及利亞與牙買加混血的攝影師娜汀・埃耶韋爾（Nadine Ijewere），她替流行歌手杜娃・黎波（Dua Lipa）拍攝二〇一九年一月的封面。

埃耶韋爾的朋友告訴她，在《VOGUE》所有國際版本中，從來沒有一個封面是由有色人種女性拍攝的，這讓埃耶韋爾很震驚；而埃耶韋爾在二十六歲時即將取得這個資格。這通電話來得出乎意料，不過只要看一眼埃耶韋爾的作品集，就能看出她的個人觀點與恩寧佛有多麼契合。從大學時代開始，她就拍攝不符時尚產業標準的女性，用鏡頭來探索她自己的身分認同，她向我解釋，她希望表現出真正的非洲和加勒比海文化，而不是那些時尚攝影經常出現的部落刻板印象。[797] 倫敦是世界上最具多元文化的城市之一，生活在這裡也有助於開闊她的審美視野。當我們見面討論她在《VOGUE》的經歷時，埃耶韋爾很友善、開朗且直率。關於恩寧佛的辦公室，她只有正面的事情好說。她很享受這份委託工作，關鍵是有一定的創作自由：「他們一直說別讓它看起來像《VOGUE》的照片，要讓它看起來像妳的。」

在她看來，英國版《VOGUE》現在做的最有趣的事情，是吸引年輕世代。「我看到它的改變，涉獵主題也相關，不是空洞的幻想時尚，它具有更多的意義。」[798] 但願把埃耶韋爾納入資深攝影師行列是一個好兆頭。由此看來，換上更年輕的形象包裝者將為雜誌帶來令人興奮的新氣象，可能會吸引《VOGUE》正在努力招攬的千禧世代、數位原住民和青少年的注意。泰斯蒂諾和特勒的攝影作品也許出色絕頂，但如果恩寧佛正在為將來幾代人製作雜誌，是時候給新人才更多空間了。

亞歷山德拉・舒爾曼離開後不久，為時尚產經媒體 BoF 撰寫了一篇

題為「是什麼造就出一位優秀的雜誌編輯?」的評論文章,外界普遍認為這是她對英國版《VOGUE》接班人幾乎毫不掩飾的抨擊。[799] 舒爾曼的文章談到訓練有素員工的重要性,指出大牌明星很少熱衷於投入實際工作,只是喜歡與《VOGUE》這樣的刊物連結在一起的那種尊榮感。至於編輯,她寫道:「對於不願付出時間,認為工作就是穿著一系列名牌服裝和一群名人朋友合照的人來說,這份工作肯定不適合他們。」[800]

恩寧佛不羞於頻繁在社群平台發布他與娜歐蜜·坎貝爾、凱特·摩絲等好友的照片,她們以特約撰稿人身分列入出版資訊欄,但實際貢獻難以評估。舒爾曼還指出:

> 數位科技對印刷出版的衝擊固然劇烈,但並不表示雜誌品牌不需要真正的編輯。那是短視近利的人。他們的雜誌沒有必要成為其它地方經驗的模仿者、追求無數網站都有的釣魚式標題、懦弱地追蹤一小群短期爆紅的名人。[801]

這些引述突顯出版業面臨的困境。恩寧佛遭指控經常解雇技藝嫻熟的工作人員,以支付更多拍攝費用,並邀請粉絲眾多的名人擔任特約撰稿人,只為了在他的版面留下他們的名字。《VOGUE》繼續飽受批評,因為預算全部集中在網路展示、設置播放形式清單以及其它重複性內容上面。通常《VOGUE》會避免這種一體適用的作法,總是偏好針對不同受眾量身設計,例如他們傾向於在每個國家推出不同的版本,而不是用一個標誌性的版本進入不同的市場。網路推動《VOGUE》去製作昂貴又耗時的線上內容,或許可以維持品牌的知名度,但代價是失去其權威的聲音。

愛德華·恩寧佛陷入兩難困境,由於利潤空間受到擠壓,他或多或少被迫犧牲一些印刷品質。雖然人們批評舒爾曼的封面缺乏想像力,但她的文筆真的不錯。恩寧佛的雜誌文字很少,主要是文案摘錄和名人問答。恩寧佛是造型師出身,而非職業記者,他的《VOGUE》反映出這點,展示現今街頭風格、多半中性、運動風造型,與《VOGUE》優雅傳統格格不入。但

時代變了。《VOGUE》屬於大眾化雜誌，恩寧佛有義務呈現當前流行的事物。正如舒爾曼在她的「雜誌是門生意」文章中指出的 802，顯然恩寧佛是康泰納仕集團認為在這個時間點上能帶來最多錢的總編輯，而他們或許沒看走眼。恩寧佛非常受歡迎，藉由瞄準更年輕的群眾並成為值得他們效仿的榜樣，確實重新喚起大家對英國版的興趣。

數位顛覆帶來的影響

二〇一七年還發生了另一件影響更深遠的事，震撼《VOGUE》的核心圈：士毅·紐豪斯的逝世。被譽為媒體巨頭的他，自六〇年代初期開始掌管這家雜誌，也就是說過去半個多世紀以來，他一直是《VOGUE》和多家姊妹刊物的核心人物。隨著網路媒體競爭越來越激烈，他在一個特別煎熬的時期離開了他的精品時尚雜誌軍團。這一年對康泰納仕集團來說諸事不順，除了他們仁慈的贊助人去世之外，在《浮華世界》工作二十五年的總編輯格雷頓·卡特（Graydon Carter）

也辭職，更晴天霹靂的是，據報導公司虧損了一·二億美元。803

他們在二〇一八年仍處於虧損狀態，但到了二〇一九年，公司開始出現明確的方向。長期擔任執行長的鮑伯·索爾柏格（Bob Sauerberg）交棒給羅傑·林奇（Roger Lynch），林奇曾是音樂串流始祖 Pandora 的負責人，擁有強大的娛樂和科技背景，這是康泰納仕集團一百年來首次任命外部人士擔任執行長。林奇缺乏出版經驗無所謂，他的任務是建立一個二十一世紀的媒體公司，不是一個印刷帝國。804 這項任務實在艱鉅，因為連林奇自己也承認，沒有人知道這個二十一世紀的媒體公司會是什麼樣貌。從康泰納仕集團持續發展許多分支事業可以看出這點，這些分支與公司的核心印刷刊物都沒有什麼關聯。

康泰納仕娛樂集團（Condé Nast Entertainment, CNE）起初對母公司的貢獻甚微。成立於二〇一一年，當時只是影片製作部門，目的是如果康泰納仕發表的文章被改編成電影或電視節目的話，他們的收益可以得到保障

（例如《斷背山》一開始是刊登在《紐約客》的文章，後來他們對於無法從電影分潤相當不滿）。然而，CNE 沒有製作出任何熱門影片，而且在市場蕭條時期萎靡不振，最後大多集中在 YouTube 上面。許多這類影片的製作成本很高，卻沒有轉化成觀看數。《VOGUE》有一個影片系列在巴黎雅典娜飯店 (Hôtel Plaza Athénée) 採訪模特兒，製作成本約二十五萬美元，但每則影片只有幾百次的觀看數。

後來公司透過大量製作重複模式的影片找到自己的定位，像是「名人七十三個快問快答」(73 Questions)，跟著一位名人四處走動，隨機提問；像是「安娜溫圖隨你問」(Go Ask Anna!)，讓《VOGUE》雜誌的最大咖接受陌生人的提問，分享她的個人想法。這些產出過多老套、名人為主的影片內容，雖然確實得到數百萬的觀看次數，但利潤很低。為了讓 CNE 運轉起來，該部門必須實施精簡、精打細算的政策。重重難關並沒有阻止這家媒體公司相信影片是前進的道路，康泰納仕集團似乎下定決心要繼續這場冒險。

CNE 並非康泰納仕集團裡唯一實施緊縮政策的部門，現在精簡適用於整個公司，以揮霍無度出名的日子已經宣告正式結束。面對二〇一七年的各種難題，康泰納仕集團開始拆解與合併旗下各家品牌。在「中心化」的過程中，每份刊物都經過拆解再集中，也就是每個設計團隊都合併到「創意團隊」(Creative Group)；文案編輯和事實查核員整合到一個名為「內容完整性團隊」(Content Integrity Group) 的組織；技術和網站人員則集中到一個故弄玄虛，叫做「Co/Lab」的單位。805 與此同時，銷售人員合併到看似隨機的組別，其中一組同時負責《紐約客》與《Teen Vogue》。雖然成本削減，雜誌之間舊有的競爭關係也消失，但部門間的新競爭關係卻浮出水面。

負責數位方面的 Co/Lab 單位人員突然變得非常重要，開始獲得典型的科技新創公司的額外津貼。他們所待的樓層配設乒乓球桌，冰箱裡塞滿乾酪條和酪梨醬，編輯團隊發現時非常生氣，因為他們的供應被砍掉。不久，撰稿人與平面設計師開始上樓洗

劫冰箱，據消息人士透露，《紐約客》的事實查核員養成周五出現的習慣，拿袋子裝滿免費啤酒。[806] 開發人員和工程師現在覺得自己處於食物鏈頂端，就像《VOGUE》和《浮華世界》曾經瞧不起那些在《Brides》和《Self》工作的平凡女孩一般。最後 Co/Lab 單位成員忍不住抱怨，在公司形成一道難以理解的裂痕，有些人可以喝著奢侈飲料大嗑洋芋片，而有些人不能。這種不公平的待遇無所不在，以致於創意團隊有名員工在便條紙寫著「我們是創意人才，不是二等公民」，貼在牆上。[807]

在縮減員工的過程中，康泰納仕集團發現最初配給自己位於世貿中心一號樓的二十三層辦公面積太過寬敞，不再佔用整棟大樓。當然，安娜‧溫圖仍保有一間寬敞的私人辦公室。有些讀者表示擔憂，康泰納仕誇耀自家品牌，卻不斷削減成本而損害品牌。不過，雖然刪減以往鋪張的預算，《VOGUE》仍是主打品牌，創意與編輯團隊發現，無論製作哪本雜誌，都面臨越來越大的壓力，必須模仿《VOGUE》的格式、措辭和畫面。

畢竟，《VOGUE》帶來了康泰納仕全球總營收的百分之二十八。[808]

接下來會怎麼走，誰也說不準。看到像康泰納仕集團這樣靠創意人才建立聲譽的公司偏離原本領域，轉戰電商物流和演算法，實在很有意思。許多人說，《VOGUE》花太多時間發展線上業務，對於一家如此龐大的企業來說，是罕見的失策。缺乏理解生出半生不熟的產品，甚至在 Co/Lab 單位成立後，許多技術故障讓用戶體驗感受不佳和不友善。但最初的網路嘗試是安娜‧溫圖和亞歷山德拉‧舒爾曼等總編輯仍在職的期間，或許她們當時沒有意識到數位領域的重要性，而且正如「中心化」政策所表明的那樣，編輯、撰稿人和形象包裝者的地位越來越低，他們的技能似乎越來越不受重視。

新誕生的社會階級制度，造就雜誌現在是由電腦工程師而非記者來統治的局面。在這樣的產業背景下，愛德華‧恩寧佛會被任命為英國版《VOGUE》的總編輯似乎不令人意外；因為他屬於數位陣營，而非傳統

陣營。但這樣也有它的副作用；首先，總編們變成像《VOGUE》版面上的包包和鞋子一樣受人吹捧崇拜。例如，溫圖發展了一個會員制計畫，每年收取十萬美元，願意付費者可以與溫圖近距離接觸，並可獲邀參加《VOGUE》活動，比方說與溫圖或其他《VOGUE》名人共進早餐的溫馨聚會。同樣，許多員工接到公關邀請，在他們個人社群媒體頁面發布贊助內容，以致於高層於二〇一九年祭出一項新的公司政策，規定這類公關合作必須透過康泰納仕公司來接洽，他們也會從中抽成。

消費者恐對數位訂閱服務和訊息轟炸厭倦是一個擔憂，另一個擔憂是數位廣告撐不撐得下去。六十二歲的史蒂文・紐豪斯（Steven Newhouse）是士毅・紐豪斯的姪兒，在他逝世後成為先進出版公司（Advance Publications Inc.，康泰納仕集團的母公司）的聯合總裁，他重申了紐豪斯凡事考量利潤的老口號。某位曾在他手下擔任過記者的人指出，《VOGUE》和康泰納仕其它刊物本來就不是虛榮項目（vanity project），都是為了謀取利潤而生的。[809] 但無止盡追逐美元不再是一條清晰的道路。雖然走向數位的策略看起來是正確想法，但他們堅信我們現在所想要的「酷」和「社會責任」的聲音並不容易賺到錢。

一直提倡非常恩寧佛式「覺醒」策略的《Teen Vogue》，到了二〇一七年不得不轉為數位雜誌，從那以後，《Teen Vogue》重新聚焦時尚，因為呈現「真實」不能賺大錢。有趣的是，英國版《VOGUE》正在回頭測試這個公式，在這樣動盪不穩的局勢下，紐豪斯家族把財富投入在更有把握的事業上，來對沖可能輸掉賭注的風險。二〇一九年，Reddit 論壇（康泰納仕於二〇〇六年以兩千萬美元收購，至今仍是主要股東）進行第一輪融資，估值來到三十億美元；然後以十七億美元收購論文原創性比對系統 Turnitin（學界使用的反抄襲軟體）。這些投資能夠緩解多少康泰納仕受到的經濟衝擊，還有待觀察。沒有士毅・紐豪斯的保護，這些雜誌若表現不佳，可能會成為這場網路顛覆戰的間接受害者。

預測《VOGUE》的未來走向

外界對於《VOGUE》的未來怎麼發展似乎意見分歧，但可以大略分成兩個陣營：一派認為正在走下坡，一派認為將永傳不朽。為了歸納誰屬於哪個陣營，我不得不過濾掉許多婉轉、間接的答案。《VOGUE》不是誰可以任意作出評斷的主題——無論他們是否與康泰納仕集團有關係，業界人士至少清楚這份雜誌的宗旨，無論他們是否相信《VOGUE》的力量。《紐約時報》的凡妮莎·費爾德曼（Vanessa Friedman）以最簡潔的說法，稱《VOGUE》為「過濾與翻譯的角色」，幫助「讀者與時尚和時尚界連結」。810 為受眾「翻譯」時尚，推廣他們認為有才華的設計師，《VOGUE》和其它同性質雜誌站在批判性報紙、新聞報導、部落格與社交媒體之間，直接將品牌與消費者連結。大多數人認為《VOGUE》的功能是鼓勵性質，扮演整個產業的啦啦隊。將時尚雜誌定義成獨立聯盟，應該可以消除一點與部落格、電子刊物、電子報等媒體直接競爭的擔憂，但面對涵義更廣泛的一般競爭並沒有太大幫助。更多平台意味著消費者的選擇更多，他們的持續注意力也會縮短，《VOGUE》仍可能被淹沒在競爭激烈的媒體場域中。

時尚產經媒體 BoF 的創辦人、執行長兼總編輯的伊姆蘭·阿米德（Imran Amed）提出這樣的觀點，《VOGUE》迎合了兩種不同讀者：811 購買雜誌的消費者和瀏覽網站的消費者，紙本和數位版差異很大，足以涵蓋不同的目標族群，可以讓實體雜誌提供更豐富的內容，而卡戴珊的八卦摘錄和白 T 恤的五十種穿法可以吸引快速滾動的瀏覽器。但是，說《VOGUE》只迎合兩類受眾也未免過於簡化，現在《VOGUE》是更大的品牌，是一個涉足多重事業的媒體巨獸，服務對象從普通的旁觀者、死忠粉絲、創意專業人士到介於之間的所有人。無論你是在 YouTube 觀看伸展台時裝秀，還是在 Vogue Café 喝茶，或者為你的博士學位訂閱資料庫，你都是康泰納仕集團的客戶。

不禁納悶阿米德究竟是如何看待這一切的。二〇一九年，康泰納仕

推出《VOGUE BUSINESS》，這是關注未來動向的電子報，提供時尚產業分析和市場見解。該電子報與阿米德的時尚產經評論 BoF 極為相似，後者自二〇〇七年開始經營。據說《VOGUE BUSINESS》是從康泰納仕集團的孵化器（incubator）中孵化出來，目標是鎖定一小群更特定、高價值的受眾，因為靠廣告支撐的大規模讀者群越來越難營利。目前，《VOGUE BUSINESS》的訂閱戶人數還看不到時尚產經評論 BoF 的車尾燈。

同時，由倫敦時裝學院部分資助的巴黎時尚刊物《Vestoj》，其創辦人兼總編輯安雅・亞洛若夫斯基・克朗伯格（Anja Aronowsky Cronberg），對於《VOGUE》有多重視他們的受眾表示懷疑。「有時候我會想，讀者群是否真的很重要。你知道嗎？我想也許這本雜誌只是從出版商那裡直接送到各公關公司的桌子上，這樣公關就可以展示給他們的顧客說，你看，你們的服裝出現在《VOGUE》的某某頁上。」812 她對於《VOGUE》的存亡並不樂觀：「這種工作模式無法

長久維持，就算你的預算和我認知的《VOGUE》一樣大，也是行不通的。」

一向專注於學術文章的《Vestoj》，在克朗伯格採訪遭英國版《VOGUE》開除的露辛達・錢伯斯之後，進入主流市場。這篇報導瘋傳很久後，克朗伯格還在反芻思考錢伯斯的評語，包含她說自己雖然為《VOGUE》工作，卻很久沒看《VOGUE》的那句話。克朗伯格推測，她的同行們雖然認為《VOGUE》雜誌「有點無聊，但那又怎樣。誰會認真看待？真的沒人。而且能為《VOGUE》工作也是一種身分象徵。」因而形成一種複雜的關係：「不尊敬《VOGUE》這份刊物，但又知道與他們合作對你的職業生涯有好處。」813

如果從事產品生產的人對產品缺乏敬意，就會很難拼寫出美好的未來。克朗伯格也不一定對紐豪斯家族希望繼續經營的願景有信心，克朗伯格認為，《VOGUE》是目前時尚界出現權力轉移的最佳例子，將來《VOGUE》會不會成為最後一家時尚雜誌，還有待觀察。「也可能會是任何

一家時尚雜誌，因為它們都很相似。我確定這與他們實際出版的內容沒有太大關係，更多的是取決於誰有幸獲得贊助人，某個認為他們值得投資的人。」814

當然還有其它觀點。《星期日泰晤士報》專欄作家兼播音員凱蒂・格拉斯 (Katie Glass) 對時尚雜誌滿懷熱忱：「我熱愛時尚雜誌！尤其是去飯店、搭飛機、過週末或者泡澡之類的時候，我就會翻看時尚雜誌。這是一種奢侈的享受。雜誌的觸感和品質是奢侈的一部分，但同時也能閱讀到一些內容。」815 對格拉斯來說，紙媒吸引力在於長篇的文章，為了文字美感所撰寫的，而不是純粹為了獲悉艱澀難解的事實。「我喜歡《VOGUE》的不真實。我買不起裡面任何一件衣服，也不可能買下一輛勞斯萊斯的幻影車款 (Phantom)。沒有人看雜誌是為了買這些的。他們閱讀雜誌是要看看那些美麗動人的產品，雜誌本身就成了奢侈品。」816《VOGUE》作為大眾媒體的化身，反而成為其頁面銷售的奢侈品，值得我們思考。它既是實體的替代品，也是一個窺視孔，因為我們大多數人無法生活在這種奢華世界，卻喜歡觀賞。

得獎記者弗洛拉・卡爾 (Flora Carr) 也支持紙媒，她說：「我確實發現了變化，尤其是我這一代和我後面那一代，我妹妹是Ｚ世代，她訂閱寄來的雜誌都是實體書。我認為有本可以拿在手上的實體書感覺不錯。」除了產品本身的吸引力，卡爾也對品牌本身的力量有些看法：「說它可能像那些不太知名的雜誌那樣受到影響，我真的抱持懷疑態度。」817 甚至亞歷山德拉・舒爾曼也為紙本形式辯護：「我依然相信，一本厚實的時尚雜誌所帶來的有形體驗，依然具有強烈的吸引力。」818 除了相信人們把閱讀視為一種奢侈之外，這一派人士還堅信《VOGUE》雜誌的讀者群依舊廣泛。我發現受訪者極力向我強調，他們的母親一直是《VOGUE》的忠實讀者，同時希望她們的女兒也讀《VOGUE》。我在開聊過程中也發現，各行各業都有人還在收集《VOGUE》雜誌。青少年和家庭主婦；企業律師和投資銀行家；平面設計師、藝術品經銷商、自由撰稿人、

部落客和園丁,顯然《VOGUE》的吸引力仍有值得稱道之處,格拉斯所說的「我有朋友甚至很喜歡這些廣告」,特別能說明這個現象。819

贏得二〇一五年《VOGUE》選秀競賽的弗洛拉・卡爾,仍用一種似乎不可思議的心情在描述 Vogue House 替入圍選手舉辦的午餐會。獎賞包含在《VOGUE》雜誌的實習機會,卡爾回憶起工作人員對她作品的正面回應、辦公室的鼓勵性質以及整體愉快、熱鬧、友善的環境。820 雖然身為實習生,她不知道的事情還很多,但她仍覺得自己離現場很近,有很多想像不到、「捏一下看是不是在作夢」的時刻,從艾里珊・鍾(Alexa Chung)搖搖晃晃來開會,到抄錄對維多利亞・貝克漢的採訪。821 她認為贏得比賽是她的起點,是她後來從事新聞事業的重要基礎。毫無疑問,簡歷上有個名氣響亮的《VOGUE》,為她開啟了大門。

時尚產經媒體 BoF 和《Vestoj》都是新的出版物,以新方式處理時尚議題,改變傳統格式。它們的多樣性不只是封面上有少數民族面孔,整個媒體公司的結構也是。在和《女裝日報》總編輯邁爾斯・索查(Miles Socha)的交談中,則是看到了一種傳統品牌的作法。《女裝日報》創刊於一九一〇年,雖然是一份產業刊物,但歷史幾乎與《VOGUE》一樣悠久。《女裝日報》的訂閱用戶正在迅速增加,索查強調持續發展專家的重要性,他說,「Twitter 是第一個出現爆發性成長的平台,正如我認為消費者將《女裝日報》視為在充斥可疑資訊和贊助內容的網路汪洋中,判斷真實與新聞誠信的基準。」822

索查認為來自數位平台的激烈競爭,無法與他的刊物相提並論,並解釋:「與眾不同的因素當然是新聞專業知識,因為這需要專業技能來產出獨特而有價值的內容。就《女裝日報》而言,我們一直是一家專業媒體,網紅大爆發只是更加突顯我們的專業性。」823 因此仍有大量時尚公司將專業寫作列為員工必備的重要技能。近年來,隨著民眾越來越厭倦釣魚式標題,開始渴望專家的學識觀點,「嚴謹」刊物的讀者數量也平穩回升。以記者主導

的小眾媒體模式回來了，服務那些願意為優質內容支付更高價格的少數受眾。考量到《VOGUE》的主流性，怎麼應對這個最新趨勢將是一大挑戰，要讓這麼龐大的公司不斷因應趨勢變化調整，非常困難。

想操作這些內行人的門道，扭轉其企業巨頭的形象，《VOGUE》永遠需要它的編輯。他們是第一線人員、管理者、影子董事、人才和年輕人之間的重要連結。編輯從來都不是一份容易的工作。任職時間最久的總編輯埃德娜·伍爾曼·柴斯將這份工作描述得像噩夢般，她得當雜工，要處理從員工爭吵到生產線的所有事情，需要「保母、警察、外交官和精神科醫師集於一身的技能」。824 總編輯的角色很獨特，工作內容永遠在變動。我們知道總編輯過去通常是藝術總監和記者出身，未來在康泰納仕集團，總編輯可能是網紅、影音部落客或科技宅出身。時尚產經媒體 BoF 的伊姆蘭·阿米德對於這些變化如此描述：

從前，總編輯是良好品味的仲裁者，我想現在很多人都是品味的仲裁者。我認為今天的總編輯是一個對話的促進者，一個可以把有才華的團隊聚集在一起創造想法、內容和體驗的人，編輯的角色仍然是媒體公司的形象與代表。825

還有一個至關重要的問題：總編輯如何回應周遭世界，時尚並不是唯一改變的東西，我們都在衝向更黑暗的未知。不到一個世紀以前，倫敦和巴黎的編輯們躲過納粹，在大轟炸期間推出一份暢銷雜誌。報導婦女健康和第二波女性主義的決定，促使美國版《VOGUE》成為一九七〇年代發行量最高的時尚雜誌，自此以後一直保持這個崇高地位。愛德華·恩寧佛的多樣性運動 #NewVogue 則刷新了整個國家的面貌。

擁有新血總編輯的新《VOGUE》正在進行創新努力，經營更加自由，對所有者或其它舊有人脈關係的依賴更少。在二〇二〇年新冠病毒大流行期間，英國版《VOGUE》五月號雜誌封面是蕾哈娜；美國版《VOGUE》封面是骨瘦如柴的名人站在閃閃發光的沙丘前面。而於此期間，由魔幻總

編輯索菲亞·盧卡斯 (Sofia Lucas) 執掌的葡萄牙版《VOGUE》則是推出一張細膩的封面，一對男女戴著口罩互吻，風格上讓人聯想到戰前情侶分別的老照片。這期雜誌以「Freedom on Hold」為題，這是盧卡斯指導下一系列令人驚嘆的封面之一，探索諸如「Twin Souls」826 和「Planet Earth is the New Trend」827 等吸引人的主題，具有強烈的環保傾向，態度也明顯主張平等。她的攝影師都比較年輕，名氣不大，注重藝術性，拍攝出怪誕、值得典藏的夢境。盧卡斯領導的葡萄牙版《VOGUE》不重視名人，重視創意，因此更貼近古老《VOGUE》的精神。

其它全球議題也影響了時尚。當鎂光燈聚焦在哈維·溫斯坦 (Harvey Weinstein) 的罪行和 #MeToo 運動時，許多產業未被報導的性行為不端事件受到關注。到了二〇一八年，因為涉及多項脅迫和性侵指控，康泰納仕不得不取消與三位最大咖、服務時間最久的大牌攝影師的合作，泰瑞·李察遜、馬里歐·泰斯蒂諾以及布魯斯·韋伯 (均否認)。同時，「Black Lives Matter (黑人的命也是命)」抗議活動在世界各地展開，迫使《VOGUE》重新審視公司政策。安娜·溫圖發表一份前所未見的道歉聲明，承認雜誌刊登冒犯性和偏執的內容，公司雇用的黑人員工太少。828 願這項聲明是徹底調查康泰納仕經營方式的開始。

在《VOGUE》語境中的「然後呢？」，是一個回答不了的大問題。過去十年一直在與科技搏鬥，與一個正在光速前進、逼得傳統老媒體喘不過氣的網路世界扭打，但《VOGUE》撐過顛覆國家的戰爭、挺過經濟蕭條的危機、保住與皇室家族一樣知名的品牌遺產。多年來，在《VOGUE》相關人士的書信、回憶錄和傳記當中，總是有嫉妒的競爭對手不斷猜測《VOGUE》即將瓦解，因為它已經飛得太高、太久。這種呼聲從一九〇六年創始人逝世開始，到一九三〇經濟大蕭條期間，到一九六〇年代的青年革命，再到二〇一〇年代部落客世代出現，一再響起。但沒有人真的相信那會是盡頭，《VOGUE》將永遠是《VOGUE》。

Acknowledgements
致謝

首先感謝我的經紀人 Juliet Pickering 相信我的想法，感謝我的編輯 Jane Sturrock 和 Charlotte Fry 無盡的耐心，盡可能把這個構想變成一本最好的書。也感謝 Blake Friedmann 代理公司的 Sam Hodder 和 Quercus 團隊裡的其他人。

以下人士透過鼓勵或提供資訊的方式給予協助：謝謝 Prosper Assouline，給我的犀利批評；謝謝 Mark Heywood 和 Rupert Heath 早期的寶貴建議；還有我的摯友 Dean Merali 與 Lina Viktor，從這場冒險的起程就一路陪伴我；也感謝 Rik Ubhi、Ashleigh Smith、Sophie Foan、Elly Goldsmith、James Crump、Christopher Denruyter、Bradley Reynolds、Ruth Peterson、書商工會 (the Worshipful Company of Stationers and Newspaper Makers)、The Hospital Club 和倫敦所有在我寫作期間支持我的人。

我要特別感謝科隆比·普林格，敞開她的家打開通往過去的窗，感謝她的時間與慷慨，感謝她的熱烈分享。她的貢獻無比珍貴。也感謝 Ilaria Coser 回覆我的提問，感謝布萊頓大學設計資料館的 Lesley Whitworth，凡妮莎·費爾德曼、凱蒂·格拉斯、弗洛拉·卡爾、伊姆蘭·阿米德和他的公關團隊 Kerry 和 Paloma、安雅·亞洛若夫斯基·克朗伯格、娜汀·埃耶韋爾、邁爾斯·索查以及無數的匿名人士，謝謝他們提供關於時尚雜誌、特別是在《VOGUE》主題的見解。

我也深深感謝國家藝術圖書館的《VOGUE》雜誌檔案資料庫和康泰納仕集團資料庫。

最後，我要向 Elena Guinea 和 Christoph Miralles 致上最誠摯的感謝。

Endnotes

註釋

CHAPTER 1

1 E. Woolman Chase & I. Chase, Always in Vogue, Doubleday & Company, Inc., United States of America, 1954, p. 16

2 A. B. Turnure, 'STATEMENT', Vogue, vol. 1, issue 1, 17 December 1892, p. 16

3 L. Borrelli-Persson, 'Vogue Fun Facts by the Numbers', Vogue [.com], Culture, 7 March 2017, <https://www.vogue.com/article/vogue-covers-models-facts-history>, accessed 1 February 2020

4 ibid.

5 Woolman Chase & Chase, op. cit., p. 16

6 E. Wharton, The Age of Innocence, The Modern Library, New York, 1920, p. 69

7 C. Seebohm, The Man Who Was Vogue: The Life and Times of Conde Nast, The Viking Press, New York, 1982, p. 40

8 Vogue, 'VOGUE', Vogue, vol. 1, issue 1, 17 December 1892, p. 1

9 ibid.

10 T. Peterson, Magazines in the Twentieth Century, 2nd edn, University of Illinois Press, Urbana, 1975, p. 2

11 ibid.

12 M. Beetham, A Magazine of Her Own? Domesticity and Desire in the Women's Magazine 1800–1914, Routledge, London, 1996, p. 5

13 Vogue, 'COMING EVENTS', Vogue, Vogue Society Supplement, vol. 1, issue 1, 17 December 1892, p. S2

14 ibid.

15 ibid.

16 ibid.

17 ibid., p. 3

18 Vogue, 'FLORAL GARNITURE', Vogue, Vogue Society Supplement, vol. 1, issue 1, 17 December 1892, p. 12

19 Vogue, 'SLIPPERS', Vogue, Vogue Society Supplement, vol. 1, issue 1, 17 December 1892., p. S4

20 ibid.

21 Vogue, 'LONDON', Vogue, Vogue Society Supplement, vol. 1, issue 1, 17 December 1892, p. S2

22 Woolman Chase & Chase, op. cit., p. 19

23 Vogue, 'BOTH KINDS', Vogue, vol. 1, issue 1, 17 December 1892, p. 16

24 Vogue, 'LONDON', Vogue, Vogue Society Supplement, vol. 1, issue 1, 17 December 1892, p. S2

25 ibid., p. 21

26 ibid.

27 ibid., p. 22

28 Always in Vogue by Woolman Chase, p. 32

29 ibid., p. 43

CHAPTER 2

30 C. Seebohm, The Man Who Was Vogue: The Life and Times of Conde Nast, The Viking Press, New York, 1982, p. 38

31 ibid.

32 E. Woolman Chase & I. Chase, Always in Vogue, Doubleday & Company, Inc., United States of America, 1954, p. 58

33 ibid., p. 49。

34 ibid.

35 ibid., pp. 28–9。

36 Woolman Chase & Chase, op. cit., p. 46

37 Seebohm, op. cit., p. 30

38 ibid.

39 ibid.

40 Woolman Chase & Chase, op. cit., p. 46

41 ibid.

42 ibid., p. 47。

43 Vogue, 'Announcement', Vogue, vol. 35, issue 7, 12 February 1910, p. 7

44 ibid.

45 Woolman Chase & Chase, op. cit., pp. 54–5

46 ibid., p. 81。

47 ibid., p. 26–7。

48 ibid., p. 80。

49 ibid., p. 78。

50 ibid., p. 79。

51 ibid.

52 ibid., p. 109。

53 ibid., p. 53。

54 ibid., pp. 129–31

55 ibid., pp. 140–1

56 Seebohm, op. cit., p. 88

57 ibid., p. 86

58 ibid., p. 88

59 Woolman Chase & Chase, op. cit., p. 53

60 Seebohm, op. cit., p. 86

61 Seebohm, op. cit., p. 88

62 B. Ballard, In My Fashion, 1st edn 1960, V&A Publishing, London, 2017, [Apple Books e-book] pp. 12–13

63 Seebohm, op. cit., pp. 156–7

64 ibid., p. 41

65 ibid.

66 Woolman Chase & Chase, op. cit., p. 54

67 Ballard, op. cit., p. 13

68 ibid., p. 14

69 Woolman Chase & Chase, op. cit., pp. 109–10

70 ibid.

71 ibid.

72 ibid.

73 Seebohm, op. cit., p. 60

74 Woolman Chase & Chase, op. cit., p. 106

75 ibid., p. 282

76 Woolman Chase & Chase, op. cit., pp. 190–1

77 Ibid.

78 Seebohm, op. cit., p. 61

79 Woolman Chase & Chase, op. cit., p. 61

80 ibid., p. 71

81 ibid.

82 ibid.

83 Conde Nast, 'What We Do', Conde Nast, <https://www.condenast.com/about>, accessed 20 June 2020

84 Yoxall, H., A Fashion of Life, Taplinger Publishing Co., Inc., New York, 1967, p. 80

85 ibid., p. 81

CHAPTER 3

86 C. Seebohm, The Man Who Was Vogue: The Life and Times of Conde Nast, The Viking Press, New York, 1982, p. 76

87 D. Friend, 'Vanity Fair: The One-Click History',

Vanity Fair, Vintage V.F., 14 January 2008, <https://www.vanityfair.com/magazine/2008/01/oneclickhistory>, accessed 5 February 2019

88 Seebohm, op. cit., pp. 260–1

89 ibid.

90 E. Woolman Chase & I. Chase, Always in Vogue, Doubleday & Company, Inc., United States of America, 1954, pp. 116–17

91 ibid.

92 Seebohm, op. cit., p. 123

93 ibid.

94 ibid., pp. 116–17

95 ibid.

96 L. Cohen, All We Know: Three Lives, Farrar, Straus and Giroux, United States of America, 2012, p. 231

97 Woolman Chase & Chase, op. cit., p. 116

98 D. Gilbert, 'The Looks of Austerity: Fashions for Hard Times', Fashion Theory, vol. 21, issue 4, 2017, pp. 477–99

99 A. de Warenne, Vogue (British), cover, Late January 1918

100 A. de Warenne, Vogue (British), cover, Early July 1918

101 H. Dryden, Vogue (British), cover, Early December 1918

102 G. Lepape, Vogue (British), cover, November 1918

103 Vogue, Vogue (British), Editor's Letter, Early October 1918

104 D. Edinger, Vogue, cover, vol. 51, no. 8, Late April 1918

105 J. R. Fernandez, ' "IF YOU CAN'T be GAY be GALLANT" SAYS PARIS', Vogue, Fashion, vol. 52, issue 1, 1 July 1918, p. 38

106 Vogue, 'THESE ARE THE DEFENCES OF PARIS AGAINST THE WAR', Vogue, Fashion, vol. 52, issue 10, 15 November 1918, p. 39

107 Vogue, 'DRESSING ON A WAR INCOME', Vogue, Fashion, vol. 52, issue 1, 1 July 1918, p. 66

108 Clark's Thinning Bath Salts, Vogue (British), advertisements, Early September 1924

109 Woolman Chase & Chase, op. cit., pp. 89–91

110 ibid.

111 ibid., pp. 29–30

112 ibid., p. 91

113 ibid., pp. 91–2

114 ibid.

115 PortableNYC, 'Mamie Fish – the "Fun-Maker" of the Gilded Age', Portable NYC [blog], 9 May 2020, <https://portablenycblog.com/2020/05/09/mamiefish-the-fun-maker-of-the-gilded-age/>, accessed 9 June 2020

116 Woolman Chase & Chase, op. cit., p.94

117 ibid., p. 94

118 ibid.

119 ibid., pp. 94–5

120 ibid.

121 ibid., p. 96

122 ibid., p. 97

123 ibid., p. 92

124 ibid., p. 83

125 ibid., p. 111

126 Woolman Chase & Chase, op. cit., p. 88

127 GREENWICHFREEPRESS, 'Fun Times Working at Conde Nast in Greenwich!', Greenwich Free Press, 14 February 2016, Around Town, <https://greenwichfreepress.com/around-town/fun-times-working-at-conde-nastin-greenwich-58902/>, accessed 9 November 2019

128 ibid.

129 ibid.

130 Seebohm, op. cit., pp. 282–3

131 Woolman Chase & Chase, op. cit., p. 34

132 ibid., p. 109

133 Seebohm, op. cit., p. 261

134 ibid.

CHAPTER 4

135 O. Pentelow, 'Vogue Editors Through The Years', Vogue [.co.uk], News, 10 April 2017, <https://www.vogue.co.uk/gallery/past-british-vogue-editorshistory>, accessed 1 February 2019

136 ibid.

137 E. Woolman Chase & I. Chase, Always in Vogue, Doubleday & Company, Inc., United States of America, 1954

138 L. Cohen, All We Know: Three Lives, Farrar, Straus and Giroux, United States of America, 2012, p. 235

139 P. Lewis, The Cambridge Introduction to Modernism, Cambridge University Press, New York, 2007, pp. xvii–3

140 Vanity Fair, 'IN VANITY FAIR', Vanity Fair, In Vanity Fair, March 1914, p. 15

141 Vogue, 'Early Paris Openings and Brides', Vogue (British), Contents, Early April 1925

142 Cohen, op. cit., pp. 242–3

143 ibid., p. 243

144 ibid.

145 ibid., p. 245

146 O. Todd, Year of the Crab, Aidan Ellis, London, 1975, p. 265

147 Cohen, op. cit., p. 254

148 Woolman Chase & Chase, op. cit., p. 118

149 Cohen, op. cit., pp. 230–1

150 ibid., p. 230

151 ibid., pp. 232–3

152 ibid.

153 ibid., p. 236

154 ibid., p. 237

155 M. Garland, conversation with Hilary Spurling, 29 March 1989, cited in Cohen, op. cit., p. 241

156 Cohen, op. cit., p. 238

157 N. Luckhurst, Bloomsbury in Vogue, Cecil Woolf Publishers, London, 1998, p. 24

158 Fish, 'A BACHELOR AT BAY', Vogue, Early May 1925, p. 72

159 C. Reed, 'A Vogue That Dare Not Speak its Name: Sexual Subculture During the Editorship of Dorothy Todd, 1922–26', Fashion Theory, vol. 10, issue 1/2, 2006, p. 64

160 Vogue, 'SEEN on the STAGE', Vogue, Late November 1924, p. 62

161 Luckhurst, op. cit.

162 Cohen, op. cit., p. 267

163 ibid., p. 252

164 Woolf, V., The Letters of Virginia Woolf, Volume III, 1923 – 1928, ed. N. Nicholson & J. Trautmann, Mariner Books, United States of America, 1978, p. 170.

165 ibid.

166 Reed, op. cit., p. 57

167 Woolman Chase & Chase, op. cit., p. 118

168 Yoxall, H., A Fashion of Life, Taplinger Publishing Co., Inc., New York, 1967, p. 124.

169 ibid.

170 Vogue, Vogue, Late October 1923, p. iv

171 Cohen, op. cit., p. 265

172 ibid.

173 ibid., p. 266

174 C. Derry, 'Lesbianism and Feminist Legislation in 1921: the Age of Consent and 'Gross Indecency between Women', History Workshop Journal, vol. 86, Autumn 2018, p. 245

175 A. Parkes, 'Lesbianism, History, and Censorship: The Well of Loneliness and the Suppressed Randiness of Virginia Woolf's Orlando', Twentieth Century Literature, vol. 40, no. 4, 1994, pp. 434–60

176 Woolman Chase & Chase, op. cit., p. 119

177 Yoxall, op. cit., p. 107

178 Woolf, V., The Letters of Virginia Woolf, Volume III, 1923 – 1928, ed. N. Nicholson & J. Trautmann, Mariner Books, United States of America, 1978, pp. 478–9

179 M. Garland, memoir drafts, cited in L. Cohen, op. cit., p. 270

180 Cohen, op. cit., p. 343

181 ibid., pp. 343–4

182 Todd, loc. cit.

183 Cohen, op. cit., p. 344

184 A. J. Carrod, ' "A plea for a renaissance" : Dorothy Todd's Modernist experiment in British Vogue, 1922–1926', Doctor of Philosophy Thesis in English Literature, Keele University, Keele, Newcastle, 2015, p. 255

185 Woolman Chase & Chase, op. cit., pp. 119–21

186 ibid., p. 119

187 ibid., p. 122

188 ibid., pp. 121–5

189 Yoxall, op. cit., p. 81

CHAPTER 5

190 Yoxall, H., A Fashion of Life, Taplinger Publishing Co., Inc., New York, 1967. p. 123

191 ibid.

192 ibid.

193 ibid.

194 ibid.

195 ibid.

196 ibid.

197 M. D. Harmon, 'A war of words: the British Gazette and British Worker during the 1926 General Strike', Labor History, vol. 60, issue 3, 2019, p. 193

198 Yoxall, op. cit., p. 125

199 Harmon, op. cit., pp. 194–8

200 Yoxall, op. cit., pp. 125–6

201 ibid., p. 126

202 ibid.

203 ibid., p. 127

204 ibid.

205 ibid.

206 E. Woolman Chase & I. Chase, Always in Vogue, Doubleday & Company, Inc., United States of America, 1954, p. 131

207 D. Chambers & L. Steiner, 'The Changing Status of Women Journalists', in S. Allan ed., The Routledge Companion to News and Journalism, Routledge, London and New York, 2010, pp. 49–60

208 I. Coser, 'Alison Settle, Editor of British Vogue (1926–1935): Habitus and the Acquisition of Cultural, Social, and Symbolic Capital in the Private Diaries of Alison Settle', Fashion Theory, vol. 21, issue 4, 2017, pp. 477–99

209 Vogue, 'THE CHIC WOMAN'S DAY ON THE RIVIERA', Vogue, Features, vol. 77, issue 8, 15 April 1931, p. 112–40

210 A. Settle, 'Alison Settle Remembers . . .', The Observer, 24 June 1973, p. 27

211 A. Settle [diary entry], Spring–Summer 1932, Journals 1930–4, Charles Wakefield Private Archive, Canada

212 ibid.

213 A. Settle, 'Alison Settle Remembers . . .', The Observer Review, 1 July 1973

214 A. Settle [private notes], Alison Settle Archive, University of Brighton Design Archives, Brighton, R14

215 ibid., R6/R7

216 ibid., R14

217 A. Settle [private notes], Alison Settle Archive, University of Brighton Design Archives, Brighton, R16

218 ibid.

219 Yoxall, op. cit., p. 124

220 C. Geisst, Wall Street, Oxford University Press, Oxford, 1997, p. 147

221 C. Seebohm, The Man Who Was Vogue: The Life and Times of Conde Nast, The Viking Press, New York, 1982, p. 282

222 ibid.

223 ibid.

224 ibid.

225 Woolman Chase & Chase, op. cit., p. 193

226 Yoxall, op. cit., p. 81

227 ibid., p. 93

228 ibid., pp. 92–4

229 ibid.

230 ibid.

231 Woolman Chase & Chase, op. cit., pp. 131–2

232 ibid., p. 204

233 ibid., pp. 205–6

234 Seebohm, op. cit., pp. 264–5

CHAPTER 6

235 E. Woolman Chase & I. Chase, Always in Vogue, Doubleday & Company, Inc., United States of America, 1954, p. 128

236 ibid., p. 85

237 ibid.

238 ibid., p. 127

239 ibid.

240 ibid.

241 B. Ballard, In My Fashion, 1st edn 1960, V&A Publishing, London, 2017, [Apple Books e-book], pp. 158–87

242 Woolman Chase & Chase, op. cit., p. 127

243 Ballard, op. cit., p. 34

244 ibid., p. 45

245 M. McAuliffe, Paris on the Brink: The 1930s Paris of Jean Renoir, Salvador Dali, Simone de Beauvoir, Andre Gide, Sylvia Beach, Leon Blum, and their Friends, Rowman & Littlefield, United States of America, 2018, p. 1

246 ibid., p. 39

247 Ballard, op. cit., p. 45

248 ibid.

249 ibid., p. 82

250 ibid., p. 36

251 ibid., p. 97

252 ibid., p. 44

253 ibid., pp. 46–7

254 Woolman Chase & Chase, op. cit., p. 121

255 ibid.

256 ibid.

257 ibid., p. 175

258 Ballard, op. cit., p. 47

259 Woolman Chase & Chase, op. cit., p. 178

260 ibid., p. 48

261 ibid., p. 54

262 ibid., p. 55

263 ibid.

264 Ballard, op. cit., p. 55

265 ibid.

266 Woolman Chase & Chase, op. cit., p. 212

267 Ballard, op. cit., p. 266

268 ibid., p. 58

269 Woolman Chase & Chase, op. cit., p. 213

270 ibid., p. 214[delete repeated note 36]

271 ibid.

272 Ballard, op. cit., p. 83

273 ibid.

274 ibid.

275 ibid., p. 85

276 ibid.

277 ibid., pp. 85–6

278 ibid.

279 ibid.

280 ibid., p. 86

281 ibid., pp. 86–7

282 ibid., p. 87.

283 ibid.

284 ibid., pp. 90–1

285 ibid., p. 84

CHAPTER 7

286 Yoxall, H., A Fashion of Life, Taplinger Publishing

Co., Inc., New York, 1967, p.

287 ibid.

288 E. Woolman Chase & I. Chase, Always in Vogue, Doubleday & Company, Inc., United States of America, 1954, p. 255

289 ibid., p. 249

290 ibid., p. 246

291 Yoxall, op. cit., p. 183

292 Woolman Chase & Chase, op. cit., p. 246

293 B. Ballard, In My Fashion, 1st edn 1960, V&A Publishing, London, 2017, [Apple Books e-book], p. 302

294 ibid., p. 304

295 ibid., p. 305

296 Ballard, op. cit., p. 311

297 ibid., pp. 312–13

298 Woolman Chase & Chase, op. cit., p. 255

299 ibid., p. 291

300 Ballard, op. cit., p. 315

301 ibid., pp. 325–7

302 Yoxall, op. cit., p. 181

303 ibid.

304 ibid., p. 182

305 ibid.

306 ibid.

307 ibid., p. 183

308 ibid., p. 182

309 D. Beyfus, 'Audrey Withers', The Guardian, Obituaries, 31 October 2001, <https://www.theguardian.com/news/2001/oct/31/guardianobituaries>, accessed 09 December 2018

310 ibid.

311 ibid.

312 ibid.

313 A. Withers, 'British Vogue Weathers the Storm', Vogue, People and Ideas, vol. 96, issue 11, 1 December 1940, pp. 80, 81, 138, 139, 140, 141

314 ibid., p. 80

315 ibid.

316 Vogue, 'Sorry If We're Late . . .', Vogue, Advertisement, vol. 103, issue 5, 1 March 1944, p. 192

317 Yoxall, op. cit., p. 125

318 Yoxall, op. cit., pp. 180–1

319 ibid.

320 Ministry of Information, Home Front Handbook,

Balding and Mansell, Great Britain, 2005 [1945], p. 50–1

321 A. Withers, Lifespan: An Autobiography, Peter Owen, London and Chester Springs, 1994, p. 51

322 J. Summers, Fashion on the Ration: Style in the Second World War, Profile Books LTD, Great Britain, 2015

323 ibid.

324 J. Kron, 'When Beauty Was a Duty', New York Times, Arts, 8 February 1991, <https://www.nytimes.com/1991/02/08/arts/when-beauty-was-a-duty.html>, accessed 9 August 2019

325 Vogue, 'Nov. I: Sell Time-Savers, Beauty-Savers!', Vogue, Vogue Advance News For Retailers, vol. 100, issue 9, 1 November 1942, p. A1

326 Vogue, 'In this Issue', Vogue (British), September 1939, p. 11

327 ibid.

328 P. Roy, Vogue (British), cover, March 1942

329 Vogue, 'General Economy Issues his Orders of the Day', Vogue (British), May 1942, p. 21

330 ibid.

331 C. Beaton, Vogue (British), cover, September 1943

332 C. Beaton, 'The Stuff of Vogue', Vogue (British), March 1942, p. 25

333 Ballard, op. cit., p. 420

334 K. Nelson Best, The History of Fashion Journalism, Bloomsbury, London, New York, 2017, pp. 95–6

335 Woolman Chase & Chase, op. cit., p. 263

336 ibid., p. 261

337 ibid., p. 262

338 ibid. pp. 262–3

339 ibid.

340 ibid.

341 ibid., p. 263

342 ibid.

343 Yoxall, op. cit., p. 59

344 Woolman Chase & Chase, op. cit., p. 264

345 ibid.

346 ibid. pp. 264–5

347 ibid.

348 ibid.

349 ibid.

350 ibid. p. 277

351 ibid. p. 279

352 C. Beaton, 'The Honourable Scars of London', Vogue, People and Ideas, vol. 98, issue 7, 1 October 1941, p. 120

353 C. Beaton, 'Fashion is Indestructible', Vogue (British), Fashion, September 1941, p. 32

354 A. Withers, Lifespan: An Autobiography, Peter Owen, London and Chester Springs, 1994, p. 53

355 The Telegraph, 'Audrey Withers', The Telegraph, News, Obituaries, 1 November 2001, <https://www.telegraph.co.uk/news/obituaries/1361993/Audrey-Withers.html>, accessed 11 October 2018

356 A. Penrose, The Lives of Lee Miller, 2nd edn, Thames & Hudson, London, 2002, p. 193

357 L. Blanch, 'How British Vogue Editors Live, Dress, Work, in Robot-bombed London', Vogue, People and Ideas, vol. 104, issue 6, 1 October 1944, p. 127

358 The Telegraph, 'Audrey Withers', The Telegraph, News, Obituaries, 1 November 2001, <https://www.telegraph.co.uk/news/obituaries/1361993/Audrey-Withers.html>, accessed 11 October 2018

359 Ballard, op. cit., p. 402

360 ibid., p. 409

361 Woolman Chase & Chase, op. cit., p. 287

362 ibid. p. 275

363 ibid. p. 291

364 ibid. p. 295

365 ibid.

366 ibid.

CHAPTER 8

367 B. Ballard, In My Fashion, 1st edn 1960, V&A Publishing, London, 2017, [Apple Books e-book], p. 480–515

368 E. Woolman Chase & I. Chase, Always in Vogue, Doubleday & Company, Inc., United States of America, 1954, p. 306

369 ibid., p. 307

370 ibid., pp. 307–10

371 F. du Plessix Gray, Them: A Memoir of Parents, Penguin Press, New York, 2005, pp. 398–9

372 ibid.

373 ibid., p. 396

374 Vogue, Vogue, 10th Americana Issue, vol. 109, issue 3, 1 February 1947

375 A. Whitman, 'Jessica Daves of Vogue Is Dead; Favored Ready-To-Wear Trend', New York Times, Obituaries, 24 September 1974, <https://www.nytimes.com/1974/09/24/archives/jessica-daves-of-vogue-is-dead-favoredreadytowear-trend-went.html>, accessed 9 August 2018

376 R Tuite, 'Rediscovering Vogue's Jessica Daves', Thames and Hudson, News, 20 November 2019, <https://thamesandhudson.com/news/articlerediscovering-jessica-daves/>, accessed 13 December 2019

377 Vogue, 'More taste than money – and more 1955 fashion per dollar', Vogue, Fashion, vol. 125, issue 3, 15 February 1955, p. 62

378 Vogue, Vogue, Vogue's Eye-view of the Museum of Modern Art, vol. 106, issue 1, 1 July 1945

379 K. Nelson Best, The History of Fashion Journalism, Bloomsbury, London, New York, 2017, p. 134

380 ibid.

381 I. Penn, Vogue, cover, vol. 113, no. 7, Late April 1949

382 H. Ketchum, American Fabrics, Doric Publishing Company, Fall 1949, p. 96

383 L. McClean, 'Do You Think You're a Snob?', Vogue, People, vol. 138, issue 8, 1 November 1961, p. 150

384 J. Mason Brown, 'What Makes A Woman Memorable', Vogue, Features –Articles – People, vol. 128, issue 9, 15 November 1956, pp. 100, 101, 159

385 ibid.

386 Vogue, 'The Summer Figure: Topic for Today', Vogue, Fashion, vol. 123, issue 9, 15 May 1954, pp. 82–3

387 Vogue, 'Mrs. Exeter's List', Vogue, Mrs. Exeter, vol. 126, issue 4, 1 September 1955, p. 256

388 Vogue, 'Who is Mrs. Exeter?', Vogue, Mrs. Exeter, vol. 124, issue 1, 1 July 1954, p. 94

389 G. Mirabella, In and Out of Vogue, Doubleday, New York, 1995, p. 63

390 A. Whitman, 'Jessica Daves of Vogue Is Dead; Favored Ready-To-Wear Trend', New York Times, Obituaries, 24 September 1974, <https://www.nytimes.com/1974/09/24/archives/jessica-daves-of-vogue-is-dead-favoredreadytowear-trend-went.html>, accessed 9

August 2018

391 Mirabella, op. cit., p. 72

392 Ibid.

393 J. Daves, Ready-Made Miracle; The American Story of Fashion for the Millions, G. P. Putnam's Sons, New York, 1967, p. 69

394 Mirabella, op. cit., p. 20

395 A. Fine Collins, 'The Cult of Diana', Vanity Fair, Culture, November 1993, <https://www.vanityfair.com/culture/1993/11/diana-vreeland-199311>, accessed 11 January 2019

396 Yoxall, H., A Fashion of Life, Taplinger Publishing Co., Inc., New York, 1967, p. 96

397 C. Felsenthal, Citizen Newhouse; Portrait of a Media Merchant, Seven Stories Press, New York, 1998, p. 25

398 du Plessix Gray, op. cit., pp. 405–6

399 du Plessix Gray, op. cit., pp. 349

400 A. Fine Collins, 'The Cult of Diana', Vanity Fair, Culture, November 1993, <https://www.vanityfair.com/culture/1993/11/diana-vreeland-199311>, accessed 11 January 2019

401 ibid.

402 B. Leser cited in S. Homewood, 'Publishing icon Bernie Leser passes away', AdNews, News, 15 October 2015, <https://www.adnews.com.au/news/publishing-icon-bernie-leser-passes-away>, accessed 11 February 2019

403 Homewood, loc. cit.

404 Ballard, op. cit., p. 549

CHAPTER 9

405 B. Ballard, In My Fashion, 1st edn 1960, V&A Publishing, London, 2017, [Apple Books e-book], p. 472

406 ibid., p. 472

407 F. du Plessix Gray, Them: A Memoir of Parents, Penguin Press, New York, 2005, p. 408

408 ibid.

409 Horwell, V., 'Edmonde Charles-Roux obituary', The Guardian, Books, 25 January 2016, <https://www.theguardian.com/books/2016/jan/25/edmondecharlesroux>, accessed 11 June 2019

410 du Plessix Gray, op. cit., p. 409

411 Ballard, op. cit., p. 529

412 ibid., pp. 526–8

413 A. Garland, Lion's Share, Michael Joseph Ltd., New York, 1970, p. 38

414 ibid., p. 48

415 H. Cox and S. Mowatt, 'Monopoly, Power and Politics in Fleet Street: the Controversial Birth of IPC Magazines, 1958–63', paper presented to the BHC Annual Conference, Frankfurt, 14–15 March 2014, pp. 1–20 <http://orapp.aut.ac.nz/bitstream/handle/10292/6787/Cox%20and%20Mowatt%20BHC%20paper%20Monopoly%2c%20Power%20and%20Politics.pdf?sequence=2&isAllowed=y>, accessed 11 March 2020

416 Garland, op. cit., p. 37

417 ibid., p. 141

418 ibid.

419 ibid.

420 ibid.

421 ibid., p. 140

422 ibid., pp. 140–5

423 ibid., p. 145

424 ibid., pp. 148–52

425 ibid.

426 ibid.

427 ibid., p. 149

428 ibid.

429 ibid.

430 ibid.

431 ibid.

432 ibid., p. 150

433 ibid., p. 175

434 ibid., p. 147

435 ibid., p. 178

436 Office for National Statistics, 'Trends in births and deaths over the last century', 15 July 2015, <https://www.ons.gov.uk/peoplepopulationandcommunity/birthsdeathsandmarriages/livebirths/articles/trendsinbirthsanddeathsoverthelastcentury/2015-07-15>, accessed 11 January 2020

437 Vogue, Vogue (British), Young Idea, January 1953

438 Garland, op. cit., p. 155

439 B. Conekin, 'From Haughty to Nice: How British Fashion Images Changed from the 1950s to the 1960s',

Photography and Culture, vol. 3, issue 3, 2010, p. 285

440 Yoxll, H., A Fashion of Life, Taplinger Publishing Co., Inc., New York, 1967, pp. 108–9

441 Garland, op. cit., p. 143

442 R. Muir, 'Two take Manhattan', The Guardian, 17 March 2007, <https://www.theguardian.com/theguardian/2007/mar/17/weekend7.weekend1>, accessed 11 June 2019

443 ibid.

444 ibid.

445 Garland, op. cit., pp. 180–2

446 The Telegraph, 'Beatrix Miller – obituary', The Telegraph, News, Obituaries, 23 February 2014, <https://www.telegraph.co.uk/news/obituaries/10656743/Beatrix-Miller-obituary.html>, accessed 11 June 2019

447 ibid.

448 ibid., p. 224

449 P. Knapp, 'Vogue's new beauty etiquette', Vogue (British), Fashion, June 1971

450 ibid.

451 ibid.

452 Coddington, G., Grace: A Memoir, Chatto & Windus, London, 2012, p. 229

453 ibid., p. 302

CHAPTER 10

454 G. Mirabella, In and Out of Vogue, Doubleday, New York, 1995, p. 133

455 ibid.

456 ibid.

457 ibid.

458 Vogue, 'The Explorers. Fashion that's all yours for the discovery . . .', Vogue, Fashion, vol. 152, issue 7, 15 October 1968, pp. 108–29

459 Mirabella, op. cit., p. 132

460 ibid., p. 131

461 ibid., p. 132

462 ibid.

463 ibid.

464 M. Evans, 'The Great Fur Caravan', Vogue, Fashion, vol. 148, issue 7, 15 October 1966, pp. 88–113, 175

465 ibid., p. 88

466 D. Vreeland, 'Why Don't You . . .', Harper's Bazaar, 1936

467 ibid.

468 A. Fine Collins, 'The Cult of Diana', Vanity Fair, Culture, November 1993, <https://www.vanityfair.com/culture/1993/11/diana-vreeland-199311>, accessed 11 January 2019

469 Mirabella, op. cit., p. 128

470 Vogue, 'Youth Quake', Vogue, Fashion, vol. 145, issue 1, 1 January 1965, pp. 112–19

471 Fine Collins, op. cit.

472 Vreeland, D., D.V., ed. G. Plimpton & C. Hemphill, Alfred A. Knopf, Inc., New York, 1984, p. 118

473 ibid., p. 106

474 ibid.

475 ibid.

476 ibid.

477 ibid.

478 ibid.

479 Diana Vreeland: The Eye Has to Travel [documentary], dir. L. Immordino Vreeland, Submarine Entertainment; New York, 2012.

480 T. Maier, All That Glitters: Anna Wintour, Tina Brown, and the Rivalry Inside America's Richest Media Empire, Skyhorse Publishing, New York, 2019, [Apple Books e-book] pp. 109–10

481 F. du Plessix Gray, Them: A Memoir of Parents, Penguin Press, New York, 2005, p. 308

482 ibid., p. 309

483 ibid.

484 ibid.

485 ibid., p. 442

486 Fine Collins, op. cit.

487 Mirabella, op. cit., p. 103

488 ibid., p. 119

489 Mirabella, op. cit., p. 131

490 ibid.

491 ibid.

492 du Plessix Gray, op. cit., p. 442

493 Mirabella, op. cit., p. 142

494 ibid.

495 ibid.

496 ibid., p. 136

497 ibid., p. 141

498 A. Talmey, 'Power is a Boy's Best Friend: Senator John Sparkman', Vogue, Vogue Politics, vol. 164, issue 2, 1 August 1974, p. 32

499 M. Weber, 'Vitamin E/Christmas Blues . . .', Vogue, Vogue Health, vol. 164, issue 6, 1 December 1974, p. 130

500 ibid.

501 Mirabella, op. cit., pp. 159–60

502 ibid., p. 161

503 ibid., p. 162

504 ibid., pp. 193–6

505 ibid., p. 195

506 ibid., p. 198

507 ibid., p. 201

508 ibid.

509 ibid., p. 204

510 ibid.

511 ibid., p. 203

512 ibid., p. 207

CHAPTER 11

513 G. Mirabella, In and Out of Vogue, Doubleday, New York, 1995, p. 215

514 S. Stewart, 'LION IN WINTOUR – HOW ANNA HISSED, CLAWED & FLIRTED HER WAY TO THE TOP; CALL HER CRUELLA DE VOGUE', New York Post, Entertainment, 1 February 2005, <https://nypost.com/2005/02/01/lion-in-wintour-how-anna-hissed-clawed-call-her-cruellade-vogue/>, accessed 8 January 2019

515 J. Oppenheimer, Front Row: Anna Wintour: What Lies Beneath the Chic Exterior of Vogue's Editor in Chief, St Martin's Griffin, New York, 2005, p. 11

516 ibid., p. 22

517 ibid., pp. 12–27

518 ibid., pp. 78–9

519 ibid., p. 70

520 ibid., p. 67

521 ibid., p. 170

522 Adweek, 'The Up-and-Comers: Wintour Displays Knack for the New', Adweek, November, 1983

523 Oppenheimer, op. cit., pp. 214–15

524 G. Mahon, 'S.I. Newhouse and Conde Nast; Taking Off The White Gloves', New York Times Magazine, section 6, 10 September 1989, <https://www.nytimes.com/1989/09/10/magazine/si-newhouse-and-conde-nast-takingoff-the-white-gloves.html>, accessed 8 January 2019

525 H. Marriott, '4am starts and no apologies: could Anna Wintour's master class transform my life and career?', The Guardian, Shortcuts, 24 September 2019, <https://www.theguardian.com/fashion/shortcuts/2019/sep/24/4amstarts-no-apologies-anna-wintour-masterclass-vogue-editor-in-chiefcreativity-leadership>, accessed 20 January 2019

526 ibid., pp. 313–14

527 ibid.

528 ibid.

529 ibid., pp. 135–6

530 Oppenheimer, op. cit., pp. 236–46

531 S. Heller Anderson, 'HG Magazine Is Not What It Used to Be', New York Times, Arts, 8 June 1988, <https://www.nytimes.com/1988/06/08/arts/hg-magazine-is-not-what-it-used-to-be.html>, accessed 8 January 2019

CHAPTER 12

532 J. J. Buck, The Price of Illusion, A Memoir, Washington Square Press, New York, 2017, p. 84

533 H. Newton, Vogue (French), 'Rue Aubriot / Le Smoking', September 1975

534 S. Mower, 'The "King of Kink" Made Naughty Fashionable, New York Times, Arts, 21 September 2003, <https://www.nytimes.com/2003/09/21/style/theking-of-kink-made-naughty-fashionable.html>, accessed 8 June 2020

535 G. Bourdin, Charles Jourdan advertisement, 1977

536 G. Bourdin, Charles Jourdan advertisement, 1975

537 Buck, op. cit., pp. 84–7

538 ibid., p. 87

539 C. Pringle, telephone interview with author, 06 February 2020

540 ibid.

541 ibid.

542 ibid.

543 E. Novick, Vogue (French) Special Issue, cover, December–January 1988

544 P. Demarchelier, Vogue (French), cover, August 1988

545 Pringle, loc. cit.

546 ibid.

547 ibid.

548 ibid.

549 ibid.

550 ibid.

551 ibid.

552 ibid.

553 ibid.

554 ibid.

555 ibid.

556 ibid.

557 ibid.

558 N. Vreeland, Vogue (French) Special Issue, 'The Beauty Rules of a Monk', December–January 1993

559 ibid.

560 ibid.

561 ibid.

562 ibid.

563 ibid.

564 I. Berry, J. Nachtwey, Vogue (French) Special Issue, 'Violence', December–January 1994

565 T. Motswai, Vogue (French) Special Issue, cover, December–January 1994

566 P. Lindbergh, Vogue (French) Special Issue, 'Nelson Mandela', December–January 1994

567 Pringle, loc. cit.

568 ibid.

569 ibid.

570 T. Willis, 'Nelson's Columns', The Sunday Times, Style & Travel, 5 December 1993, p. 26

571 ibid.

572 Willis, loc. cit.

573 Pringle, loc. cit

574 ibid.

575 ibid.

576 ibid.

CHAPTER 13

577 W. Norwich, 'An Affair to Remember', Vogue, Fashion, vol. 196, issue 7, 1 July 2006, pp. 128–35, 176

578 W. Norwich, 'A Grand Affair', Vogue, Features, vol. 197, issue 7, 1 July 2007, pp. 158–67

579 J. Shi, 'How the Met Gala Avoided Chinese Cliches', BizBash, Style & Decor, 13 May 2015, <https://www.bizbash.com/style-decor/eventdesign/media-gallery/13481016/how-the-met-gala-avoided-chinese-cliches>, accessed 25 September 2019

580 V. Friedman, 'It's Called the Met Gala, but It's Definitely Anna Wintour's Party', New York Times, Style, 2 May 2015, <https://www.nytimes.com/2015/05/03/style/its-called-the-met-gala-but-its-definitely-annawintours-party.html>, accessed 8 January 2019

581 ibid.

582 Tilberis, L., No Time To Die, Weidenfeld & Nicolson, London, 1998, p. 136.

583 G. Fabrikant, 'THE MEDIA BUSINESS: Advertising; Tough Year for Harper's Bazaar', New York Times, Business, 26 August 1988, <https://www.nytimes.com/1988/08/26/business/the-media-business-advertising-toughyear-for-harper-s-bazaar.html>, accessed 13 May 2019

584 J. Kron, 'Style Setter: Fashion's Resurgence Means Wealth, Power for Vogue Magazine', Wall Street Journal, 30 January 1986

585 P. Demarchelier, Vogue, 100th Anniversary Special, vol. 182, issue 4, 1 April 1992

586 Rourke, M., 'Money. Power. Prestige. With so much at stake, Anna Wintour of Vogue and Liz Tilberis of Harper's Bazaar are locked in a . . . : Clash of the Titans', Los Angeles Times, Style, 17 May 1992, <https://www.latimes.com/archives/la-xpm-1992-05-17-vw-356-story.html>, accessed 08 May 2019.

587 M. Gross, 'War of the Poses', New York magazine, Contents, 27 April 1992, p. 3

588 Coddington, op. cit., p. 512

589 J. Brown, 'Liz Tilberis', Salon, 22 April 1999, <https://www.salon.com/ 1999/04/22/tilberis/>, accessed 11 May 2019

590 B. Weber, Blood Sweat and Tears, Or, How I Stopped

Worrying and Learned to Love Fashion, teNeues, UK, 2005, p. 31

591 Vogue, 'Anna Wintour's Favorite Vogue Images of All Time', Vogue [.com], Fashion, 13 August 2012, <https://www.vogue.com/slideshow/anna-wintour-favorite-images-photos>, accessed 9 May 2019

592 P. Lindbergh, Vogue, vol. 178, issue 11, 1 November 1988

593 P. Demarchelier, Vogue, vol. 179, issue 5, 1 May 1989

594 P. Demarchelier, 'Enter the Era of Elegance', Harper's Bazaar, 1 September 1992

595 T. Maier, All That Glitters: Anna Wintour, Tina Brown, and the Rivalry Inside America's Richest Media Empire, Skyhorse Publishing, New York, 2019, [Apple Books e-book], p. 285

596 ibid.

597 ibid.

598 Gross, op. cit. p. 24

599 G. Dullea, 'Liz Tilberis's Kind of September', New York Times, Style, 23 August 1992, <https://www.nytimes.com/1992/08/23/style/liz-tilberis-skind-of-september.html>, accessed 27 January 2019

600 Rourke, loc. cit.

601 A. Wintour, 'Up Front: Remembering Liz Tilberis (1947 – 1999)', Vogue, vol. 189, issue 6, 1 June 1999, p. 72

602 J. Kron, 'Style Setter: Fashion's Resurgence Means Wealth, Power for Vogue Magazine', Wall Street Journal, 30 January 1986

603 ibid.

604 Rourke, loc. cit.

605 ibid.

606 Maier, op. cit. p. 94

607 G. Mahon, 'S.I. Newhouse and Conde Nast; Taking Off The White Gloves', New York Times Magazine, section 6, 10 September 1989, <https://www.nytimes.com/1989/09/10/magazine/si-newhouse-and-conde-nast-takingoff-the-white-gloves.html>, accessed 8 January 2019

608 Maier, op. cit., pp. 126–53

609 ibid., p. 289

610 ibid., p. 49

611 T. Brown, The Vanity Fair Diaries 1983–1992, Weidenfeld & Nicolson, New York, 2017, [Apple Books e-book], p. 83

612 D. Plotz, 'Let Si Get This', Slate, News & Politics, 6 December 1997, <https://slate.com/news-and-politics/1997/12/let-si-get-this.html>, accessed 12 May 2019

613 W. Henry III, 'A Search for Glitz', Time, 4 June 1990

614 R. Mead, 'The Truman Administration', New York magazine, 23 May 1994, p. 48

615 Maier, op. cit., p. 499

616 E. Kolbert, 'How Tina Brown Moves Magazines', New York Times Magazine, 5 December 1993, <http://www.maryellenmark.com/text/magazines/new%20york%20times%20magazine/904Z-000-015.html>, accessed 27 January 2019

617 Mahon op. cit.,

618 Spy, 'The New British Invasion', Spy, February 1993

CHAPTER 14

619 Buck, J. J., The Price of Illusion, A Memoir, Washington Square Press, New York, 2017, p. 164

620 ibid.

621 ibid.

622 ibid., p. 171

623 ibid., pp. 171–3

624 ibid., p. 172

625 ibid., p. 180

626 ibid., p. 201

627 ibid.

628 ibid., p. 263

629 Buck, loc. cit.

630 ibid., pp. 207–9

631 ibid., p. 207

632 ibid., p. 206

633 M. Hispard, Vogue Paris, 'La Femme Francaise', September 1994

634 Buck, op. cit., p. 218

635 ibid.

636 M. Thompson, Vogue Paris, 'Cinema', December 1994–January 1995

637 Buck, op. cit., p. 226

638 M. Thompson, Vogue Paris, 'Le fabuleux album des

75 ans', December 1995–January 1996

639 Buck, op. cit., pp. 246–9

640 ibid.

641 ibid., p. 204

642 J-B. Mondino, Vogue Paris, 'Musique', December 1996–January 1997

643 S. Mazeaud, 'Madame Claude', Vogue Paris, 'Special Haute Couture', September 1997

644 J-B. Mondino, Vogue Paris, 'Mode et Science: Archives de l'Avenir', December 1999–January 2000

645 Buck, op. cit., p. 301

646 A. Barrett, 'French Vogue Combines Fashion With – Surprise – Quantum Physics', Wall Street Journal, 21 January 1999, <https://www.wsj.com/articles/SB916866770745531000>, accessed 16 October 2019

647 ibid.

648 Buck, op. cit., p. 321

649 ibid., p. 347

650 ibid., pp. 351–4

651 ibid., p. 362

652 ibid., pp. 349–52

653 ibid., p. 356

654 ibid.

655 ibid., p. 357

656 J. J. Buck, 'Joan Juliet Buck: My Vogue Interview With Syria's First Lady', Newsweek, World, 30 July 2012, <https://www.newsweek.com/joan-julietbuck-my-vogue-interview-syrias-first-lady-65615>, accessed 27 April 2020

657 J. J. Buck, 'A Rose in the Desert', Vogue, Fashion & Features, vol. 201, issue 3, 1 March 2011, pp. 528–33, 571

658 ibid.

659 ibid., p. 531

660 J. J. Buck, 'Joan Juliet Buck: My Vogue Interview With Syria's First Lady', Newsweek, World, 30 July 2012, <https://www.newsweek.com/joan-julietbuck-my-vogue-interview-syrias-first-lady-65615>, accessed 27 April 2020

661 ibid.

662 ibid.

663 ibid.

CHAPTER 15

664 K. Nelson Best, The History of Fashion Journalism, Bloomsbury, London, New York, 2017, p. 218

665 ibid.

666 Moving Fashion [video], SHOWstudio, 29 September 2005, <https://showstudio.com/projects/moving_fashion>, accessed 27 June 2019

667 M. Echeverri, 'Essay: The Sound of Clothes', SHOWstudio, 9 October 2013, <https://showstudio.com/projects/the_sound_of_clothes/essay_the_sound_of_clothes>, accessed 17 June 2019

668 C. McDowell, 'The CFDA and the Bloggers: Why?', Colin McDowell [blog], 16 March 2010, <https://colin-mcdowell.blogspot.com/2010/03/cfda-andbloggers-why.html>, accessed 17 June 2019

669 S. Singer, 'Ciao, Milano! Vogue.com's Editors Discuss the Week That Was', Vogue [.com], Runway, 25 September 2016, <https://www.vogue.com/article/milan-fashion-week-spring-2017-vogue-editors-chat>, accessed 27 June 2019

670 S. Mower, ibid.

671 N. Phelps, ibid.

672 A. Codinha, ibid.

673 ibid.

674 A. Belonsky, 'Conde Nast, McKinsey and the Death of Endless Dreams', Gawker [blog], 9 September 2009, <https://gawker.com/5355309/conde-nastmckinsey-and-the-death-of-endless-dreams>, accessed 27 June 2019

675 J. Koblin, 'Conde Nast Hires McKinsey, Staffers Suffer Shock', New York Observer, 21 July 2009, <https://observer.com/2009/07/cond-nast-hiresmckinsey-staffers-suffer-shock/>, accessed 27 June 2019

676 J. Goldberg, 'McKinsey Draft Report on Rethinking Conde Nast', The Atlantic, Global, 22 July 2009, <https://www.theatlantic.com/international/archive/2009/07/mckinsey-draft-report-on-rethinking-conde-nast/21839/>, accessed 27 June 2019

677 CZJFan87, 'Rank of Meryl Streep's movies by Box Office performance', IMDB, 7 January 2015, <https://www.imdb.com/list/ls073278870/>, accessed 27 June 2019

678 Coddington, G., Grace: A Memoir, Chatto &

Windus, London, 2012, pp. 32–5

679 V. Friedman, 'Planning for the future in Milan', Financial Times, 23 September 2010, <https://www.ft.com/content/d297e2bd-e93e-3d0c-9f67-55404f1b3d25?kbc=e8a1fafb-292f-3334-897a-7dca06ee2b2b>, accessed 27 June 2019

680 K. Carter, 'Anna Wintour's whims worry Italy's fashion pack', The Guardian, Fashion, 11 February 2010, <https://www.theguardian.com/lifeandstyle/2010/feb/11/anna-wintour-italy-fashion>, accessed 27 June 2019

681 Web Desk, 'Vogue editor Anna Wintour under fire for being "icy" towards mag's first Black model', The News, 16 June 2020, <https://www.thenews.com.pk/latest/673490-vogue-editor-anna-wintour-under-fire-for>, accessed 27 June 2020

682 M. Bustillos, 'Is Anna Wintour Satan?', Vintage Voice, 11 February 2003, <http://pix.popula.com/items/0224/vintage/wintour.html>, accessed 27 June 2019

683 B. Sowray, 'Today In History – April 7', Vogue [British], News, 7 April 2010, <https://www.vogue.co.uk/article/anna-wintour-was-attacked-with-a-pieby-anti-fur-protesters>, accessed 1 July 2019

684 J. Safran Foer, Eating Animals, Penguin Random House, UK, 2009, p. 71

685 D. Tartt, 'The Power of Words: Rebel Spirit', Vogue, Up Front, vol. 196, issue 1, 1 January 2006, p. 62–4

686 C. Gandee, 'Under the Influence', Vogue, Features, vol. 184, issue 3, 1 March 1994, pp. 380–3, 436, 437

687 A. Wicks, Z. Turner, 'Tough Times at the Newsstand', WWD, 9 August 2011, <https://wwd.com/business-news/media/fashion-magazines-fall-at-newsstand-5048220/>, accessed 25 April 2019

688 ibid.

689 J. W. Peters, 'Power Is Always in Vogue', New York Times, Fashion, 15 June 2012, <https://www.nytimes.com/2012/06/17/fashion/for-anna-wintourpower-is-always-in-vogue.html/>, accessed 8 January 2019

690 L. McCalmont, 'Obama, Wintour spotlight workshop', Politico, 5 May 2014, <https://www.politico.com/story/2014/05/michelle-obama-anna-wintour-106365>, accessed 8 March 2019

691 Vogue, 'Vogue Endorses Hillary Clinton for President of the United States', Vogue [.com], Magazine, 18 October 2016, <https://www.vogue.com/article/hillary-clinton-endorsement-president-united-states-democrat>, accessed 3 February 2019

692 I. Amed, A. Berg, L. Brantberg, S. Hedrich, 'The State of Fashion 2017', McKinsey & Company, Our Insights, 1 December 2016, <https://www.mckinsey.com/industries/retail/our-insights/the-state-of-fashion#>, accessed 8 March 2019

CHAPTER 16

693 M. Foley Sypeck, J. J. Gray and A. H. Ahrens, 'No longer just a pretty face: Fashion magazines' depictions of ideal female beauty from 1959 to 1999', International Journal of Eating Disorders, vol. 36, issue 3, 2004, pp. 342–7

694 B. McNair, Striptease Culture: Sex, Media and the Democratisation of Desire, Routledge, London and New York, 2002, pp. 24–6

695 J. J. Buck, The Price of Illusion, A Memoir, Washington Square Press, New York, 2017, p. 199

696 J. A. Wright, 'The Imp Wears Blue Jeans: Former Vogue Paris Chief Carine Roitfeld Talks Feminism, Nudity and Why Anna Wintour Isn't a Fashion Editor', New York Observer, 9 June 2013, <https://observer.com/2013/09/the-imp-wears-blue-jeans-former-vogue-paris-chief-carine-roitfeld-talksfeminism-nudity-and-why-anna-wintour-isnt-a-fashion-editor/>, accessed 20 April 2018

697 ibid.

698 The Business of Fashion, 'Carine Roitfeld', The Business of Fashion, BoF 500, 2013, <https://www.businessoffashion.com/community/people/carineroitfeld>, accessed 5 January 2020

699 C. Long, 'Lunch with the FT: Carine Roitfeld', Financial Times, 20 May 2011, <https://www.ft.com/content/aa714ad8-8266-11e0-8c49-00144feabdc0>, accessed 19 April 2018

700 ibid.

701 Buck, op. cit., p. 349

702 ibid.

703 Inez & Vinoodh, Vogue Paris, cover, August 2003

704 P. Demarchelier, Vogue Paris, 'No Smoking', April 2009

705 M. Testino, Vogue Paris, 'Corps & Lames', February 2005

706 D. Sims, Vogue Paris Calendar, Calendar, 2007

707 M. Healy, 'We're French! We smoke, we show flesh, we have a lot of freedom . . .', The Guardian, The Observer, 25 February 2007, <https://www.theguardian.com/media/2007/feb/25/pressandpublishing.fashion>,accessed 23 April 2018

708 M. Testino, Vogue Paris, 'La Decadanse', May 2010

709 T. Richardson, Vogue Paris, 'Festine', October 2010

710 S. Klein, Vogue Paris, 'LARA', October 2009

711 M. Sawyer, 'Commentary: Blackface is never okay', CNN, World, 14 October 2009, <https://edition.cnn.com/2009/WORLD/asiapcf/10/14/sawyer.blackface/>, accessed 29 April 2018

712 S. Hamza, Vogue Paris, 'Cadeaux', December 2010–January 2011

713 X. Jardin, 'Pedocouture: In Vogue Magazine, 6-Year-Olds Are Sex Vixens', Boing Boing [blog], 5 January 2011, <https://boingboing.net/2011/01/05/in-vogue-magazine-6.html>, accessed 8 September 2019

714 elizabeth, 'RE: Pretty Babies', Frockwriter [blog], 17 December 2010, <https://frockwriter.blogspot.com/2010/12/pretty-babies.html>, accessed17 September 2018

715 A Mother, ibid.

716 E. Maree, 'Is Fashion Now All About The Shock Factor?', Emily Fashion Fiend [blog], 26 April 2013, <https://emilyfashionfiend.wordpress.com/tag/vogue-paris/>, accessed 17 September 2018

717 J. Sauers, 'French Vogue's Sexy Kiddie Spread is Misunderstood', Jezebel [blog], 1 May 2011, <https://jezebel.com/french-vogues-sexy-kiddie-spreadis-misunderstood-5725707>, accessed 23 April 2018

718 M. Reimer, C. Tosenberger and L. Wodtke, ' "Je suis fatigue par le culte de la jeunesse" : Or, Walking on Ice in High Heels', Jeunesse: Young People, Texts, Cultures, vol. 3, issue 1, summer 2011, pp. 1–10

719 T. Ford, Vogue Paris, 'Forever Love', December 2010–January 2011

720 M. Msa, Vogue Paris, 'La Panthere Ose', December 2010–January 2011

721 A. Heath, 'Vogue Paris = CARINE ROITFELD', 032C, 1 December 2005, <https://032c.com/vogue-paris-carine-roitfeld/>, accessed 23 April 2018

722 Wright, op. cit.

723 S. Klein, Vogue Paris, 'Crystal Taillee', May 2010

724 B. Weber, Vogue Paris, cover, November 2007

725 Wright, op. cit.

726 D. Garnett, 'Guest Editor: Carine Roitfeld Is the Fashion Stylist's Stylist. . .', Vogue, Vogue Beauty, vol. 189, issue 12, 1 December 1999, p. 328

727 ibid.

728 S. Mower, 'Sexy Classic', Vogue, Fashion, vol. 191, issue 8, 1 August 2001, pp. 244–51

729 ibid.

730 S. Kilcooley-O'Halloran, 'Today in History – December 17', Vogue [.co.uk], 17 December 2012, <https://www.vogue.co.uk/article/carine-roitfeld-resigned-as-editor-of-french-vogue>, accessed 23 April 2019

731 J. Diderich, S. Conti, J. Weil, 'Carine Roitfeld to Depart French Vogue', WWD, 17 December 2010, <https://wwd.com/business-news/media/carineroitfeld-is-to-leave-french-vogue-3405583/>, accessed 23 April 2019

732 D. Lo, 'Rumor: Was Carine Roitfeld Fired From Vogue? Le Figaro's Fashion Director Virginie Mouzat is Frontrunner for the Job', Racked, 20 December 2010, <https://www.racked.com/2010/12/20/7778903/rumor-was-carineroitfeld-fired-from-vogue-le-figaros-fashion>, accessed 23 April 2019

733 ibid.

734 ibid.

735 Heath, op. cit.

736 Standen, D., 'The Future of Fashion, Part Seven: Carine Roitfeld', Vogue.com, Trends, 12 February, 2011, <https://www.vogue.com/article/the-future-of-fashion-part-seven-carine-roitfeld>, accessed 24 April 2019

737 L. Guilbault, 'Can Carine Roitfeld Become a Brand?', The Business of Fashion, Professional, 16 May 2019, <https://www.businessoffashion.com/articles/professional/can-carine-roitfeld-become-a-brand>, accessed 24 April 2019

738 J. Diderich, S. Conti, J. Weil, op. cit.

739 A. Larocca, 'The Anti-Anna', New York magazine, Fashion, 14 February 2008, <https://nymag.com/fashion/08/spring/44215/>, accessed 23 April 2019

740 M. Tungate, Fashion Brands: Branding Style from Armani to Zara, 2nd edn, Kogan Page Publishers, London and Philadelphia, 2008

741 L. Indvik, 'Emmanuelle Alt: "Vogue is more than a magazine" ', Vogue Business, 8 August 2019, <https://www.voguebusiness.com/talent/articles/emmanuellealt-editor-in-chief-vogue-paris-interview/>, accessed 2 January 2020

742 Indvik, op. cit.

743

744 P. Martin, 'Emmanuelle Alt: Conversation with Penny Martin', Aperture 'Fashion', Words, issue 216, fall 2014, p. 43

745 C. Horyn, 'Fashion Director Is Named New Editor of French Vogue', New York Times, Business, 7 January 2011, <https://www.nytimes.com/2011/01/08/business/media/08vogue.html>, accessed 23 April 2019

746 Anne, 'French Woman Carine Roitfeld Knows Sensuality Is Not a Sin', thebkmag [blog], 17 April 2011, <https://thebkmag.com/2011/04/17/french-woman-carine-roitfeld-knows-sensuality-not-sin/>, accessed 17 May 2019

747 ibid.

748 Mert & Marcus, Vogue Paris Special Issue, 'Ines de La Fressange', December 2014–January 2015

749 D. Sims, Inez & Vinoodh, K. Sadli, Vogue Paris Special Issue, 'Vanessa Paradis', December 2015–January 2016

750 Mert & Marcus, Vogue Paris, cover, March 2017

751 E. Alt, Vogue Paris, 'Editor's Letter', March 2017

752 Martin, loc. cit.

753 ibid.

754 Indvik, loc. cit.

755 J. Diderich, S. Conti, J. Weil, 'Carine Roitfeld to Depart French Vogue', op. cit.

756 C. Horyn, 'New Star in the Front Row', New York Times, 9 February 2011, <https://www.nytimes.com/2011/02/10/fashion/10ALT.html>, accessed 23 April 2019

CHAPTER 17

757 C. Edwardes, 'Alexandra Shulman: the British Vogue editor on fashion, her candid memoir and standing by Philip Green', Evening Standard, 20 October 2016, <https://www.standard.co.uk/lifestyle/esmagazine/alexandrashulman-the-british-vogue-editor-on-fashion-her-candid-memoir-andstanding-by-philip-green-a3372576.html>, accessed 11 September 2019

758 ibid.

759 A. Shulman, 'My first boss: Vogue's Alexandra Shulman and editor Shirley Lowe', The Guardian, 4 April 2014, <https://www.theguardian.com/lifeandstyle/2014/apr/04/first-boss-alexandra-shulman-shirley-lowe>, accessed 11 September 2019

760 O. Petter, 'Alexandra Shulman's Vogue Might Not Have Shown "Ethnic Diversity" but Edward Enninful May Make Up for Lost Time', Independent, 13 November 2017, <https://www.independent.co.uk/life-style/fashion/vogue-ethnic-diversity-alexandra-shulman-edwardenninful-change-black-minority-models-fashion-a8052706.html>, accessed 11 September 2019

761 Petter, op. cit.

762 BBCNewsEnts, 'Naomi Campbell shames Vogue over diversity', Entertainment & Arts, BBC, 23 August 2017, <https://www.bbc.co.uk/news/entertainment-arts-41022264>, accessed 13 September 2019

763 N. Knight, Vogue (British), cover, May 2003

764 M. Testino, Vogue (British), cover, December 2002

765 'Alexandra Shulman chats with Lily [Allen]' [online audio], BBC Radio 2, 16 March 2014, <https://www.bbc.co.uk/programmes/p01vb37l>, accessed 10 December 2019

766 ibid.

767 "Fat" FrontLine (PBS), 17 March 2014

768 A. Roberts, 'Alexandra Shulman: "I won't tell women they need surgery or diets to be attractive" ', Evening Standard, London Life, 3 April 2012, <https://www.standard.co.uk/lifestyle/london-life/alexandra-shulman-iwon-t-tell-women-they-need-surgery-or-diets-to-be-attractive-7614732.html>, accessed 13 January 2020

769 L. Niven-Phillips, 'Model Health Tips', Celebrity Beauty, Vogue [.co.uk], 18 December 2013, <https://

www.vogue.co.uk/gallery/model-health-tips-dietand-wellbeing-quotes>, accessed 5 January 2020

770 R. Erdmann, Vogue (British), cover, June 1996

771 M. Testino, Vogue (British), cover, October 2000

772 P. Priestly, 'Alexandra Shulman's reign at Vogue will be defined by mediocrity, idiocy and flip-flops', The Spectator, 2 February 2017, <https://www.spectator.co.uk/article/alexandra-shulman-s-reign-at-vogue-will-bedefined-by-mediocrity-idiocy-and-flip-flops>, accessed 14 September 2019

773 E. Sheffield, 'Emily Sheffield: from Vogue to ThisMuchIKnow, with help from her sister Samantha Cameron', The Times, 1 February 2020, <https://www.thetimes.co.uk/article/emily-sheffield-from-vogue-to-thismuchiknowwith-help-from-her-sister-samantha-cameron-hf7c6gwv7>1 February 2020

774 A. Aronowsky Cronberg, 'Will I Get A Ticket?', interview, Vestoj, <http://vestoj.com/will-i-get-a-ticket/>, accessed 5 January 2020

775 L. Chambers, cited in Aronowsky Cronberg, ibid.

776 Ibid.

777 E. Enninful, 'Editor's letter', Vogue (British), 1 December 2017, pp. 69–70

778 S. Klein, Vogue (British), cover, December 2017

779 ACM, 'Back to my roots', Vogue (British), Fashion and features, 1 December 2017, p. 282

780 CC, ibid., p. 290

781 Z. Smith, 'Mrs Windsor', Vogue (British), Viewpoint, ibid, p. 136

782 S. Rushdie, 'In The Spirit', ibid., pp. 143–4

783 Skepta, 'Love letters to Britain', ibid., p. 210

784 B. Weber, 'The secret garden', Vogue (British), Fashion and features, ibid., p. 295

785 C. Delevingne, P. Delevingne, 'Love letters to Britain', Vogue (British), Viewpoint, ibid., p. 208

786 S. Khan, N. Campbell, ' "What's the secret of every great city? Talent" ', Vogue (British), interview, ibid., pp. 185–8

787 Enninful, op. cit.

788 J. Cartner-Morley, 'Edward Enninful's new Vogue – a bit more cool, a bit less posh', Fashion, The Guardian, 8 November 2017, <https://www.theguardian.com/fashion/shortcuts/2017/nov/08/edward-enninfuls-newvogue-a-bit-more-cool-a-bit-less-posh>, accessed 24 December 2019

789 Mert and Marcus, Vogue (British), cover, January 2018

790 J. Teller, Vogue (British), cover, February 2018

791 C. McDean, Vogue (British), cover, May 2018

792 Mert and Marcus, Vogue (British), cover, August 2018

793 Kloss Films, Vogue (British), cover, December 2019

794 S. Klein, Vogue (British), cover, May 2020

795 HRH the Duchess of Sussex, 'HRH The Duchess of Sussex Introduces The September Issue In Her Own Words', Vogue [.co.uk], 29 July 2019 <http://vestoj.com/will-i-get-a-ticket/>, accessed 12 January 2020

796 HRH the Duchess of Sussex, op. cit.

797 N. Ijewere, in-person interview with author, 23 January 2020

798 ibid.

799 A. Shulman, 'What Makes a Great Magazine Editor?', The Business of Fashion, Opinion, 4 October 2017, <https://www.businessoffashion.com/articles/opinion/what-makes-a-great-magazine-editor>, accessed 15 January 2020

800 ibid.

801 ibid.

802 ibid.

803 C. Fernandez, 'Conde Nast's Results Show Its Future Lies Outside Europe', The Business of Fashion, 25 March 2019, News & Analysis, <https://www.businessoffashion.com/articles/news-analysis/conde-nasts-results-show-itsfuture-lies-outside-europe>, accessed 9 January 2020

804 Communications Team, 'Conde Nast announces new global leadership structure', Conde Nast, 14 August 2019, Announcements, <https://www.condenast.com/news/conde-nast-announces-new-global-leadership-structure>, accessed 13 January 2020

805 R. Wiedeman, 'What's Left of Conde Nast', New York magazine Intelligencer, Media, 28 October 2019, <https://nymag.com/intelligencer/2019/10/condenast-anna-wintour-roger-lynch.html>, accessed 3 October 2019

806 ibid.

807 ibid.

808 K. Hays, 'Conde's Roger Lynch Talks Video,

Acquisitions and Layoffs', WWD, Business / Media, 15 August 2019, <https://wwd.com/business-news/media/roger-lynch-conde-nast-ceo-talks-business-video-future-1203239888/>, accessed 13 January 2020

809 ibid.

810 V. Friedman, telephone interview with author, 19 November 2019

811 I. Amed, telephone interview with author, 6 March 2020

812 A. Aronowsky Cronberg, telephone interview with author, 31 January 2020

813 Ibid.

814 Ibid.

815 K. Glass, telephone interview with author, 4 February 2020

816 ibid.

817 ibid.

818 Shulman, A., 'What Makes a Great Magazine Editor?', Business of Fashion, Opinion, 04 October 2017, <https://www.businessoffashion.com/articles/opinion/what-makes-a-great-magazine-editor>, accessed 15 January 2020

819 Glass, op. cit

820 F. Carr, telephone interview with author, 06 February 2020

821 ibid.

822 M. Socha, email interview with author, 22 November 2019

823 ibid.

824 Woolman Chase & Chase, op. cit., p. 200.

825 Amed, loc. cit.

826 S. Lucas, Twin Souls, Vogue (Portugal), November 2019

827 S. Lucas, Planet Earth is the New Trend, Vogue (Portugal), September 2019

828 M. Ferrier, 'Anna Wintour apologises for not giving space to black people at Vogue', The Guardian, 10 June 2020, Fashion, <https://www.theguardian.com/fashion/2020/jun/10/anna-wintour-apologises-for-not-giving-spaceto-black-people-at-vogue>, accessed 20 July 2020

Demi-Couture 003

光鮮亮麗：
傳奇時尚雜誌 VOGUE，
從書報攤小報到時尚雜誌巨頭的精彩旅程
GLOSSY: The Inside Story of VOGUE

作者｜尼娜－索菲亞・米拉勒斯（Nina-Sophia Miralles）
譯者｜陳珮榆

堡壘文化有限公司
總編輯｜簡欣彥
副總編輯｜簡伯儒
責任編輯｜簡欣彥
行銷企劃｜曾羽彤
封面裝幀、內頁排版｜ IAT-HUÂN TIUNN

出版｜堡壘文化有限公司
發行｜遠足文化事業股份有限公司（讀書共和國出版集團）
地址｜ 231 新北市新店區民權路 108 之 3 號 8 樓
郵撥帳號｜ 19504465 遠足文化事業股份有限公司
電話｜（02）2218-1417
信箱｜ service@bookrep.com.tw
法律顧問｜華洋法律事務所 蘇文生律師
印製｜呈靖彩藝有限公司
出版日期｜ 2023 年 9 月
定價｜ 630 元
ISBN ｜ 978-626-7240-99-1
978-626-7375-02-0（PDF）
978-626-7375-01-3（Epub）

國家圖書館出版品預行編目（CIP）資料

光鮮亮麗：傳奇時尚雜誌 Vogue, 從書報攤小報到時尚雜誌巨頭的精彩旅程 / 尼娜 - 索菲亞 . 米拉勒斯（Nina-Sophia Miralles）著；陳珮榆譯 . -- 初版 . -- 新北市：堡壘文化有限公司出版：遠足文化事業股份有限公司發行，2023.09　面；　公分 . --（Demi-couture；3）
譯自：Glossy : the inside story of Vogue
ISBN 978-626-7240-99-1（精裝）

1.CST: 時尚 2.CST: 期刊 3.CST: 歷史

541.8509　　112013334

GLOSSY IS A STORY OF MORE THAN A MAGAZINE.
IT IS A STORY OF PASSION AND POWER,
DIZZYING FORTUNE
AND OUT-OF-THIS-WORLD FASHION,
OF INGENUITY AND OPPORTUNISM,
FRIVOLITY AND MALICE.
TOLD THROUGH THE LENS OF ITS EDITORS,
THIS IS THE DEFINITIVE STORY OF *VOGUE*.